KB071638

국정혼란과 북핵위협의 근본해법을 위한

창조적 통합
통일대담

창조적 통합 통일대담

초판 1쇄 발행 2016년 12월 15일

지 은 이 좌장 박근령 | 질문 박대영 | 답변 권추호
발 행 인 권선복
편집주간 김정웅
편　　집 권보송
전 자 책 천훈민
교　　정 김병민
발 행 처 도서출판 행복에너지
출판등록 제315-2011-000035호
주　　소 (157-010) 서울특별시 강서구 화곡로 232
전　　화 0505-613-6133
팩　　스 0303-0799-1560
홈페이지 www.happybook.or.kr
이 메 일 ksbdata@daum.net

값 20,000원

ISBN 979-11-5602-439-2 03340

국정혼란과 북핵위협의 근본해법을 위한

창조적 통합 통일대담

좌장 **박근령** | 질문 **박대영** | 답변 **권추호**

도서출판 행복에너지

본 저서는 좌/우, 보/진, 양비론적(兩非論的) 중도(中道)에 대한 대안으로서 영(靈)철학의 양미론(兩未論)을 철학적 바탕으로 새롭게 개념화한 정도론(正道論)과 공존주의·공생경제론을 새롭게 창도했다. 이는 우리나라의 국민통합과 한반도의 평화적 남북통일을 위한 사유와 정책의 블루오션(Blue Ocean)이라고 할 수 있을 것이다. 이는 모든 분야를 체계적으로 시스템화했으며, 유사 이래 인류 역사를 가장 고차원으로 진일보시키게 될, 참으로 심오한 본질에 기초하고 있다고 할 것이다.

한화갑 한반도평화재단 총재

톰 하트만은 『우리 문명의 마지막 시간들(The Last Hours of Ancient Sunlight)』에서 "세상 위기에 대한 대부분의 해결책이 비현실적인 이유는 그것들이 문제를 일으킨 바로 그 세계관에서 나온 것들이기 때문이다. 진실로 의미 있는 변화가 이루어지려면 세상을 바라보고 받아들이는 방식을 바꿔야 한다."라고 했다. 이에 본서는 새 가치관에 의한 창조적 통합·중립통일의 새 모델을 조화롭게 결합시켰다고 할 것이다. 철학과 종교, 그리고 경제와 정치를 하나로 시스템화 한 셈이다.

한광옥 국민대통합위원장

국민통합과 남북통일은 역사의 준엄한 요청이자 이 세대가 해결하고 넘어가지 않으면 안 될 중요한 과제이다. 박근혜 대통령께서 2014년 4월 독일에서 행한 '드레스덴 선언' 중에는 "생각의 차이를 극복할 수 있는 '새 가치관'의 필요성"이 중요한 어젠다로 포함되었었다. 따라서 이 책은 사유의 편견이 만들어 낸 양 이데올로기를 극복하여 망국적인 지역·양극화·계층 간의 오랜 갈등을 해결하고, 나아가 남북의 통일에 있어서도 어느 한 체제로의 일방적인 흡수통일을 넘어 양 체제의 장점을 통합할 수 있는, 즉 새 가치관에 의해 양 체제를 조화롭게 결합한 '창조적 중립(정도)정부'와 '창조적 중립(정도)국통일체제'인 '제4의 국가체제와 정책'에 대해 막힘없는 질문을 던지고 있다. 다소 충격적이지만 딱히 꼬집어 아니라고 할 수 있는 논리적 비평을 가하기가 쉽지 않다.

조동회 (사)국민통합 회장

저자의 다른 책 『영(靈)철학(정도론 · 양미론)』은 21세기 인류의 시대정신을 21세(살)의 성년기로 규정하면서 '수평적 통합과 통일'의 시대임을 강조한다. 왜냐하면 자녀가 성장하면 부모 곁을 떠나 부부(夫婦)를 이루듯이 정치·경제·종교·사회·문화·예술·교육에 있어서도 수평적인 소통의 문화(동서통합과 남북통일)를 만들어야 하는 일은 21세기를 맞이한 우리 역사의 엄숙한 명령이라고 할 수 있기 때문이다. 따라서 창조적 통합과 통일에 대한 본 저술의 논리를 공감하지 않을 수 없다.

김길수 시사매거진 대표

본 저서는 자본주의적 가치관과 사회주의적 가치관이 본질적으로 안고 있는 부족한 요인을 극복하고 새로운 '제4의 길'을 추구하는 데 한줄기 큰 빛을 던져주고 있어 매우 귀한 것으로 여겨진다. 따라서 모든 제반 분야에 있어서 『정의론』의 저자 존 롤스(John Rawls)의 '자유주의적 평등 이념'조차 뛰어넘어 21세기의 시대정신과 철학에 기반한 새로운 정책과 국가체제에까지 접근, 그 결과를 집대성한 탁월한 저술이다.

김동규 전 고려대학교 교수

복지국가 건설의 지도적 이론가이며 복지경제학자인 G. 뮈르달은 그의 저서 『복지국가를 넘어서』에서 "역사는 맹목적인 숙명이 아니라 우리들의 책임이다. 복지국가정책은 오히려 훨씬 사회주의적이며 훨씬 마르크스적이라고 말할 수조차 있다."라고 했다. 따라서 본 저서는 복지국가를 넘어 '국가체제의 국가복지'를 위한 정의(正義)로서의 '중립(정도)론(中立論) · 정도론(正道論)'이 무엇인지를 '제4의 이념(영(靈)철학)'에 입각하여 논리정연하게 설명하고 있다.

신현동 국제변호사(CIS)

한류문화의 열풍은 우리 문화의 우수성을 전 세계에 증시한 것이라고 하겠다. 비단 K-pop뿐만이 아니라 미국의 소설가 펄벅(Pearl S. Buck)이 한국의 레오나르도 다빈치라고 극찬한 세종대왕의 한글과 본서에서 밝힌 영철학(한국철학) 및 제4의 평화제도도 새로운 지구촌체제의 롤 모델이 될 것을 믿어 의심치 않는다.

안철주 한글인류문화유산 대표

역사는 새로운 유형의 패러다임을 요구하며 인류는 새로운 변화의 거센 파고를 넘지 않으면 안 된다. 본서는 '영철학(정도론 · 양미론)'을 기반으로 창조적 통일, 즉 공존 · 공영 · 공생주의라는 나눔과 소통의 사상이자 철학에 기반한 새로운 정치학과 정책학, 그리고 새로운 공생경제학을 창도하였으며 제도적으로는 종교 · 정치 · 경제를, 학문적으로는 신학 · 철학 · 과학의 경계를 소통시키고 유유히 넘나들면서 서로를 마음껏 아우르고 있다. 참으로 신비로운 책이다.

김윤세 전주대학교 대체의학대학원 객원교수 , 인산가 회장

인사말

국민통합과 평화통일을 위한 새 가치관과 여성의 역할!

박근령 육영재단 전 이사장

"남성은 창조의 주체요, 여성은 재창조의 주체"라는 권추호 소장의 저서인 『영(靈)철학』에서 보듯이 남성은 창조성과 투쟁성을 본능적 특성으로 갖습니다. 그러나 "하나 되는 것을 선천적 본능적으로 유능하게 하는 것은 여성이다."라고 이화여대 장상(張常) 전 총장은 주창하였습니다. 뿐만 아니라 체코 최초의 여성 대통령이었던 첼시 전 대통령도 "인류 역사상 한 번도 사용해 본 적이 없는 여성의 힘을 발휘해야 할 때가 왔다."라고 설파했습니다. 이 말은 곧 여성은 희생과 베풂, 용서를 통해 주어진 현실을 재창조하는 사랑의 특성을 가진 존재임을 우회적으로 기술한 것입니다. 따라서 21세기 정보화시대는 산업사회의 남성성 중심시대에서, 섬세함과 부드러움을 요구하는 사랑에 의한 여성성 중심시대가 될 것을 의미하는 것이라 하겠습니다.

이 책의 답변자인 권 소장께서 제가 근무하고 있던 육영재단 이사장실에 불원천리하고 찾아온 것은 15년 전이었습니다. 경남 진주에서 상경했으며 용건은 제2의 새마을운동과도 같은 새 가치관 운동에 앞장서 달라는 것이었습니다. 구체적으로 설명할 수는 없지만 그것이 이 시대 이 나라를 위한 고인(故人)의 귀한 뜻이라는 말도 함께 덧붙이면서 새정신운동국민연합회장의 명함을 내어밀었습니다. 다소 이해하기 힘든 표현이었지만 맞는 말이긴 했습니다. 하지만 그 당시엔 재단의 일로 심신이 지쳐있었던 터라 뭐라고 말을 할 수가 없었으며, 권 소장님의 제의를 받아들이기엔 사정상 여건이 허락지 않았었습니다. 저의 의지를 확인한 소장님은 지금은 청와대의 주인이 되신 저의 형님에게도 직접 찾아가 뜻을 전달했던 것 같습니다.

그 이후 많은 세월이 지났지만 포기하지 않고 올해로부터 3년 전 2013년, 다시 장문의 편지와 함께 지인을 통해 다시 조우하게 되었습니다. 그리고 그 뜻을 함께하기로 약속하고 전국의 뜻있는 사회단체들을 규합해 '새정신운동'을 벌이기 위해 전국으로 뛰고 있지만 아직은 갈 길이 더 멀어 보입니다. 그러던 중 이듬해인 2014년 대통령께서 독일의 드레스덴 선언을 통해 "생각의 차이를 극복할 수 있는 새 가치관의 필요성"을 4대 어젠다 중 하나의 중요 의제로 채택해 선포하시는 것을 보면서 대통령 형님께서는 권 소장님의 뜻을 오랜 세월이 지났지만 잊지 않으시고 기억하고 계셨구나! 그리고 이제 그때가 되었구나 하는 생각을 하게 되었답니다.

권 소장님의 방문 이후 육영재단은 우여곡절을 겪었으며 우리 나라에도 숫제 성서에 나오는 10대 재앙과도 같은 크고 작은 사건들이 끊임없이 발생하는 것을 보면서 자신과 국가의 정체성에 대한 관심을 갖게 되었고, 그리고 종교적 가치에 대한 연구와 함께 개인적으로는 생활고에 시달리면서도 새 가치관 운동, 즉 '제2의 새마을운동'과도 같은 '새정신운동'을 위한 기초 작업에 정성을 다하고 있지만 사회단체만의 힘만으로는 역부족이며, 그렇다고 정부가 앞장서서 주도할 수도 없는 성격의 운동임을 실감할 수 있는 계기가 되었습니다. 따라서 '새가치관운동'이 성공하기 위해서는 민관합동에 의한 정부와 사회단체의 유기적인 조화가 이루어져야 하며, 지난해 정부에서 준비 중에 있다가 성완종 게이트로 인하여 일시 유보하고 있는 국민통합을 위한 '민관합동범국민운동'을 이제 다시 시작할 것을 정중하게 요청하는 바입니다. 늦다고 생각할 때가 빠른 법이라고 하지 않습니까? 역사의 시간은 결단코 우리를 기다려주지 않는 법입니다. 더 이상의 기다림은 없어야 할 것입니다.

지금 우리는 심각한 지역과 계층, 그리고 양극화 갈등은 물론이며 글로벌 경제위기와 함께 한반도를 둘러싼 동아시아에서의 패권 경쟁으로 한 치 앞을 예측할 수 없는 일촉즉발의 위기를 맞이하고 있음이 현실임을 부정할 수 없습니다. 정부에서는 세월호 사태 이후 '국가대개조'라는 초강수를 두면서 국무총리실 산하에 대통령 직속의 '민관합동범국민운동'까지 실시할 계획을 하고 있었지만 또 다른 사태로 발목이 잡혀 이렇다 할 결과가 보이지 않고 있어서 이 험난한 파고를 어떻게 넘어야 할지 온 국민적 지혜를 모으지 않으면 안 될 시점입니다. '영철학(정도론 · 양미론)'에 기반한 '창조적 통합'이라는 새로운 '제3의 방법론'을 접하면서 생장받기 힘들 것이라는 것을 서둘러 인식하지 않으면 안 될 것입니다.

본 대담집이 딱딱할 수 있는 이론에 기초하고 있어서 독서의 흥미가 다소 떨어지는 형식이지만 그렇다고 아직까지 그 누구도 국론의 분열을 치유하고 엽기적인 북핵문제의 근원적인 해법을 명확하게 제시하지 못하는 현실에서 이 모든 문제를 해결할 수 있는 새로운 대안이 될 수 있겠다는 희망적인 생각에 좌장으로서의 요청을 조금은 걱정했지만 흔쾌히 받아들이게 되었음을 이 지면을 빌어 밝힙니다. 독자 제현의 정성어린 관심과 지도편달을 부탁드리며 인사말에 갈음합니다.

2016. 12

인사말

북핵문제의 근원적 해법을 위한 패러다임의 변화와 사회제도의 혁신

박대영 부산대학교 교수

연구실에서 자료를 정리하고 있는데 평소에 가깝게 지내면서 교류하고 있던 권 소장으로부터 전화가 왔습니다. 이번에 새로운 대담 형식의 단행본을 발간할 예정인데 내가 질문자로 참여할 수 있겠느냐는 것이었습니다. 나는 즉각적으로 권 소장님의 성향은 인문학적인 내용이 주류를 이루게 될 텐데 저와 코드를 맞출 수 있겠냐고 반문했습니다.

그런데 권 소장은 나를 질문자로 세우기 위해 이미 작정을 했는지 나의 저작인『패러다임의 변화와 경영의 혁신』을 언급하며 이번에 출간하게 될 내용의 핵심이 교수님 저서의 타이틀인 패러다임의 변화와도 같은 블루오션 전략(Blue Ocean Strategy)이며, 그 대상이 경영까지도 포함하는 전반적인 사회제도에 대한 패러다임의 대전환이라고 응대하는 것이었습니다.

그리고 대화방식의 질문자로 일반 저널리스트를 계획했었지만 일정한 범주를 벗어나 새로운 창의적인 문제를 다루기에는 다소 한계가 있더라는 것이었습니다. 난감하기까지 한 것은 아니었지만 나의 저작의 핵심 포인트인 TRIZ이론[1]까지 끄집어내면서 설득을 하는데 더 이상 다른 방도가 없었으며, 거부 아닌 거부를 위해 생각할 시간을 충분하게 달라고 하는 수밖에 없었습니다.

이후 내가 권 소장을 직접 만나게 된 것은 그로부터 약 두 달이 지나서였습니다. 그동안 권 소장의 역작들을 다시 한 번 연구 검토해야 하겠기에 어쩔 수가 없었습니다. 그런데 그 시기는 북한의 제5차 핵실험에 이어 사상 초유의 리히터 규모 5.8의 강진이 발생해 온 나라가 불안에 떨면서 국민들의 공분은 더해만 갔으며, 핵무장론까지 들고 나오며 대안 찾기에 시쳇말로 아수라장이었습니다. 뿐만 아니라 국제사회의 심각한 우려는 물론이요, 북핵문제와 국토방위체계의 근본적인 변화가 없으면 더 이상 안 된다는 여야 지도부와 대통령의 분노가 종편을 비롯한 모든 공영방송을 뜨겁게 달구고 있었습니다. 그때 권 소장은 나를 보자마자 대뜸 입을 열었습니다.

---

1. TRIZ는 1940년대 구소련의 저명한 겐리히 알트슐러(Genrich Altshuller)에 의해 제창된 발명문제(혹은 창의문제)의 해결을 위한 체계적 방법론이며 영어로는 Theory of solving inventive problem이다. 창의적 문제해결이론(Teoriya Resheniya Izobretatelskikh Zadach)이라는 러시아 말에서 앞글자만 딴 것으로 문제가 발생된 근본 모순을 찾아내 이를 해결할 수 있는 안을 모색하는 방법론을 말하며 20여만 건에 이르는 전 세계의 창의적인 특허를 뽑아 분석한 결과로 얻은 40가지 발명의 원리를 응용한 것이다.

"박 교수님 보십시오. 지금 온 나라가 제5차 핵실험을 두고 북한의 가공할 위협에 맞설 수 있는 대안을 찾기에 혈안이 되어 있지 않습니까? 최선의 방어는 공격입니다. 그런데 그 공격이 무력에 의한 구태적인 방법이어서는 남북한 모두 공멸을 초래하게 된다는 것입니다. 그러면 서로가 공멸하지 않고 공생할 수 있는 방법론은 무엇이겠는지요? 그것이 바로 패러다임의 변화와 사회제도, 즉 국가체제의 혁신을 통한 평화적 통일의 방법론을 찾아야 하는 것이 아니겠는지요? 양쪽 다 어느 한 체제로의 흡수가 아닌 '사회제도의 대전환' 그것이 유일한 방법일 텐데 일반 국민들이나 국가를 선도하고 있는 지도자들의 머리에서는 패러다임의 변화를 기대하기 힘들다는 데 문제가 있는 것이 아닌가요? 그래서 교수님의 저작에서 보여준 TRIZ이론을 국가체제에 도입해서 새로운 방법론을 창출하지 않으면 안 된다는 것입니다. 따라서 박 교수님이 엽기적인 북핵문제와 심각한 국론분열을 치유하게 될 새로운 창의적 국가체제의 모델인 '창조적 통일 대담'의 질문자로 안성맞춤이 아니라면 누구를 세워야 하겠는지요?"

이 책의 답변자인 권 소장님은 미래서(한반도의 예언서)인 『대탈출 KOREA』를 출간했었는데, 내용의 핵심은 "우리가 사회적 혼란을 부추기는 배금주의에 빠져 아무런 목적도 가치관도, 그리고 그 대안도 없이 막 산다면 성서의 '열 재앙'과 같은 사태가 일어나게 될 것이며, 또한 평화세계로의 대탈출을 위한 모세의 기적(평화통일의 대안 제시)을 일으키지 않으면 안 된다."는 내용이었습니다. 그리고 "아직도 늦지 않았으니 우리가 정신을 차려야 하며 그렇지 않으면 세월호와 북핵 사태와 같은 경이적인 사건이 끊임없이 발생해 무고한 국민들의 희생을 가져오게 될 것이다."라는 것이었습니다.

그렇습니다. 세월호뿐만 아니라 연이어 터져 나오는 크고 작은 사건들은 무사안일에 빠져있는 이 세상에 대한 준엄한 하늘의 경고이며, 21C를 맞이했음에도 불구하고 기득권에 젖은 지도자들이 지난 세기의 낡은 사유를 기반으로 하는 종교와 정치 경제, 그리고 사회문화에 안주하면서 새로운 역사를 대적하고 있는 것에 대한 채찍인 것입니다.

지금 우리는 안으로는 글로벌 경제 위기의 여파와 생각의 차이를 치유할 수 있는 가치관의 부재로 인해 사상 유래 없이 국론이 심각하게 분열되고 있으며, 밖으로는 최근 북한의 SLBM 성공적 실험과 가공할 제5차 핵실험으로 인해 안보에 대한 국민들의 미래에 대한 불안을 넘어 절체절명의 중대한 위기를 맞이하고 있습니다. 밖으로 드러나는 결과적 현상은 결국 어떤 사물의 내면세계 속 원인이 반영된 것입니다. 너와 나로 나누고 갈라져서 서로 싸우게 하는 사고의 편견이 얼마나 무서운가를 우리의 현실이 여실히 증명해주고 있는 것이 아니고 무엇이겠습니까?

어쨌든 정부는 우리의 귀한 생명의 희생, 즉 비극이 잉태한 결과인 '국가대개조'라는 눈물겨운 어젠다를 설정했는데, 이제는 북핵문제에 대한 대안을 두고 어떤 대책을 내어놓을지, 아니 과연 해결의 실마리를 찾을 수 있을지 궁금해집니다. 권 소장의 저서 『영철학』에서는 "21C는 인류문화의 완성기"임을 설파하고 있습니다. 따라서 냉전시대의 이데올로기였던 미성숙한 국가체제로부터 탈피하여 새로운 패러다임의 대전환인 '창조적 통일'을 새롭게 창출하지 못한다면 국론 통합과 평화적 통일을 위한 북핵문제의 근본 해결은 결코 요원할 것이며, 오히려 대재앙을 초래하게 될 것이라는 사실입니다. 시작이 반이라고 했듯이 지금부터라도 서둘러 지혜를 모아야 할 것입니다.

2016년 12월 연구실에서

국정혼란과 북핵문제의 근본적 해법은
창조적 정도(正道) 통합과 창조적 정도(중립) 통일!

위기는 분명 기회이다. 그러나 엄밀히 말해 위기가 기회가 되기 위해서는 위기를 초래한 문제의 본질을 근원적으로 파악하고 그 대안을 명확히 제시할 때 비로소 새로운 기회가 될 뿐, 해법(解法) 부재상태가 지속되는 한 그 위기의 결과는 결국 파멸로 치달을 뿐이다.

유사 이래 대한민국과 한반도는 지금 사상 초유의 위기이다. 일명 최순실 게이트로 국정이 마비되어 국정의 대혼란이 지속되고 있으며, 이 상황을 치유하지 않고 계속해서 방치한다면 나라의 앞날은 그 미래를 보장할 수 없게 될 것이다. 그야말로 축적은 산술급수적이지만 붕괴는 기하급수적이기 때문이다. 어디 그뿐인가? 미국에서 불어온 트럼프 정국의 폭풍과 북한의 제5차 핵실험 이후 UN과 국제사회는 우리에게 축복이 아니라 대재앙을 불러오게 될 북한붕괴를 위한 고강도의 북한 조이기에 이미 나섰다.

참으로 심각한 상황이다. 뒤에서는 북핵(北核)이 뒤쫓아 오면서 위협하고 있으며, 앞에는 촛불집회가 홍해(紅海)를 이루고 있는 진퇴양난의 현실 앞에서 성서의 출애굽(Exodus)이 수천 년을 돌고 돌아 21세기의 지금 이 한반도에 상륙하여 동시성 시대처럼 전개되고 있음을 연상하지 않을 수 없다. 사면초가라는 사자성어는 이런 상황을 대변하기 위하여 준비되어진 것이 아니고 무엇이겠는가? 실로 한반도는 위기다. 그것도 일촉즉발의 위기 말이다.

최순실 게이트가 몰고 온 것은 비단 국정의 혼란만이 아니다. 대통령중심제를 시행하고 있는 체제에 개헌과 책임총리 및 중립(거국중립내각)이라는 개념을 가져왔다. 남북통일은 북한의 붕괴에 의한 어느 한 체제로의 흡수통일이 아니라 창조적 중립통일로 하지 않으면 안 되며 다시 말해 양 체제의 장점을 결합한 창조적 중립통일을 맞이하기 위한 과정적 준비체제로서의 중립정부를 구축하라는 역사의 준엄한 경고이다. 이러한 의미에서 위기는 기회이다.

그런데 '중립'이라는 개념 자체에 문제가 있다. 왜냐하면 중립은 중도(중간 · 중파)라는 것과 같은 의미가 내포되어 있기 때문이다. 따라서 이데올로기가 배태한 배타적 개념을 청산할 수 있는 새로운 개념, 즉 영(靈)철학에 의한 정도론(양미론)의 창출이 급선무이다. '정도(正道)'라는 개념은 2분법적 사고가 빚어 낸 좌/우, 양비론(兩非論)에서 파생된 중도(중간 · 중파)를 하나로 대통합할 수 있는 새로운 개념이다. 그러므로 중립과 중도의 개념은 '정도(正道)'로 교체하여야 하기에 중립거국내각과 중립국 체제도 정도거국내각, 정도국 체제로 그 개념을 바로잡아야 한다.

철학은 개념의 새로운 창조로부터……! -들뢰즈-

최순실 게이트로 인한 국정혼란과 UN의 대북 제재를 결코 안이하게 생각해서는 안 된다. 왜냐하면 지나친 야당(野黨)의 책임 추궁이 국정의 혼란을 부추겨 자칫 국정의 마비상태를 불러올 수 있기 때문이다. 여당의 실패가 결코 야당의 승리로 귀결되지 않는다. 이는 마치 사회주의의 붕괴 이후 채 10년이 지나지 않아 2008년 미국발 금융 사태로 자본주의 또한 위기를 겪게 된 것과 같다고 하겠다. 그리고 명심하지 않으면 안 될 일은 여당(與黨)도 정도론에 의한 정도정책정치가 아니라 간판만 바꾸는 재창당을 한다면 또 다른 실패로 귀결되게 될 것이라는 것이다.

또한 UN의 대북제재는 이로 인해 북한이 체제의 붕괴를 두려워한 나머지 붕괴를 막기 위한 자구책으로 결국 대남도발을 감행하게 될 것이 명약관화하다. 요한 갈퉁(Johan Galtung) 박사는 "북한 붕괴론은 바보 같은 말이다. 붕괴라는 것이 일어난다면 붕괴론 자체의 붕괴가 먼저 일어난다."며 "북한은 이라크와 리비아를 기억한다. 두 나라 모두 핵을 버린 뒤 미국의 침공을 받았다. 그래서 북한은 핵과 미사일을 가져야 한다고 생각할 거다."고 말한 바 있다.

북한의 대남 위협은 북한의 붕괴에 의한 남쪽 체제로의 흡수통일이 아니라 남북의 평화통일을 준비하라는, 즉 새로운 통일의 해법을 제시하라는 역사의 압력임과 동시에 UN의 경제제재는 결국 북한의 무력침공을 유발하여 우리에게 대재앙을 불러들이게 될 수밖에 없기 때문에 쌍방 간의 재앙을 막기 위해서는 우리가 먼저 평화적 통일을 위한 새 방법론을 제시하지 않으면 안 된다는 하늘의 경고임을 인식하는 것이 급선무이다.

이제 우리가 해야 할 것은 남쪽 체제로의 흡수를 두려워하는 북한의 무력도발을 저지할 수 있는 유일한 길, 즉 일방적인 흡수통일이 아니라 새로운 대안이자 사회제도의 블루오션 전략이라 할 수 있는 공존과 공생을 위한 평화적 체제의 수립, 즉 제4의 방법론(창조적 정도통일체제)을 서둘러 마련하는 일이다.

따라서 국정혼란과 대재앙으로부터의 대탈출(Exodus)을 위해, 즉 거국'중립'내각이 아니라 거국'정도'내각과 평화적 남북통일을 준비하기 위하여 차제에 우리가 먼저 국론 분열을 유발하고 남북통일에 걸림돌이 되어 온 우리의 정치·경제·사회·종교·문화·예술·교육 등 모든 분야에 있어서의 기존의 낡고 뒤처진 87체제에 의한 정치 형태를 근본적으로 대전환시켜야 한다. 그러기 위해서는 권력의 집중으로 인한 '지역·계층·빈부의 갈등'을 '정도정책'에 의하여 근본적으로 해결하여야 하며, 그 힘은 정치여야 하기에 '제4의 방법론'에 의하여 기존의 모든 정당을 대체할 수 있는 제4의 '새 가치관 정도정당과 정치', 즉 개헌에 의한 지역분권형 대통령제(내각제 · 이원집정부제)의 도입은 필수불가결한 요소이다.

그러므로 지난 2016년 4·13 총선에서의 여소 야대 국면과 최근에 불거진 최순실 게이트를 국론의 분열과 북한의 엽기적인 위협하에서 대한민국의 정치가 어떻게 해야 하는가를 극명하게 보여준 민심과 시대정신의 표출이었다고 하면 어떻겠는가?

인류의 역사는 한 인간의 성장을 닮아

미완성에서 완성을 향한 성장 발전의 역사!

인류의 역사는 한 인간의 성장과도 같아서 미완성에서 그 완성을 향한 성장 발전의 역사이기에 21세기는 인류문화의 완성기이며, 또한 역사의 대전환기라고 할 수 있다. 따라서 세계사는 20C 초엽부터 21C를 맞이한 지금까지 약 1세기 동안 문화의 대변혁을 위한 몸부림 중에 있다. 그런데 전 세계의 수많은 나라 중에 우리의 한반도가 그 변곡점의 중심에서 세계의 미래를 위해 힘든 십자가를 대신 지고 형극의 길을 가고 있는 형국이다. 1905년 을사보호조약 이후, 2016년을 맞이한 지금까지 약 1세기에 걸쳐, 한반도에서 전개되고 있는 역사적 사건들을 보라! 이것이 그 증거가 아니고 무엇이겠는가?

위에서 그 상징성을 언급했지만 혹자는 한반도의 역사를 과거 이스라엘의 역사에 비유하여 제2의 이스라엘이라고 지칭한다. 첫째, 바로의 왕국에서 노예처럼 살았던 애급고역과도 같은 일제식민시대를 통해 조선의 왕정체제인 전제군주제가 해체되었으며, 둘째, 홍해가 갈라지고 모세가 두 돌판을 제시했던 출애굽과도 같이 마치 6·25 동란을 거쳐 38선으로 두 나라를 갈라놓고 사회주의와 자본주의를 경험하게 했으며, 셋째, 젖과 꿀이 흐르는 가나안으로 입성하듯이 남북의 평화적 통일을 통해 21세기 글로벌시대 '평화의 새 세계체제 모델'인 민주주의의 완성(민주주의4.0), 즉 공존주의·공생경제(통일경제)체제를 성취해야 하는 역사적 사명이 있다는 것이다. 그러므로 작금의 한반도 정치사는 세계사의 중심에 놓여있으며, 또한 그 뜻을 완성시켜야 하는 가장 중요한 절기를 맞이하고 있다(『창조적 통합 · 통일대담』, '이끄는 글-전제군주제에서 민주주의로의 패러다임의 대전환'에서 도표-1 참조).

칼 마르크스(K. Max)는 그의 『사적유물론』에서 사회가 원시·노예·봉건·자본주의를 거쳐 사회주의로 나아가게 되어 있다고 주장했지만, 창조적 성장론(영철학 · 정도론 · 양미론)은 사회주의와 자본주의는 완성된 사회체제가 아니라 과정주의, 즉 성장과정에 있어서 경험하지 않으면 안 되는 반쪽주의·통과주의일 뿐, 사회는 두 체제의 장점을 결합한 공존·공생의 제도를 지향하게 된다는 것이다. 그러므로 우리의 한반도는 양 체제 중 어느 체제도 예외 없이 양 국가가 동시에 21세기에 맞는 목적적 완성체제인 제4의 국가체제를 새롭게 창출하지 않으면 결코 안 된다. 따라서 우리의 정치에 있어서도 과거의 낡은 제도와 힘의 논리에 의한 수직적 구조를 타파하고, 배려와 협력에 의한 수평적 제도와 그에 맞는 정책을 수립하지 못한다면 갈기갈기 찢기고 갈라진 국론의 분열로 인해, 국내외의 위협으로부터 대재앙을 맞이할 수밖에 없는 무서운 결과를 불러들이게 될 것이다.

우리의 한반도와 대한민국호가 심각하게 표류하고 있다. 국정의 혼란으로 분열된 국민 통합을 위해서는 개개인의 의식 속에 자리 잡고 있는 저급한 이데올로기를 치유하여야 하며, 그리고 계층과 지역 그리고 빈부(양극화)의 갈등을 치유할 수 있는 구체적인 대안을 제시해야 한다. 그리고 우리의 오랜 숙원인 평화통일을 위해서는 남북의 어느 한 체제에 의한 일방적인 흡수통일이 아니라 양 체제의 장점을 결합한 '제3을 넘어선 제4의 체제', 즉 공존·공생주의에 의한 '창조적 정도(중립)국 체제'를 새롭게 창도하지 않으면 안 된다. 따라서 시대정신은 4·13총선과 최순실 게이트를 통해 평화통일과 동·서 통합을 위해 승자독식의 엽관제적 권력 집중을 해체하고, 양자 간의 원활한 소통과 협력의 정치를 이끌 수 있는 새 지도자와 정도론에 기반한 새 정책정치를 요구하고 있는 것이다.

4·13총선의 결과와 최 게이트는 새로운 정치에 대한 역사의 경고이다. 따라서 패러다임의 대전환을 위해서는 어느 한 쪽으로의 치우침에 의한 편협한 이념을 벗어던지고 협력과 공생, 즉 물질/정신이 조화를 이루고, 좌/우, 보/진, 중도를 뛰어넘고, 국유화/사유화가 공존(5:5)을 이루며, 권력의 지배자/피지배자, 빈/부가 기우뚱한 균형을 이루며, 법과 제도의 혜택이 공정하며, 양성·세대·지역적 차별이 없이 원활하게 소통할 수 있는 제도를 창출해야 한다.

이 모든 것을 현실화하기 위해서는 국민 개개인의 의식개조를 위한 새 가치관 '영(靈)철학(정도론 · 양미론)'교육이 요구되는 법이며, 새 가치관은 제4의 정치를 성립시키기 위해서 빠트려서는 안 될 근원적 필수조건이다. 그러므로 제4의 정도정치는 기존 정당·정치의 망국적 연고주의와 저급한 이념 논쟁 또한 무색하게 할 것이다. 왜냐하면 새 가치관에 의한 '제4의 정치'는 전국이 그 무대가 될 것이며, 양극(兩極)의 이념을 초월해 모든 분파(分派)를 새롭게 정도론(正道論)으로 변화시켜서 모두를 화합·통합하게 할 수 있는 일명 '경계'의 정당·정치이겠기 때문이다.

대한민국의 국론 분열을 조장하고 평화통일을 저해하는 근본 원인과 그 대안!

1. 북한의 지속적인 핵 실험과 SLBM의 발사 성공, 최순실 게이트·세월호·메르스 등 여러 사태를 통해 역사의 경고를 받았음에도 불구하고 여야를 막론한 우리의 모든 지도층은 진정한 국민통합과 국가대개조에 대한 근본 대안을 제시하지 못함으로 인해 대한민국호의 앞날을 한 치 앞을 가늠할 수 없는 파국으로 치닫게 하고 있다.
2. 세계적 경제위기로 인한 경기침체로 인한 양극화는 갈수록 심화되어 상대적 박탈감이 심각함에도 불구하고 사회의 지도층은 '87년 체제'가 파생시킨 기득권에 안주해 서민들의 불평과 불만을 해결해 줄 수 있는 그 근본 문제에 대한 대안정책을 아직도 제시하지 못했음이 가장 큰 원인이다(미시경제이론은 절대적인 것이 아니라 정치적인 것).
3. 그런데 더 큰 문제는 다양한 위기를 초래한 본질에 대한 무지이다. 왜냐하면 그것에 대한 근본 원인을 알아야 알맞은 해법을 찾고 합당한 대안을 제시할 수 있겠기 때문이다.

〈대안1. 새 가치관에 의한 제4의 정당 창설〉

• 2016년 10월 6일자 중앙일보는 2017년 차기 대선주자들을 릴레이 인터뷰하는 그랜드 프로젝트의 서막으로 김종인 더불어민주당 전 대표를 다뤘는데, 김 전 대표는 "요번 대선 판도는 지금까지의 그 어떤 선거와도 다르다."는 것을 강조했다. 그리고 "대선후보 검증의 최소한의 공통분모가 될 수 있는 가장 기본적인 논리가 무엇인가?"에 대한 도올 김용옥 교수의 첫 질문에 대해 주저 없이 "갈등이다! 이 갈등 구조의 해결 없이는 사회통합이 불가능하고 정치가 어떠한 기발한 노력을 해도 무기력·무능에 함몰되

고 만다. 그 갈등·분열의 가장 큰 원인이 소득 격차, 즉 양극화라는 것이다. 앞으로 대통령이 될 사람은 이것을 해결해야만 한다."라고 강변했다. 또한 '북한의 도움'에 관한 물음에 대해 "그게 뭐겠는가? 결국 경제적 지원이다! 그런데 과연 우리가 경제적 지원을 할 수 있는 능력이 있는가? 그래서 경제민주화가 필요한 것이다. 그것은 비단 돈의 문제일 뿐 아니라 체제(體制)의 혁신(革新)에 관한 문제인 것이다."라고 설파했다. 그는 담론의 제2주제인 개헌문제에 대해 '내각제 개헌에 의한 권력의 분권'을 꼽았다.

- 새로운 정치와 국민통합의 핵심은 이념의 통합이다. 왜냐하면 이념, 즉 생각의 차이가 개인과 개인, 단체와 단체, 지역과 지역, 나라와 나라 사이를 갈라놓기 때문이다. 따라서 모든 통합을 저해하는 문제에 대한 궁극의 해법은 국민 개개인의 의식개혁을 위한 새 가치관의 창도에 있다. 다시 말해 의식개혁은 기존의 사유를 뛰어넘는 새로운 철학적 사유가 있어야 하며 의식개혁, 즉 수직적 사고를 수평적으로 바꾸는 정치개혁과 생산수단을 50:50으로 균형 있게 조화시키는 인간적 자본주의·혼합·공생경제(통일경제)정책 등을 실시해야 그 이념적 반대자들을 설득시켜 정당화할 수 있는 법이다.
- 새로운 당은 범국민의식대전환운동을 대대적으로 일으켜야 한다. 모든 국민의 의식을 대전환시켜 진/보, 좌/우 중도(중간 · 중파)조차도 초월하는 새로운 제4차원의 가치관을 확립시켜 새로운 정치와 나라를 창도해야 하며, 경제에 있어서도 기존의 제조업(조선 · 화학 · 중공업 등)을 적절히 유지하면서 21세기형에 맞는 스마트한 대한민국, 즉 공존주의·공생경제(통일경제) 시스템에 의한 '제4차 산업(인공지능 · 로봇 · 바이오 · 나노 · 전기차 등. 공공성이 많은 분야의 공영화)'의 새 시대를 새롭게 구축하여야 한다.
- 지금의 국민정서는 '87년 체제'하에서 이루어진 지나친 수직적인 경쟁과

낡은 제도로 인하여 양극화와 미취업, 즉 실업과 비정규직, 그리고 정리해고가 잉태한 자영업자의 경영난 등으로 인한 상대적 박탈감과 수평성을 찾고자 하는 시대정신의 업그레이드로 인하여, 구시대적 좌/우 이념의 스펙트럼이 희미해져 있어서, 경제적 이득을 누가 더 많이 보상해줄 수 있을 것인가에 대한 관심만 가질 뿐 생산방식의 차이를 따지는 이데올로기적 노선을 선택하지 않기 때문이다.

〈대안2. 철학에 기반한 정책정당으로 진/보, 좌/우, 중도(중간)를 뛰어넘는 전국정당(제4의 정당) 구축〉

새 가치관인 '영(靈)철학(正道論 · 兩未論)'은 좌/우, 보/진, 양비론적 중도조차 아우를 수 있는 새로운 대통합의 철학으로서, 철학과 신학을 소통하고 동·서양적 사유를 통폐합한 한국철학이며, 도올 김용옥 교수가 주창한 기(氣)철학의 학문적 체계를 새롭고도 쉽게, 그리고 완전하게 수립한 4차원의 철학이다. 다시 말해 새 가치관은 양극단의 사유를 잉태하게 된 사회주의/자본주의(국유화/사유화)의 이분법적 사고와 양비론적 중도의 사유에서 빠져나오지 못하고 있는 저급한 국민의식을 말끔히 해결할 수 있게 할 것이다. 따라서 철학에 기반한 정책정치인 '공존주의·공생경제(통일경제)'를 구축해야 시대정신의 호응으로 '분열된 국민을 진정으로 통합'하고 민족의 오랜 숙원이자 해결하고 넘어가야 할 현안인 '평화통일'을 준비할 수 있는 지속가능한 정당이 되게 될 것이다.

- 협치는 동·서 통합 정치의 시대적 요청이자 준엄한 명령임이 분명하다. 그러나 이념이 다른 기존의 거대 두 정당의 협치가 전국정당이 될지는 미지수다. 따라서 차제에 여·야의 제3세력이 개헌에 의한 지역분권형 대통령제와 정도론을 중심으로 '제4당'을 창설하여 전국정당으로 승화시켜 대

한민국의 정치를 새롭게 견인하여야 하는 일은 역사의 엄숙한 숙명이다. 그런데 개헌을 통한 분권만이 만사를 해결할 수 없다. 새 가치관에 의한 국민의식 개혁으로 케케묵은 이데올로기를 뿌리뽑고 공생경제(통일경제)를 통해 양극화를 해결할 수 있어야 진정한 새 정치를 이 땅 위에 뿌리내릴 수 있게 될 것이다.

〈대안3. 인물과 정책(철학에 기반한)의 조화 정치〉

- 제4당은 기존의 야(野)보다 더 야성적(野性的) 정책을 수립해야 야권/여권의 텃밭에 진출해 성공할 수 있으며 전국정당이 가능하게 될 것이다.
- 양극화 해법 제시의 유일한 길은 선별적 복지를 넘어 공공성이 큰 분야에 있어서의 공영화의 비중을 높여 사회적 약자의 능력부족을 보충해 줄 수 있는 경제적·사회적 제도, 즉 보편적 복지까지도 뛰어넘는 국가복지체제를 구축해야 한다(손학규: 4.13 총선은 양극화에 대한 국민의 '표초리').
- 공생경제(혼합경제/통일경제): 생산과 유통·금융 등등의 50% 공영화를 구축하면 북유럽의 보편적 복지제도까지 초월한 국가복지체제가 된다. 비단 경제 분야뿐만이 아니라 국가의 모든 분야에 대한 공영화를 확대해야 한다(교육 · 법률 · 보험 · 부동산 등).
- 사냥방식(이란 수주)과도 같은 수렵형도 중요하지만 제도에 의한 경제성장 발전 시스템(전국 · 전 세계에 유통의 네트워크)을 구축해야 한다.
- FTA·TPP시대를 대비하여 마트공사를 창설하여 전 세계로 진출해 수출을 돕고, 내수는 전국의 전통시장을 초 현대화(백화점화)하면 대기업 계열사 중심의 유통구조가 혁신됨은 물론 많은 분야에서 신 성장 동력을 무궁무진하게 창출할 수 있다. 그리고 마트공사가 중소기업 제품의 마케팅을 50% 돕게 된다면 '창업의 활성화'로 '일자리 창출'을 경이적으로 확충할

수 있다. 그리고 생필품인 농·수·축산업의 '50% 직거래(수매제)'를 도입하면 생활의 안정을 돕게 됨은 물론 우리 사회·문화에 대변혁을 유발하여 대도시 중심에서 벗어나 지역분권이 급속히 이루어져 전 국토의 균형발전에 가속도가 붙게 될 것이다.

〈대안4. 차기 19대 대권은 개헌에 의한 권력의 분권(동서통합형 분권형 대통령제)〉

- 여당이 당을 초기에 혁신해 시대정신에 부합하는 정당으로 업그레이드 시키지 못한다면 친박/비박의 헤게모니 쟁탈전으로 변증법(辨證法)적 혼란이 지속되어 '정 · 반 · 합'의 역사 발전 법칙에 의한 신테시스(Synthesis)로서의 제4당의 출현은 불가능하다. 따라서 여권도 야권도 '철학에 기반한 새 정당', 즉 인물중심이 아닌 정도정책정당으로서의 제4당을 창설해 다시 분권을 위한 대연합을 재창조해야 한다.
- 제4당은 첫째 정치적으로는 지역분권형 대통령제를 채택하여 영·호남의 정치적 권력을 공평하게 나누어야 하며, 둘째 경제적으로는 양극화 해결을 위한 인간적 자본주의, 정의로운 경제, 즉 공생경제(통일경제)정책을 수립해야 하며, 셋째 이념적으로는 정도론(正道論)을 펼쳐 좌/우, 보/진, 양비론적 중도(중간)의 편협적인 이데올로기를 뛰어넘어야 한다.
- 공생경제(통일경제)로 야권을 지지하는 전국의 모든 서민들에게 실질적인 혜택이 돌아가게 하는 가장 빠른 방법은 생산(기업)보다 '유통(마트)공사'를 먼저 창설하여 생필품의 마진을 획기적으로 줄여 직접적인 혜택이 파격적으로 돌아가게 하는 일이다.
- 지역분권형 대통령제에 의한 권력구조의 개편으로 제4당이 승리를 견인하기 위해서는 새 가치관에 의한 정책정치로의 변신을 새롭게 꾀하여야

한다. 최근 '새 한국 비전'을 주창하면서 기지개를 켜고 있는 여권의 정의화 전 국회의장이 이재오 전 의원과 같이 '늘푸른한국당'을 꿈꾸고 있지만 시대정신의 요청인 새 가치관에 대한 준비도 없이 성공할 수 있을지는 의문이다. 그리고 '국민의당'의 안철수 대표 또한 제4의 당의 필수조건인 새 가치관에 의한 정도론으로 양극단을 배제하는 지금의 양비론적 중도를 넘어서야 하는데 그것에 대한 아무런 준비 없이 어떻게 높은 파고를 넘어설 수 있을지 안타깝기만 하다.

〈대안5. 창조적 정도(중립)통일로 국민통합과 남북통일을 준비해야〉

- 위에서 언급했듯이 남한의 정치사에 있어서 북한과의 관계는 직결되어 있다. 더욱이 '영(靈)철학'의 섭리법칙에 의하면 2017년부터 남북한이 '대교류기'에 접어들게 되는 시운의 도래를 맞이하고 있음이 UN의 경제제재로 인해 확실해지고 있음을 간과해서는 안 된다. 따라서 위기에 놓인 대한민국의 새로운 변화를 위한 '대의명분'으로서의 북핵 문제와 통일문제의 부각은 중요하며, 그 문제의 근본대안이 될 '창조적 중립(정도)통일' 문제를 공론화해야 우리 정치의 혁신을 이끌 수 있는 동인(動因)이 될 것이다.
- '평화통일(중립(정도))체제'를 전제할 때 '공영화의 정책 비율'을 높일 수 있으며 야권 진영보다 오히려 더 야성적(野性的) 진보정책의 수립으로 철학이 없는 기존의 진보와 보수진영에 적극적으로 침투할 수가 있게 되기 때문이다. 그렇게 하지 않으면 결코 두 기득권의 아성을 무너트릴 수가 없으며, 또한 낡고 병든 대한민국의 정치를 혁신할 수가 없게 될 것이다.

남한의 자본주의 시장경제 체제하에서의 좌파와 진보는 '공영화'를 지향하고, 우파와 보수는 '사유화'를 지키려는 성향을 갖는다. 따라서 남북의 평화통일은 생산과 유통, 금융 등에 있어서 '50%의 공영화'와 '50%의 사유화'에 의한 생산수단의 조화, 혼합, 즉 정도(正道)의 통일이며, 어느 체제 한 쪽으로의 일방적인 흡수가 아니라 제도적 조화인 평화적 통일을 의미한다고 하겠다.

- 북한은 이미 3년 전 김정은에 의해 생산수단의 중립(정도)화를 수립(생산과 유통 및 금융의 50% 사유화)했다. 생산, 즉 특급기업소 및 1급기업소 이하를 전면 사유화했으며, 유통, 즉 마트는 전국에 400여 개의 장마당을 열어 그 비율이 무려 80~90%가 사유화되었다.
- 협치(協治)는 남북통일 준비를 위한 시대정신, 즉 남남통합(영 · 호남통합)을 이루라는 역사의 암시(暗示)임을 인식해야 한다. 따라서 사회주의의 장점과 자본주의의 장점을 조화한 공존의 공화국(정도정부)이라는 지렛대를 창출하여 대한민국을 혁신시켜 국민을 통합하고, 나아가 중국(中國)을 움직여야 북한의 위협을 누그러뜨릴 수 있으며, 한반도를 정도국체제(正道國體制)로 전환시켜 남북을 평화적으로 통일시킬 수가 있게 될 것이다(故 DJ와 고르바초프-양 체제의 장점을 결합한 남북통일을 주창함).

이상의 프롤로그는 대화 형식으로 엮기에는 전달하고자 하는 핵심내용이 분산되기에 그 뜻을 압축하여 조금 특별한 형태를 취할 수밖에 없었다. 기본적인 틀에 얽매여서 중요한 것을 잃기보다는 차라리 내용이 더 귀하지 않겠는가? 부활은 십자가의 산물이기에 지금 우리는 국민 통합과 창조적 통일이라는 옥동자를 분만하기 위해 길 위에서 길을 묻는 나그네 신세가 되어 몸부림을 치고 있지만 불원간 어둠은 물러가고 우리의 소원 통일이라는 꿈같은 일이 일어나게 되리라는 것을 독자 제현과 함께 두 손 모아 기원하고자 한다.

이끄는 글

국가대개조 · 국민통합 · 평화통일은 불가분의 관계

독일통일은 준비(사회 · 민주주의)된 통일

책의 제목을 '창조적 통합·통일 대담'이라고 정하게 된 데는 나름으로 큰 이유가 있었다. 그 첫째는 한반도 통일, 즉 남북통일을 위해서는 먼저 남남의 통합이 있고 난 후, 남북통일이 이뤄지게 되는 법인데, 일반국민들은 물론이요, 통일을 연구하는 대부분의 전문가와 정치지도자들까지도 지역·계층·빈부갈등과 같은 국론분열의 근본문제는 염두에도 없으며, 북한의 붕괴에 의한 흡수통일 방식의 위험성을 고려하지도 않고 쉽게 토설하는 것을 심심찮게 목도할 수 있었기 때문이다.

둘째는 독일통일이 서독에 의한 동독의 흡수통일을 말하지만, 동독 의회가 통일을 합의, 승인을 통한 양 국가의 동등한 공식적 합의 통일이었지 동독의 몰락에 의한 흡수통일이 아니었다. 더군다나 서독은 우리나라처럼 일방적인 자본주의 시장경제제도와 민주주의제도에 편중 되어있지도 않았고, 독일연방공화국의 헌법에 명시되어 있듯이 서독은 양 체제의 중립(정도)형인 '사회민주주의 체제'를 이루고 있었다는 것이다.

그리고 정부형태에 있어서도 우리나라는 내각제적 요소인 국무총리제도, 국회의원 각료임명권, 정부 법률안 제출권 등을 갖고 있는 혼합형 대통령 중심제이지만 서독은 독립적인 내각제하에서 대통령과 총리가 분권을 이루고 있었다. 또한 우리나라는 영호남의 지역감정과 소득불균형, 즉 빈부의 격차가 서독에 비해 현격한 차이가 있었다.

어디 그뿐인가? 1969년 빌리 브란트(Willy Brandt) 수상은 할슈타인 원칙[1]을 포기한 터전 위에 동방정책(Ostpolitik)을 실시하여 1982년 헬무트 슈미트(Helmut Schmidt) 서독 총리의 동독 방문에 이어, 1990년 10월 3일 독일통일이 이루어지기 전, 1987년 에리히 호네커(Erich Honecker) 동독 공산당 서기장의 서독 방문이 있었으며, 1972년~1987년까지 15년간 민간인 교류를 비롯한 과학기술과 문화와 환경 등에 관한 광범위한 교류가 있었다는 것이다.

물론 그중 가장 중요한 부분이 외적으로는 1985년 4월에 선언된 구소련의 미하일 고르바초프 서기장의 개혁(Perestroika)과 개방(Glasnost) 정책의 추진 그리고 내적으로는 통일을 염원하는 국민적 욕구와 독일 제 연방의 현실적인 경제적 이해관계가 독일통일을 촉진하는 계기가 되었음을 빠트릴 수 없지만 말이다. 따라서 양극의 극단체제로 나누어져 대립하고 있는 한반도의 남북통일과는 달리 독일의 통일은 '준비된 통일'이었던 것이다.

그런데 지금 우리는 어떠한가? 불원간 밀어닥치게 될 남북통일을 앞두고 독일통일을 통하여 교훈을 얻어야 한다는 주장은 많지

---

1. Hallstein Doctrine, 原則, 1955: 서독은 동독을 승인하는 나라와는 외교관계를 단절(대독전승국인 소련만은 이 원칙에서 예외)하겠다는 원칙

만, 아직까지 그 누구도 우리 실정에 딱 맞는 독일통일의 구체적인 내용들을 통해 논리적이면서도 설득력을 갖춘 철학에 기반한 완전한 이론과 정책, 그리고 새로운 제3의 국가체제를 창출하지 못하고 있는 실정이다. 따라서 충분한 내용 준비는 뒷전이면서 남한이 북한을 일방적으로 흡수통일 해야 한다는 주장은 얼마나 어리석고 풋내 나는 한심한 아규먼트(Argument)인가? 통일에 대한 지도자들의 의식의 일천함에 안타까움을 금할 길 없다.

창조적 중립(정도)통일론

창조적 중립(정도)통일론이란? 북한의 붕괴에 의한 흡수가 아니라 독일처럼 준비된 통일을 위해 우리도 사회체제를 독일과 같이 준비해야 함을 일컫는 말이다. 다시 말해 북한의 붕괴는 남쪽에게 또 다른 재앙을 불러오게 될 것이기에 사회주의체제를 자본주의체제로 흡수하는 것이 아니라 양 체제의 장점을 창조적으로 결합한 새롭고, 완전한 평화적 통일의 방법론을 뜻하는 개념이다. 북한이 체제 유지를 위해 위기에 놓일 때마다 다양한 위협을 감행해왔듯이, 북한은 왼빰을 때리면 오른빰까지 내어놓는 성인(聖人)의 국가가 결코 아니다. 따라서 남한은 북한의 체제 붕괴는 우리에게 대재앙이 될 가능성이 농후함을 먼저 인식하여 먼저 평화적 통일에 대한 본질적 대안을 준비하여 선제적으로 제시하지 않으면 국가적 대재앙을 결국 초래하게 될 것이다.

여기에서 창조적 중립(정도)통일이란? 고르바초프와 고(故) 김대중(DJ) 전 대통령의 주장에서 알 수 있듯이 사회주의의 장점과 자본주의의 장점의 조화로운 결합을 뜻하는 중립(정도)적 개념이다.

'자유주의적 평등 이념'이 본질인 『정의론』의 저자이자 철학자인 존 롤스(John Rawls)도 "사회주의체제 역시 시장체제와 부합하며 모든 체제가 시장에 의거하고 있다."고 하여 양 체제를 부정하지 않는다. 사회주의의 몰락과 2008년 미국발 금융의 위기로 인한 자본주의 신자유주의의 파산 이후, 세계질서는 새로운 패러다임을 절박하게 요구하고 있다. 혼합경제 · 인간적 자본주의를 뜻하는 '자본주의 4.0'이 아나톨 칼레츠키에 의해 새로운 글로벌 경제 제도의 트렌드로 급부상했으며, 국가 보조금에 의한 구제금융으로 미국과 EU의 시장경제가 '목발경제'로 전락했다. 정부와 시장의 조화와 함께 국유와 사유의 50:50에 의한 적절한 중립(정도)적 조화만이 그 창조적 대안인 셈이다. 이것이 '혼합경제', '자본주의 4.0', 즉 필자가 새로이 개념화한 '공생경제'인 것이다.

최근에 출간한 『한국 자본주의』의 저자 장하성 교수는 '경제의 민주화를 넘어 정의로운 경제로' 자본주의를 고쳐 쓰자고 제안하고 있다. 하지만 '경제는 정책에 의한 정치적 수단이요, 체제는 국가의 숙명(일제식민에 의한 전제군주제의 해체, 6·25동란 후 양 체제로 분리, 남북통일을 통한 창조적 중립(정도)통일과 같은 존재론적 섭리)에 의해 패러다임의 대전환을 갖는 법'이라는 필자의 지론에 의한다면 '자본주의 고쳐 쓰기'는 근래에 들어 보기 드문 탁월한 경제 교과서임에도 '권력의 분권 문제'와 '종교적 가치의 문제'는 도외시하고 너무나 경제구조의 일면성에만 치우쳐서 분석하였으며 그리고 또한 통일이라는 대교류기를 목전에 두고서 '창조적 중립(정도)통일체제'의 중요성을 묵과한 편협하고 소극적인 처방이 아닌가 한다.

다시 말해 아무리 완벽한 제도와 정책, 그리고 법이 세워진다고 할지라도 그 자체만으로는 한계가 있다. 왜냐하면 제도·정책·법은 인간의 몸(육체)과 같고 가치관은 맘(정신)과 같기 때문이다. 물론 외형적인 부분도 시대정신에 맞게 새롭게 전환을 해야 하지만, 모든 문제의 근원이 타인을 배려하지 않는 이기심일진데, 제도를 넘어 인간의식의 대개조, 즉 이타심의 회복을 위한 영성적(靈性的) '새 가치관'의 필요성이 경제제도의 개혁에 있어서도 분명한데 거기에 대해서는 일언반구도 없다는 것에서 더욱 더 그렇다고 할 것이다.

통일이 대박이 되기 위해서는 양 국가체제를 대개조해야!

'통일은 대박'이라는 개념이 박근혜 대통령을 통해 세상에 회자되면서 유행어가 되었다. 필자가 사용하는 '창조적 중립(정도)통일'이라는 개념에 비하면 다소 그 표현이 '상징적'인 셈이다. 상징이란? 추상적이라는 뜻이 강하다. 그러니까 구체적이지 않고 뭉뚱그려진 체로 그냥 던지는 암호와도 같은 개념이다. 그런데 통일이 대박이 될지 아니면 재앙이 될지는 통일의 형태에 따라 가변성을 갖는다고 할 것이다. 왜냐하면 통일의 방법론을 최소한 세 가지로 가정할 때 하나는 북쪽체제로의 흡수통일과 다른 하나는 남쪽체제로의 흡수통일, 그리고 또 하나는 양 체제를 결합한 중립(정도)통일을 생각할 수 있다.

중립(정도)통일이란? 100% 국유화를 채택하고 있는 사회주의 계획경제와 100% 사유화를 채택하고 있는 자본주의 시장경제의 생산수단, 즉 생산과 유통 및 금융의 각각 50% 공영화와 50% 사유화로 균형 있게 조화시켜 한 편으로 치우치는 편협한 일방성을 경계(警戒)하자는 의미임은 두말할 필요가 없다.

따라서 양 체제에 의한 두 가지 흡수통일의 방법론은 그것이 그 어떤 쪽의 체제이든 대재앙이 될 수 있다. 통일이 대박이 아니라 쪽박이 될 수 있다는 것이다. 사회주의 계획경제의 몰락과 자본주의 시장경제의 파산에서 볼 수 있듯이 두 체제는 '과정주의'일 뿐, 궁극의 '결과주의', '완성주의'가 아님은 이미 판결이 났다고, 위에서 언급했듯이 두 체제는 이미 종언(終焉)을 고했다.

따라서 나머지 다른 하나의 방법은 종교·정치·경제 등의 모든 분야에 있어서 양 체제의 장점을 결합한 창조적 중립(정도)통일론이다. 통일이 대박이 되기 위해서는 편협한 이데올로기에 의해 갈라진 서로 다른 체제, 즉 양 체제의 부족함을 보충하고 양 체제가 창조적으로 통합되어 인센티브를 유발할 수 있는 21세기 글로벌 시대의 새로운 모델, 즉 제3을 넘어선 제4의 방법론으로 새로운 세계질서를 이끌어가게 될 공존주의 공생체제로의 대개조인 창조적 중립(정도)통일체제가 이루어져야 한다.

1체제 2국가(입헌군주공화국)와 남북통일의 3요소 & 고려연방제(1국가 2체제)의 허구

사회체제는 국가에 우선하는 법이다. 하나의 국가였던 한반도가 2개의 국가로 나누어진 근본 이유가 사회주의와 자본주의에 의한 2개의 다른 체제였다는 것이 이를 증시하고 있다. 따라서 남북통일을 위해서는 분단의 근본 원인으로 작용했던 두 다른 체제를 먼저 하나의 체제로 바로 세우고, '1체제 2국가'에서 출발하여 왕정 대 민주체제인 '입헌군주공화국'을 거쳐 '1체제 1국가'를 성취하는 단계별 통일의 형태가 본질적 대안이지 '1국가 2체제 통일론'은 분단을 영구히 고착시키는 논리의 궤변 내지는 천박한 사유의 산물일 뿐이다. 그러므로 남북의 평화통일을 위해서 각기 다른 양 사회체제로 인하여 발생되어진 종교와 정치 및 경제체제의 일치가 이루어져야 진정한 통일을 위한 새로운 대안이라 할 수 있을 것이다. 따라서 남북통일을 위해서는 다음과 같은 전제조건들이 필요하다.

첫째: 북한의 무신론(유물론, 진화론)과 남한의 유신론(유일론, 창조론)을 통일시켜야 하기에 기존의 사유방식, 즉 이항 대립(Binary opposition)의 사유를 초월하여 제3을 넘어선 제4의 대안 이념을 창출해야 한다.

영(靈)철학은 창조론과 진화론을 하나로 엮은 새로운 사상으로서 '창조적 재창조'에 의한 성장론(1정자-2태아-3탄생)이라고 부르는데, 이는 서양의 철학자 앙리 베르그송의 '창조적 진화론'보다 진일보한 철학이며, '정도론(正道論)'은 중도(중간)론 조차도 포용할 수 있는 사유의 초월 이론이다. 양미론은 양비론이라(둘 다 아니다)는 양비(兩非)가 아니라, 양미(兩未), 즉 둘다 부족하다는 사유의 방법론으로서 상대를 배격하는 것이 아니라 아직 배우면서 시험을 치르고 있는 학생과도 같이 부족하기 때문에 배려해주고 보호해주고 가르쳐주는 부모나 스승과 같은 답안지 이론이다(권추호 『영(靈)철학(정도론 · 양미론)』 참조). 지금의 좌/우, 보/진, 중도의 이데올로기는 시험을 치루는 학생들이 답안지와는 상관없이 자기가 선택한 문제의 답이 정답이라고 서로 우기는 것과도 같다.

둘째: 북한의 전제군주제의 세습체제와, 남한의 민주주의에 의한 선출체제를 통일시켜야 한다.

그러기 위해서는 북한은 남쪽의 민주주의적 선출제도를 남한의 국회의원 선출처럼 일부 도입하고, 남한도 정신적 헌신과 봉사의 주체로서의 정신적 지도자로서의 군주제도, 즉 일명 종교적, 영적 지도자를 옹립해야 된다는 것이다.

다시 말해 정치권력의 세습과 민주의 문제는 '왕정 대 민주체제'로 전환하여, 1국가 2체제를 과정적으로 수립하여 단계를 거쳐 권력의 통일이 이루어질 때까지 남북을 하나로 묶는 원수(정신적 역할)와 수상(정치권력)을 각각 나누어 세우는 방식으로 권력을 이원화하는 제도를 수립하여(도올 김용옥 『노자철학 이것이다』 참조) 1단계는 이념의 통일, 2단계는 경제제도의 통일, 3단계는 권력의 통일을 최종적으로 이루면 된다. 이는 북한의 김일성 주석이 운명하기 전에 천명했던 남북통일 10대 강령 중에 제일 먼저 언급한 내용이다(남북한을 대표하는 원수 1인이 있어야 한다는 것).

셋째: 생산수단에 있어서 북한의 100% 국유화와 남한의 100% 사유화를 50(공유):50(사유)으로 전환하여 통일시켜야 한다. 즉 북한은 생산(기업)과 유통(마트)의 50% 사유화를 시행하고, 남한은 생산과 유통의 50% 공영화를 도입해야 한다. 그런데 놀라운 것은 북한은 3년 전 스위스에서 유학을 한 김정은의 주도로 기업과 유

통의 50%를 이미 사유화시켰다(경제적으로는 중립(정도)국을 시도했음). 1만 명 이상의 특급기업소와 5천 명 이상의 1급기업소를 제외한 나머지 중소기업 전부를 사유화시키고, 전국에 400여 개의 장마당을 열어 유통의 70~90%가 사유화되었다는 것이다.

남쪽 기업의 공영화는 현재 각종 공기업 450여 개의 공사들에 의해 22.6%가 공영화되어 있지만, 유통은 96%가 대기업 계열사에 의해 사유화되어 있어 양극화를 부추기고 중소기업의 경쟁력을 축소시키고 있다. 따라서 생산부분인 기업의 공영화 비율을 더 높이고, 유통부분인 마트 공사를 창설하여 공영화를 새롭게 구축하지 않는다면 사회통합도 남북통일도 요원하다는 것이다.

38선은 단순한 선이 아니라 편협한 이념의 선

북한과 일부 남한의 통일 연구가들 중에서 '1국가 2체제'를 주장하고 있는 사례들이 없지 않은데, 위에서도 언급했지만 사실상 '1국가 2체제'를 통한 통일주장은 (죄송하지만)통일과는 거리가 먼 일이다. 왜냐하면 통일을 위해서는 체제가 다른 국가들끼리 그래도 뭔가가 공유될 수 있는 일부분의 내용이라도 같아야 원만하지는 않지만 교류의 명분이 있게 되는 법인데, 남북한의 제도에 있어서 어떤 부분도 닮은 구석이 없는데 어떻게 1국가로 나아갈 수가 있겠는가? 같은 민족이면서도 서로의 체제가 극명하게 달라서 하나의 독립국가가 이루어진 것이 아닌가? 다시 말해 체제가 다르니까 다른 국가인데 1국가 2체제라니? 따라서 고려연방제다, 낮은 단계의 연방제다 하며 제시하는 1국가 2체제로의 통일의 접근 방식은 결코 불가능한 방법론임이 분명하다.

연방정부는 통일된 군사력도 외교권도 없는 속 빈 강정의 정부일 뿐이다. 각각의 군사력과 외교권 및 행정권이 존재하니 연방 치안력과 법무 및 행정력이 먹히지도 않는다. 따라서 그렇게 구성된 연방정부는 아무것도 할 일이 없다. 나아가 연방의회가 구성된다고 해도 인구비례에 의한 대표가 아닌, 남북의 1:1 비율이기 때문에 북한이 연방 의회를 장악하게 되어 있다. 왜냐하면 북한의 의회는 공산당(노동당) 외의 정당은 무용지물이며, 북한은 100% 의견 합의를 이룰 수 있지만, 남한에서는 거대 양 정당 이외에도 군소정당이 난립한 상황이라 과반은커녕 단 한 명이라도 북한 의견에 동참했다가는 북한에게 끌려 다닐 수밖에 없는 상황이기 때문이다. '정치활동의 자유화'는 여기에 결정적인 한 수가 된다. 대한민국 내에 공산당 활동의 자유화를 조건으로 내걸기 때문이다. 결국 남쪽에서 단 1석이라도 공산당이 차지하면 북한은 과반 의석을 확보하게 된다.

결론적으로 연방 의회는 북한이 차지하게 되는 것은 당연한 일이며, 또한 연방 의회를 구성하면서도 북한의 체제와 군사력은 계속 보유하겠다는 뜻이니, 그냥 북한 밑으로 들어오라는 소리와도 같다. 남한이 가진 통일의 의지의 도전을 피하자니 자존심은 상하고 이에 응전의 방법을 내어 놓아야 하는데 인구 비례의 방법은 위험성을 다분히 내포하게 되겠기에 결국 남한이 받아들이지 못할 조건을 내걸고 통일 방안을 내놓는 척한 것에 불과하다는 것이다.

유럽의 1국가 2체제 형태(다체제)는 통합 전 각국별 관세동맹체제가 이루어지지 않아 인접국 물건 구입에 관세 부과로 인한 교역상 문제점과 정치 분열 현상으로 인한 (냉전)당시 효과적인 대응

전략 미비, 노동인력 부족 등을 해결하기 위하여 EU 연합 체제로 시도한 것이다. 통합 후 관세 철폐로 인접국 간 교역시장 단일화, 저렴한 생활비, 나토에 의한 군사동맹체제로 안보비용 절약, 국경 철폐로 인한 문화 교류, 교육현장 공개 참교육 지향, 동유럽의 연합 가입으로 값싼 노동력 대거 흡수, 동맹체제로 미국에 효과적 대응전략 등과 같은 공동체적 효율성으로 인하여 그래도 그 체제가 가능성을 담보할 수 있지만 우리 남북한에 있어서의 1국가 2체제는 성립될 수 있는 근본 기초가 전무한 상태인데 어떻게 연방이 가능하겠는가? 참으로 웃지 못 할 가소로운 아규먼트다. 생각이 깊어야 한다. "선무당이 사람 잡는다."는 속담이 있듯이 생각이 깊지 않고 덤벙대면 의욕은 좋을지라도 용두사미가 될 수밖에 없는 법이다.

그리고 일부 통일 연구가들과 단체들에 의하여 주창되고 있는 'CCZ 세계평화도시 건설과 DMZ 세계평화공원 조성' 또한 마찬가지다. 경기도 어렵고 예산도 턱없이 부족한데 수백 조가 들어갈 두 거대 프로젝트의 재원을 누가 어떻게 감당할 계획인지 디테일하게 밝혀야 한다. 정작 통일을 위해서 필수불가결하며 우선적이면서도 큰 예산을 필요치 않는 근본 문제인 '새 가치관에 의한 이념적, 경제정책적 방법론'은 도외시하고 말로만 평화도시다, 통일대박이다, 평화공원이다, 하는 것은 결국 정치적인 수사(Show)에 불과하다. 물론 통일이 분명 '대박'이 되게 될 것까지 부정하고 싶지는 않다. 왜냐하면 통일은 상상을 뛰어넘는 '통일편익'을 발생시키게 될 것이기 때문이다.

그러나 북한의 입장에서 생각하면 자기들한테는 돈이 되지 않는다. 실익이 없다. DMZ와 CCZ는 자기들 영역 밖이다. 무엇보다 우리에게 경제적 이익이 돌아오지 않는다. 우리는 지금 당장 먹을거리가 부족해서 아사자들이 속출하는 판에 강 건너 불구경하듯이 무슨 평화공원이며, 평화도시냐? 오히려 체제를 흔들려는 시도가 아니야? 라고 할 수도 있다는 것이다. 그러니 DMZ와 CCZ를 통한 통일의 방법론은 오히려 통일을 저해하는 셈이니, 차제에 통일의 방법론을 숙고하여 가능성이 높은 내용으로 재편하여야 한다.

따라서 위에서도 대강에 대해서 기술했고 아래에서도 언급되어지겠지만 그 대안에 대해 세부적인 내용을 부분적으로 제시하자면, 먼저 이념에 있어서 '새 가치관에 의해 생각의 차이를 서로가 극복'한다면 통일을 위한 정치적 부분에 있어서 왜 서로가 상이한 지도자 선출의 조화로운 선출방법론이 필요하며, 경제부분에 있어서 국유화와 사유화 일변도에서 각각 50%의 공유와 사유제도로 조화(결합 · 통일)시켜야 하는지를 알게 될 것이다.

그리고 남한에 있어서 생산과 유통의 50% 공영화는 특히 유통에 있어서 마트공사를 창설하여 모든 생필품 거래의 마진을 공영시스템에 의하여 무료화하고, 또한 북한에 남한의 생산품들을 무상으로 제공하는 것이다. 그 대가로 사유 유통이 할 수 없는, 즉 공유(국유–공사) 유통의 특성을 활용하여 북한의 풍부한 지하자원(약 7,000조)과 물물교환 함으로써 서로가 상생할 수 있는 근원적인 정책적 방법론을 제시한다면 남북의 경제는 경이적으로 성장발전하게 될 것이며 그것을 계기로 모든 부분을 조화롭게 결합(입체적으로 압축)시켜 평화적 남북통일을 앞당겨야한다는 것이다. 그리고 체제의 간극을 좁혀서 마지막으로 정치적 통일로 가야 한다는 것이다.

21세기의 새 질서(창조적 중립(정도)통일)를 위해

20세기 초부터 세계질서 해체

역사는 21세기 초 한반도로부터 시작되는 새로운 세계질서를 위해 20세기 초부터 약 1세기 동안에 걸쳐 구체제의 질서를 해체, 즉 세계질서를 혼란으로 몰아넣었다. 이는 마치 고장이 난 어떤 기계의 핵심부분을 수리하기 위해 외부의 큰 부분으로부터 시작해, 내부의 보다 작은 핵심부분에까지 그 범위를 좁혀 낱낱이 분해(分解)해서 고치고 난 후, 조립(組立)은 역순(逆順), 즉 내부에서 외부의 보다 큰 부분을 향해 단계적으로 부품을 합체하여 결국 본체를 완성하게 되듯이 말이다.

역사, 즉 세계사에 대한 해체의 방법론은 위의 예(例)에서처럼 기계를 분해할 때 사용하던 공구(工具)가 아니라 국가 간 전쟁이라는 무력이었다. 조립은 먼저 2분법적 사고와 양비론에 빠져 있는 조직의 근본 기초인 개개인의 저급한 이념을 새 가치관인 '영(靈)철학(정도론과 양미론)'으로 치유해서 자기 자신(靈 · 肉)과의 화해(절대가치 정립, 깨달음, 중생, 창조목적 인식)를 하고 난 후, 그 범위를 단계적으로 넓혀서 나아가면 되는 것이다.(보기 참조)

〈보기: 한반도의 역사(섭리)와 재창조의 공간의 공식〉

보기-1. 분해(분리-전쟁)

1) 1차 세계대전 ———— 세계 분해
2) 2차 세계대전 ———— 아시아 분해
3) 6·25전쟁 ———— 한반도 분해
4) 5·18 ———— 동서 분해
5) 친노/비노 : 친박/비박 ———— 영/호남 분해
6) 2분법적 사고 ———— 개인 분해

보기-2. 조립(용서-화해)

1) 새 가치관 정립(靈·肉화해) ———— 개개인의 깨달음
2) 좌/우, 보/진의 화해 ———— 연청과 노사모의 화합
3) 영/호남의 화해 ———— 동서화합(중도정당 창출)
4) 남/북의 화해 ———— 창조적 중립(정도)국 통일 체제
5) 아시아의 화해 ———— 아세아 대연합
6) 세계의 화해 ———— 세계평화(세계정부)

한반도 역사의 법칙과 남북통일의 시기?

역사에도 어떤 법칙과 정해진 시간이 있다고 한다면 이해하기가 쉽지 않을 것이다. 그런데 상위의 〈보기-1〉의 내용이 세계에서부터 개인에게 이르기까지의 단계별 분리·결합의 법칙을 다룬 것이라면 아래의 〈보기-2〉는 그 범위를 보다 더 좁히고 그리고 확대해서 한반도의 역사와 관련된 내용을 세분하여 설명한 것이다. 마치 한 알의 씨앗이 봄에 자신의 희생으로 떡잎을 틔우고, 분열의 과정을 거쳐 열매를 맺기까지의 과정처럼 한반도의 역사는 계절처럼 3단계의 패턴(창조의 법칙)을 가지고 인간의 의지와는 상관없이 전개되고 있다는 것이다.

역사(歷史)의 법칙성에 대하여 "이론역사, 즉 역사과정에 어떤 패턴이나 법칙을 찾는 것이 가능한가?"라는 질문에 대하여 전문 역

사가들은 부정적인 답(答)을 하고 있다. 그러나 18세기 이탈리아 철학자 비코(G. B. Vico)에서 시작하여 헤겔(G. W. F. Hegel)·마르크스(K. Marx)·슈팽글러(O. Spengler)·토인비(A. J. Toyinbee)·소로킨(P. A. Sorokin)·코뢰버(A. L. Kroeber) 등은 역사(歷史)과정은 완전히 우연의 결과라고만 할 수 없으며 역사과정이 가능하다면 사회·문화·문명 등 연구의 대상을 시스템으로 보고 처리해야 할 것이다."라고 하였다.

절대정신(絕對精神)의 요구와 한반도 역사의 성장 발전 법칙

절대정신이란? 곧 창조의 궁극적 존재에 의한 목적 프로그램의 다른 이름이다. 건축에 있어서는 설계도와 같으며, 식물의 DNA 구조, 인간에게 있어서의 정자(精子)처럼, 존재하는 모든 것은 정확한 목적성을 자체 내에 갖고 탄생되며, 진화론처럼 목적 없는 막연한 진화가 아니라 그 탄생은 처음부터 완성되지 않고 미완성에서 시작되어 완성을 향해 변화·발전한다는 것이다. 우주도, 역사도 한 인간의 성장과 4계절이 뚜렷한 자연법칙처럼 닮아 있다. 봄·여름·가을·겨울을 거치듯이 1세기 동안 전개된 우리 한반도의 역사를 이스라엘의 과거 역사와 비교해 보면, 그 역사의 단계별 나선형식 동시성(닮음 꼴)에 아이러니를 느낄 것이다.

필자는 수직적 체계인 전제군주제와 수평적 체계인 민주주의의 상반성이 서로 공존할 수는 없었을까?를 두고 고민했던 시간들이 많았었다. 왜냐하면 짧은 기간 안에 한반도를 둘러싸고 벌어졌던 가공할 사건들이 가히 상상을 초월했었으며, 그 상흔이 너무나 깊어 아직도 그 근본 원인을 치유하지 못하고 몸부림치고 있기 때문이다. 그러나 결론은 성장의 완성을 향해 가는 길목에서 피할 수 없었던 성장통으로, 결국 궁극 목적인 민주주의를 이 땅에 창출하기 위한 희생양이었다는 것이다. 사랑을 잃어버린 전제군주제의 해체 없이는 민주주의를 감히 상상할 수 없듯이 말이다. 이를 두고 고(故) 함석헌 옹은 "백성에 대한 군주의 수탈"을 일제식민의 원인으로 얘기하지 않았던가?

따라서 한반도의 역사는 창조적 법칙에 의해 한 치의 오차 없이 전개되는 역사의 수레바퀴인 것이다. 절대정신의 요구로서의 한반도의 '제3의 길(민주주의 4.0)'의 완성, 즉 '공존주의 1.0'의 새로운 국가체제의 시작이 눈앞에서 다급하게 전개되고 있다. 역사 연구의 목적이 역사의 경험을 통해 지혜의 눈을 밝히고, 보다 깊이 사유해서 그 대안을 찾아야만 하는 것이라면, 이제 우리의 경험은 이것만으로도 족하다.

한반도의 성장 발전 법칙인 아래의 〈도표-1〉를 볼 때, 절대정신의 요구는 우리에게 많은 시간을 허락하지 않는 것으로 보인다. 일각을 쫓아 새로운 역사를 준비함에 있어 최선을 다해야 역사의 뒤안길에서 후회의 눈물을 남기지 않을 것이다.

전제군주제에서 민주주의로의 패러다임의 대전환

조선(朝鮮)왕조(전제군주제적 절대적 왕정) 말기 1905년부터 약 1세기 동안 불어닥친 정치제도사의 격변과 한반도 정세(政勢), 특히 전방위적 사회·문화제도에 있어서의 패러다임의 대전환과 대변혁의 소용돌이는, 21C 새천년의 첫 관문을 통과하고 있는 우리에게 너무나도 큰 의미를 시사하고 있음을 부인할 수 없으며, 또한 절대정신이 무엇을 요구하고 있는가 하는 것을 깊이 헤아리지 않으면 안 된다.

1905년 을사보호조약에서 1910년 한일합방까지 5년의 준비기간을 지나, 일제 식민지 생활(주체의 상실)과 1945년 해방 이후 1950년 6·25 한국전쟁까지 5년의 준비기간을 지나, 남북분단의 고통(주체의 분리)과 2000년 6·15공동선언 이후 5년의 준비기간을 지나, 2005년 공동선언기념 5주년행사에서 남북의 양측 대표부는 2005년을 남북통일의 원년으로 삼자고 선언했다. 참으로 놀라운 일이 아닐 수 없다.

그런데 2016년의 후반기인 지금 이미 한반도의 시계는 통일(주체의 회복)시대의 '희생기'를 지나 남북의 '교류기'로 접어들었다는 계산이 나온다. 그렇다. 이제 얼마 있지 않아 민주주의의 완성인 '공존주의 공생체제(共生體制: 주체의 완전한 회복)'를 창출할 남북통일의 시대가 오게 될 것임은 명약관화한 사실이다.

해방 이후 남한의 정치적 주체의 변동과 정권 교체의 전개과정을 정대화 상지대학교 교수는 '2002년 대선 평가 자료집'을 통하여 발표하였는데, 이를 필자가 고안한 3단계 3급의 성장패턴에 의한 시대별 유형으로 해석하면 아래 〈도표-1〉와 같이, 군부에 의한 '주권의 상실', YS/DJ에 의한 '주권의 분리', 노무현 대통령에 의한 참여형(型) '주권의 회복'과 새로운 정치 유형의 변화라고 역설할 수 있을 것이다.

〈도표-1: 한반도의 역사(섭리)와 재창조의 시간의 공식〉

재창조의 횡적 공식				
▲ 식민(주체의 상실)	1905~1910	▲ 몰수	■ 임정/문화	● 개명
■ 분단(주체의 분리)	1945~1950	▲ 군부	■ YS/DJ	● 참여
● 통일(주체의 회복)	2000~2005	▲ 희생	■ 교 / 류	● 통합
〈15년-희생기, 15년-교류기 15년-축복기〉 〈▲ 애급고역 ■ 출애굽 ●가나안 입성(이스라엘 민족사)〉				

남·북한 사회제도는 이율배반 체제

북한의 사회주의 체제는 존재의 근본을 유물론(唯物論)에 의한 물질주의로 하였음에도 불구하고, 오히려 경제제도에 있어서는 평등한 분배라는 종교적 이상사회를 띤 목적관을 지향하였다. 그리고 남한의 자본주의 체제는 유신론(有神論)에 의한 종교적 가치와 자유를 그 근본으로 채택하였음에도, 아이러니컬하게 물질 추구 중심이라는 배금주의를 잉태하여 종교주의를 부정하는 이율배반의 모순을 낳게 되었다.(최근의 중국은 사유재산제도를 인정하는 물권법을 통과시켰음/하버드대학의 신학자 하아비 콕스는 그의 저서『세속의 도시』에서 "기독교회의 적(敵)은 자본주의"라 했음)

그러므로 이율배반을 바로잡기 위해서는 북한의 사회주의적 공산주의는 개인의 존엄과 미완성존재의 이기심·소유의 욕구 및 종교적 본능을 체제 내에 반영하고 인정하여야 하며, 남한의 자본주의적 자유민주주의는 공평한 사회와 이타심의 회복을 위해 소유의 적절한 나눔 정책을 입안하고 실천해야 할 것이다.(유물론의 내세(來世) 부정 사상은 천부인권의 파괴로 이어져 인명경시풍조가 만연하게 되었고 볼세비키 혁명 이후 70여 년 동안 약 1억 5천만 명이 학살(숙청)되었음이 이를 반증함)

"오늘의 기성교회에서는 공동체의식과 사랑을 찾아보기 힘들며, 많은 종교가 개인의 죄는 현미경을 대고 찾을 정도로 엄격하면서 사회구조적인 죄악은 거의 외면한다."

- 김대중『옥중서신』중에서-

창조적 중립(정도)정부 구성을 위한 전제조건

도올 김용옥 교수는 삼국 통일과 한국 통일에 대해 "독일 통일의 체험을 능가하는 어떤 새로운 시점의 새로운 인류사의 비전이 한국통일 속에서 현현되어야 하며, 정–반–합의 신테시스(synthesis)로서의 통일이 아니라, 정(正)·반(反)·합(合)을 하나로 묶어 그것을 파기시켜 버려야 한다."라고 했으며, 김대중 전 대통령도 그의 저서 3단계 통일론에서 '낮은 단계의 연방제'를 통일을 위한 과정적 방법으로 제시하였다.

부정할 수 없는 통일에 대한 지혜임은 분명하다. 그러나 통일에 대한 두 견해는 다분히 되어져야 할 철학적 상징성과 그 접근의 방법론에 대한 당위론적 논리라고 할 수는 있겠으나, 보다 궁극에 대한 구체성을 창출하지 못한다면 오히려 평화적으로 이루어져야 할 남북통일이 혼란에 휩싸일 가능성이 농후하다는 것이다.

통일은 그렇게 단순한 인식론(Epistemology)적 철학과 형태론적 방법으로 처리될 수 있는 성질의 것이 결코 아니다. 왜냐하면 적어도 통일은 심오한 존재론적 접근(Ontological approach)을 요구하기 때문이며, 양 체제에 대한 정책적, 제도적, 시스템과 절대가치 창출이라는 철저한 철학적, 과학적 분석을 요구하기 때문이다. 다시 말해 분단을 야기하게 된 주체세력들의 이념의 편협성에 의한 경제적 소유권의 국유화와 사유화, 신적 존재에 관한 유신론과 유물론, 그리고 권력의 독재와 민주성에 대한 다양한 분석으로 그 근본 원인을 밝혀내지 않으면 안 되기 때문이다. 따라서 앞에서도 언급했듯이 이를 세분하면 다음과 같은 과제를 갖게 된다.

첫째: 재산의 공유와 사유에 대한 소유의 문제를 어떻게 해결하느냐?

둘째: 정치의 독재성과 민주성에 관련된 권력 구조의 문제를 어떻게 일치시키느냐?

셋째: 유물론을 바탕으로 신(神)을 부정하는 주체사상과 유신론(有神論: Theism)을 바탕으로 하는 종교의 문제를 어떻게 조화시켜야 할 것인가?

넷째: 또한 각각 다른 종교·정치·경제의 세 분야를 삼위일체적 시스템으로 어떻게 무리 없이 연결시키는가?

제4의 방법론에 의한 '창조적 중립(정도)제도'

제3의 경제학에 대하여 뉴욕대학의 클레어몬트 대학원 경제학 석좌교수였던 고(故) 피터 드러커(Piter Druker)는 "앞으로 경제학이 존재하지 않을 수 있다. 그러나 다음에 올 경제학은 '정치경제학'이 될 것이며, 공급(供給)에 중심을 두게 될 것이며 결국 인간성 회복에 있다."라고 하여, 이미 시스템적 상호 연관성에 의한 경제학을 역설하였다. 이를 다른 차원, 즉 4차원으로 전환시키면, '장래에 올 제4의 경제학은 '종교경제학'이 될 것이며, 이상국가인 '창조적 중립(정도)국가체제'를 위한 혼합경제·공생경제가 될 것이기에 인간성 회복을 위한 신적 존재, 즉 존재론적 영(靈)성을 요청하게 될 것이다.'

또한 이를 철학적 차원으로 바꾼다면 "다음에 올 사상은 제4의 이념, 즉 영(靈)철학·존재자(Wesen)철학이 될 것이며, 결국 절대가치의 설정에 그 초점이 맞춰져야 할 것이다."라고 할 수 있을 것이다(철학과 신앙의 가교로서의 존재론은 철학이면서 신학이요, 신앙이면서 또한 인격적 학문이다).

따라서 창조와 재창조에 의한 성장(진화)론인 '영(靈)철학'은 진화론에 기반한 북한의 주체사상과 창조론에 기반한 남한의 신앙(信仰)을 무난하게 소통시킬 수 있으며, 상호교류를 통한 새로운 신테시스로서의 덤(Synthesis)인 제3의 합(合)을 무궁히 창조할 수가 있을 것이다.

동·서 통합은 남북통일의 모델, 새 가치관 정도(正道) 정당의 출현은 역사의 준엄한 명령

영·호남의 갈등은 동양과 서양, 동아시아, 남북갈등의 축소판이다. 따라서 동서의 통합은 남북통합과 아시아, 나아가 세계평화의 바로미터이다. 그런데 필자는 위에서 남북통일과 동서통합보다 우선해야 할 일이 있음을 강조했었다. 그것은 다름 아닌 바로 개개인의 의식개혁·정신혁명이다. 국민 개개인의 의식 속에 잘못 인식되어 있는 '2분법적 사고와 양비론'에 물들어 있는 저급한 의식, 즉 너와 나를 우리가 아닌 다른 개체로 나누어 버리는 이데올로기, 즉 3차원적 사고의 편향된 분별심의 대척결이다. 국가는 개인의 총화이다. 개인이 모여 국가가 이루어지듯이 국가대개조든, 국민대통합이든, 남북통일이든 모두 다 개인이라는 근본뿌리와 깊이 연관되어 있다. 따라서 국민 개개인에 대한 의식의 대개조 없는 모든 통합은 결국 언어도단이다. 개개인이 분별적 사고를 갖고서 너와 나, 좌익과 우익, 보수와 진보로 나누어져 대립하고 있는데 어떻게 우리가 국민대통합을 이끌어 낼 수 있겠는가? 개개인이 모여 하나의 단체를 이루고, 여러 정당이 모여 국가를 형성하듯이 시대정신에 맞는 개개인의 의식개혁이 없는 모든 통합은 결코 불가능한 법이다.

필자가 세운 가설인 창조적 성장이론은 인류의 역사는 미완성에서 출발하여 완성을 향해 성장·발전한다는 이론이다. 그동안 우리의 역사와 문화의식은 완성을 위한 준비과정에서 부족한 미완의 의식이 배태한 집착과 아집이 만들어 낸 대결(對決)의 미개하고 어린(모자라는) 문화였다. 따라서 보다 더 성숙된 21세기는 이데올로기에 의한 투쟁을 종결하고 새 가치관(영(靈)철학: 정도론, 양미론)에 의한 통합과 평화의 길을 시대정신으로 새롭게 창출해야 한다.

영·호남 통합정당의 출범과 분권형 대통령제는 역사의 준엄한 명령

동서 간의 대립이 어제오늘의 일은 아니지만 이데올로기에 의한 남북분단은 결국 동서분란을 야기했다. 따라서 동서통합 없는 남북통일은 결코 불가능한 법이다. 분단 이후 영·호남권을 벗어난 지역에서 이 나라의 대통령이 나오지 않은 근본 이유는 과연 무엇일까? 한 번 깊이 고민해 볼 문제이다. 필자는 위에서 개개인의 의식을 대개조한 후 화해의 1순위를 영호남의 화해라고 했었다. 그러니까 영호남을 벗어난 지역에서 큰 지도자가 나오지 않는 이유가 혹여나 영호남의 화합을 통해 남북통일의 방법론을 준비하기 위한 하늘의 뜻이라고 한다면 지나친 비약일까?

그런데 DJ와 MB 그리고 박근혜 정부까지도 국민통합을 하나의 국정 어젠다로 세우고 대통합을 외쳐보지만 통합은커녕 불신만 더 커지고 있다는 느낌이다. 그 근본 이유는 매우 복합적이다. 그 첫째는 국민 개개인의 2분법적 사고일 것이다. 둘째는 우리 정치의 지역에 기반한 정당의 형태일 것이다. 셋째는 대통령 중심제일 것이다. 넷째 5·18 사태로 인한 후유증으로 볼 수 있을 것이다.

통합은 불화를 전제로 성립되는 개념이다. 결국 어떤 문제가 내포되어 있다는 뜻이다. 그러니까 통합을 위해서는 그 본질적인 이유를 근본적으로 해소하여야 한다. 따라서 첫째, 우리 국민의 의식을 새 가치관을 통해 개조하고, 둘째, 지역에 기반한 정당을 새 가치관에 의한 정도 정당과 철학에 기반한 정책정당으로 탈바꿈시켜 동서통합형 전국정당으로 전환해야 하며, 셋째, 대통령 선거때만 되면 되살아나는 대통령 중심제를 지역에 기반한 분권형 대통령제로 바꿔야 하며, 넷째, 동서갈등의 정점이라고 할 수 있는 5·18 사태의 후유증을 치유하기 위해 결자해지(結者解之: 5·18 사태를 일으킨 책임자와 그 인물이 속한 지역)에 의한 서방정책의 시행과 함께 진정한 사과와 용서가 선행되어야 한다.

이와 같이 복잡한 근본문제의 동시해결을 통해 통합과 통일을 위한 밑거름을 준비하지 않으면 국민대통합과 평화적인 남북통일은 요원할 것이며, 시간이 지날수록 민심의 이반과 남북관계의 대립은 더 가중되어 국가를 절체절명의 위기 속으로 몰아가게 될 것이다. 위기가 기회가 되기 위해서는 위기의 근본 원인을 철저하게 분석하여 그 대안을 확실하게 준비하는 일이 필요하다는 것이다. 다시 한 번 독일 통일이 우리에게 주는 교훈을 가벼이 해서는 희망이 없다는 사실을 명심해야 한다.

영(靈)철학(정도론(正道論) · 양미론(兩未論))이란 무엇인가?

먼저 정도론은 좌/우, 보/진, 양비론(兩非論)적 중도(중간)를 뛰어넘은 새로운 '제4의 길'을 뜻하는 개념으로서 필자에 의해 새롭게 고안된 개념이다. 중도는 양쪽 다 아우른다는 개념도 있지만 양쪽 사이의 중앙·중간이라는 개념이 동시에 있어서 단독으로 사용하기에는 완전할 수 없는 개념이다. 그리고 양미론은 양쪽 다 아니라(非)는 편향적 사고를 넘어 존재의 본질엔 양쪽 다 부족하다(未)는 뜻을 내포한 새로운 개념으로서 이 또한 필자에 의해 새롭게 고안된 개념이다. 또한 '영(靈)철학'이란 철학과 신학적 사유를 통합한 개념으로서 신화적 경전의 내용을 철학적으로 해석할 수 있게 학문적으로 체계화 했으며, 이 또한 필자에 의해 새롭게 고안된 개념이다.

이는 창조론과 진화론, 그리고 창조적 진화론을 넘어 '창조와 재창조에 의한 성장론'을 존재의 근본 법칙으로 보는 새로운 가설이다(마치 정자가 난자와 결합해 태아로 재창조되고 태아가 지상에 미완성으로 탄생하여 완성을 향해 성장·발전하는 메커니즘, 즉 3단계를 갖고 변화(삼변성도(三變成道)하듯이 말이다). 창조론은 진화론을 부정하고, 진화론은 창조론을 부정하며, 창조적 진화론은 둘 다 부정하기에 양비론적 중도라고 할 수 있다. 그러나 영철학은 창조론과 진화론, 그리고 창조적 진화론도 궁극에 있어서는 편향성을 갖는 것으로 본다. 따라서 영철학은 모든 가설을 포옹하며 존재론적 본질을 비로소 새롭게 분석해 완전한 존재의 법칙을 체계화했다.(필자의 졸저『영(靈)철학(정도론(正道論) · 양미론(兩未論)』참조)

따라서 영철학은 동양적 사유와 서양적 사유를 통합한 새로운 한국적 사유, 즉 '한국철학'이다. 그래서 영철학은 3차원, 즉 지식의 차원에 머물러 있는 동양사상과 서양사상을 뛰어넘어 4차원적 지성·영성의 차원을 논리적으로 체계화할 수 있었다는 뜻에서 신의 철학, 또는 영의 철학이라 할 수 있다. 프랑스의 철학자 들뢰즈(Gilles Deleuze)는 "철학적 사유는 개념의 새로운 창조로부터 시작된다."라고 했다. 영철학은 언어표현의 한계를 뛰어넘어 '이해의 언어개념'을 새롭게 창출했다. 예를 들어 창조적 창조(CC), 창조적 재창조(CR), 재창조적 재창조(RR), 재창조적 창조(RC) 등처럼 말이다. 다시 말해 우리가 사용하는 언어는 존재의 본질을 완전하게 표현할 수 없는 부족한 미완의 언어와 개념으로 가득 차 있다는 것이다. 미완의 언어로 철학을 한다는 것 자체가 존재의 궁극을 나타낼 수가 없었던 근본 이유이기도 하다. 언어개념과 논리의 새로운 창조로 세워진 21세기의 새 가설, 이것이 영(靈)철학이다.

천안함·세월호·성완종 게이트·메르스·북핵의 위협 등의 사태는 '국민대통합·국가대개조·평화통일'을 위한 역사의 경고

천안함·연평도 도발·세월호·성완종 게이트·AI·메르스 등등의 사태는 '국민대통합·국가대개조·남북통일'을 준비하라는 역사의 준엄한 경고이다. 그중 지난 2014년 4월 16일 진도 앞바다에서 발생한 일명 세월호 사건은 같은 하늘을 이고 살아가고 있는 우리 모두에게 심각한 충격을 안겨주기에 부족함이 없었다. 얼마나 큰 사건이었으면 전국적 소비 위축으로 경제 위기를 불러오지 않을까 하는 걱정 어린 뉴스가 연일 매스미디어 매체를 통해 쏟아져 나왔다. 모든 이벤트가 중단 내지는 축소되었다. 어떻게 생때같은 어린 학생들을 뒤로 한 채 자신의 목숨 보전을 위해 어른이자 최고 책임자인 선장이 쥐새끼처럼 홀로 탈출할 수 있었냐 그 말이다.

세월호 사건은 모든 국민들의 공분을 자아냈으며 그 책임자는 그 누구도 아닌 우리 모두의 책임이라는 공감대를 유일하게 형성한 유사 이래 전무후무한 부끄러운 사건임이 분명했다. 자식을 둔 어른으로서 공동체적 삶의 가치를 헌신짝처럼 버리고 오직 나만을 위해 이기적으로 살아온 우리들의 이기심을 스스로 각성케 만든 끔찍한 채찍이었다. 북한의 핵 실험 소식에도 꿈쩍 않던 우리였다.

필자는 8년 전 미래서(한반도의 예언서)를 출간 했었다. 지금 이대로가 지속된다면 성서의 '열 재앙'이 일어나게 될 것을 목 놓아 외쳤으며, 부제(副題)는 '성서의 창세(출애굽)기가 지금 한반도에서……!'였다. 그러니까 지금이라도 늦지 않았으니 정신을 차리지 않으면 세월호와 메르스 사태와도 같은 유사한 사태가 터져 무고한 젊은이들의 희생을 가져오게 될 것이었다. 무수하게 일어난 일련의 사건들은 우리에 대한 준엄한 하늘의 경고임이 분명하다.

이분법에 사로잡힌 종교와 이념의 편 가르기에 몰두하며 지역이기주의에 빠진 정치, 소득의 양극화를 조장하며 사회적 위화감을 양산하고 사회적 약자에 대한 배려를 빼 버려 무분별한 개발과 개방, 세계화와 시장만능주의에 기반을 둔 신자유주의 시장경제, 공동체의 전통을 훼손시키는 각종 이익단체들의 이기심 등등…… 아무리 둘러봐도 주변에 인간적 가치가 살아 숨 쉬는 구석이라고는 눈 씻고 찾아봐도 보이지 않는 이 험악한 세태와 제도에 대한 대탈출과 기적(모세의 기적)을 위한, 그러니까 이 모든 사태는 이 땅의 기득권자인 세상의 지도자들을 겨냥한 하늘나라님의 어명(御命)이었다는 것이다.

위에서 언급했듯이 국가는 개인을 초월한 단체의 단체, 즉 단체의 복수이다. 하지만 국가는 개개인에 의하여 이뤄진 실체이기에 그 국가의 1차적 구성단위의 근본 기초는 국민 개개인이다. 따라서 국가대개조의 1차적 으뜸과제는 국민의 의식개조라고 할 수 있을 것이다.

21C는 인류문화의 완성기이다. 따라서 냉전시대 이데올로기의 전유물이었던 저급한 이분법적 이념과 양비론에 의한 사회체제로부터 탈피하여 새로운 패러다임으로의 대전환, 즉 새로운 세계로의 탈출을 위한 국가대개조인 '국가체제'와 '국민의 의식'의 대개조를 병행하는 대업을 성취해야 할 것이다. 따라서 이 책은 이 모든 것에 대한 본질적인 문제 해결을 위해 다양한 방법론을 총망라해 실었다.

본서는 인문서로서의 딱딱함을 고려해 대화 형식으로 엮었는데 제1부는 모든 분야에 있어서의 블루오션 전략적 사유와 제3의 정책, 그리고 제도에 대해 논했으며, 제2부는 소통의 본질과 그 이론을 가미했다. 제3부는 (사)국민통합이라는 사회단체의 '국민통합행동화 포럼'에서 발표했던 저명한 학자들의 논문에 대하여 창조적 비평을, 제4부는 통일에 관련된 사회제도의 장단점을 비교분석, 석학들의 격언을 담았다. 그리고 마지막 제5부는 공존주의 · 공생경제론&유통과 금융개혁에 대한 근본적 문제와 양 체제의 장단점, 시장과 정부, 국유와 사유의 역할에 대한 조화로운 방법론을 다뤘다고 할 것이다.

아무튼 본서가 인생의 의의와 역사의 방향성을 찾아, 여러모로 위기에 처한 개인에서부터 우리나라와 한반도 그리고 세계평화를 위한 제3의 글로벌체제모델을 생각해보는 계기가 되었으면 하는 바람과 또한 그 대안서가 될 것이라는 희망에 독자 제현께서도 끝까지 관심을 가져줄 것을 진심으로 바라마지 않는다.

목차

제1부 패러다임의 대전환

제2부 소통

제3부 통합

제4부 통일

제5부 공존주의 · 공생경제(혼합경제 · 통일경제)론

제1부

패러다임의 대전환

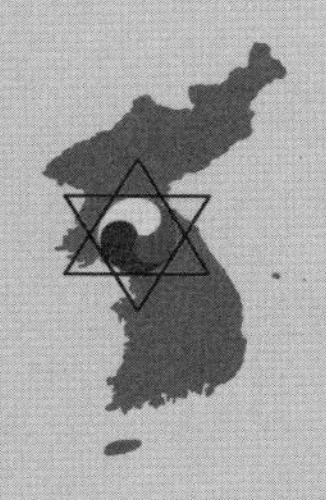

이데올로기(Ideologie)는 사유(思惟)의 바이러스(Virus)이다. 따라서 패러다임의 대전환의 본질은 사고의 대전환이다. 좌/우, 보/진을 파생시킨 2분법적 사고와 중도(중간)를 양산시킨 양비론(兩非論)을 치유하기 위해서는 이 모두를 초월한 새 가치관인 정도(正道–깨달음, 중생), 즉 '영철학(靈哲學–동양과 서양의 철학을 통폐합시킨 한국철학)'에 의한 양미론(兩未論–부정이 아니라 부족)의 창출 없이는 결코 불가능한 법이다.

•••

창조적 중립(정도)통일과 국가대개조는 의식개조와 사회제도의 대개조를 병행해야! 상대에 대한 배려가 없는 인간의 이기심을 벗어던지고 제도의 미비점을 보완해야!

좌장. 박근령: 우리 민족의 역사서인 환단고기(桓檀古記)에는 반만 년의 역사가 아니라 약 1만 년의 장구한 우리의 역사가 엄연히 존재하고 있다는 사실을 세계정경학회 총재이자 미국 오바마 대통령의 명예장관(Kitchen cabinet)인 이홍범 재미 교수가 하버드대학과 펜실베니아대학 등의 저명한 역사학 교수들의 요청에 의해 수년간의 연구로 밝혀냈으며, 역사정신은 제2의 권력임을 주창하면서 『아시아 이상주의(Asian Millenarianism)』라는 저서를 간행하여 미국의 아이비리그 대학들과 세계 역사학계의 필수교재가 되고 있다는 사실을 우리는 새롭게 인식해야 할 것입니다. 그리고 도올 김용옥 교수는 그의 저서 『삼국통일과 한국통일』에서 "한국사는 우리 인류사의 압축된 보편사(A compressed universal history)임을 파악할 줄 알아야 한다."라고 했으며, 그리고 짧은 기간 동안 한반도에서 빠르게 전개된 금세기의 큰 사건들이 "수십 세기 동안 전개되어 온 전 세계사의 축약된 샘플 같다."라고도 했습니다.

그렇습니다. 우리 한반도의 역사는 참으로 위대하고, 그리고 또한 다이나믹한 것 같습니다. 21C 대한민국은 절체절명의 위기와 함께 국운상승의 천운을 동시에 맞이하여 안으로는 지속적인 경제성장과 국가대개조를 이뤄야 하며, 밖으로는 남북의 평화적 통일과 글로벌 경제위기를 슬기롭게 극복해야 하는 역사적인 과제가 중첩되어 있다고 하겠습니다. 다른 나라에 비해 뚜렷한 4계절의 영향 때문만은 아닌지? 봄인가 싶었는데 금세 여름이고, 또 연이어 가을, 겨울이 되는 변화무쌍한 절기를 갖는 나라이다 보니 말입니다.

16년 전 제2의 건국을 표방한 DJ 정부와 국민통합을 내세운 MB 정부를 거쳐 18대 박근혜 정부를 맞이하여서도 국정의 큰 의제를 국민대통합으로 정했는데 세월호 사건이라는 전대미문의 사태를 치르면서 국가대개조라는 초강수를 두지 않을 수 없었던 것인지?에 대한 논의와 그리고 좀 철학적이지만 인생의 의의와 역사의 목적은 무엇이며 지금 우리는 어디에 서 있는가? 에 대해서도 논의해야 할 것 같습니다. 왜냐하면 역사의 방향성과 그 의의를 알아야 올바른 진단과 처방을 내릴 수 있지 않겠는지요? 그러면 먼저 왜 통합과 '국가대개조'를 국정 제1의 어젠다로 삼을 수밖에 없었는가? 그리고 어떤 방향으로 우리 역사를 이끌어야 진정한 선도(先導)가 될 것인가?에 대한 거대 담론이 먼저 있었으면 합니다. 어떤 일을 계획할 땐 나무나 장식보다 숲이라는 조감도를 먼저 그리는 법이니까! 말입니다.

문1. 박대영 교수(이하 문 박): 먼저 좌장의 코멘트에 대해 바로 들어가기보다 분위기를 부드럽게 하기 위해 가벼운 질문부터 해야

겠습니다. 권 소장님의 고향과 성장과정을 간략하게 말씀해주시고, 그리고 함께 약 30년을 넘게 초지일관 '국가대개조'를 위한 '동서화합', '남북통일' 그리고 '세계평화'에 대해 모든 학문 분야를 넘나들며 통합적 연구를 집중적으로 해 온 것으로 알고 있습니다. 결코 쉽지 않았을 텐데 어떤 계기로 그 장황한 일을 계속하게 되었는지요?

답1. 권추호(이하 답 권): 네! 저는 경남 산청 단성이라는 지리산 기슭의 시골에서 태어나 5남매를 둔 부모 밑에서 초 · 중 · 고를 다녔답니다. 그리고 대학은 소위 386세대로서 학생운동이 한참인 시절에 대학을 다녔어요. 이념적으로 많은 방황을 했지요. 그 시절 대학생이라면 누구나 다 그랬을 일이지만 청년시절이라 자신의 가치관에 대한 정체성을 세워가고 있는 제2의 사춘기이기도 했는데, 그러던 어느 날 큰 사건이 제게 발생했어요.

어떤 일반적인 외부적 사건이 아니라, 보편적 상식을 초월한 내적 정신적 세계에 대한 충격사건이었어요. 그 당시 뜨거운 가슴을 가진 친구들은 학생운동의 중심에 서서 민주화를 외쳤으며, 신(神)의 존재를 부정하는 칼 마르크스의 유물변증법(唯物辨證法), 즉 유물사관(唯物史觀)을 어설프게 연구함으로써 대부분 진보성(좌익성)을 갖게 되었으며, 젊은 열정에 화염병을 들고 미친 듯이 길거리로 뛰쳐나가는 일이 다반사였죠. 그런데 그 당시 저는 일명 '영혼의 빅뱅'이라는 기이한 체험(87.8.25~9.27)을 연이어 경험하게 되었는데, 그 일은 마르크스의 의식을 순식간에 무너져 내리게 만들었어요. 정말 놀랍고도 경이로운 사건이었답니다. 시쳇말로 피가 거꾸로 치솟는 것 같은 엄청난 느낌을 받았어요!

아무튼 그 일을 겪고 난 후 저는 가치관의 대전환이 일어났어요. 현실과 이상의 조화가 아닌 모든 것들은 편협성을 갖게 된다는 것을 깨닫게 된 셈이죠. 그 이후 어떻게 해야 인간으로 태어나 이 엄청난, 아니 언어표현을 넘어선 저 숭고한 영성(靈性)과 신성(神性)을 체험하지 못하고, 좌/우, 보/진, 양비론적 중도(중간), 즉 2분법적 사고에 사로잡혀 있는 모든 인사들을 초월적 정도(正道)로 바로잡아 줄 수 있을까를 고민하며 연구와 그 대안, 그리고 현실적 실천에 매진하다 보니 대학문을 나선 후에도 지금까지 30년간 이 일을 멈출 수가 없었어요.~^^!

문2. 박: 본 대담의 주제는 창조적 통일을 위해서는 박근혜 정부의 국정 어젠다인 '국민통합'과 '국가대개조'를 어떻게 해야 하는가?입니다. 그런데 솔직히 말해 배금주의와 개인주의의 본질이라고 할 수 있는 자본주의와 신자유주의 시장경제의 이기심에 물들어 있는 대부분의 일반 국민들은 남북통일도, 국가개조의 필요성도, 그 의미의 본질에 대해서도 무덤덤하고 무관심한 게 현실인데, 권 소장께서는 창조적 통일과 국가대개조를 위한 비법(?)에 대해 특별한 대안이 있는지요?

답2. 권: 창조적 통일은 다 같이 국가대개조를 통한 국민통합과 연결되어 있어요. 그러니까 국가개조와 국민통합, 그리고 창조적 통일은 불가분의 관계에 있다는 것이지요. 창조적 중립(정도)성을 갖는 사회체제로의 개혁 없이 배려 없는 개인주의와 이기심을 보다 더 많이 가져야 역사가 발전한다는 무한경쟁의 자본주의 시장 경제제도를 채택하고 있는 나라에서 국민통합과 국가개조를 외치는 것은 아이러니에요~! 따라서 진정한 국가개조를 위해서는 현실에 근거한 충분한 내용을 구체적으로 갖춰야 해요. 그렇지 않으면 관여해 봐야 아무런 이득이 발생되지 않는 일반국민들은 국가개조가 왜 필요한지, 그리고 통합이 뭐 하는 것인지에 대해서 아예 관심도 없어요. 그리고 시대정신을 반영할 수 있는 절대가치의 결핍과 부재(不在) 그리고 어설프고 미완성된 사회체제로 인해 좌파와 우파, 보수와 진보가 치열히 대치하고 있는 현 상황에서 기존의 국가체제를 그대로 남겨 둔 채 국가대개조를 외치는 것은 언어도단입니다.

따라서 먼저 국가개조를 위해서는 통합을 저해하는 개인과 단체 그리고 국가가 힘든 일이지만 모든 구성원들의 이기심을 벗어던지는 일부터 해야 하는데, 국민통합은 인간통합이에요. 그러기 위해서는 새로운 패러다임을 창출한 후 충분한 예산 확보를 함과 동시에 통합운동을 주도할 세력을 구성해야 해요. 통합운동은 새로운 사회변혁운동입니다. 국민의 의식과 제도를 병행하지 않으면 결코 성공할 수 없어요. 따라서 국민통합을 위한 참여자들에게 정신적·물질적 인센티브가 주어져야 해요. 자본주의 체제에서 기득권자들은 음흉한 이중의 가면을 쓰고 뒷짐 지고 있는데, 안 그래도 힘들어하는 일반 국민들이 국민통합과 국가대개조라는 운동에 앞장서서 헌신과 봉사를 할 수 있겠어요?

그러고 난 후, 두 번째가 새 가치관(절대가치)에 의한 새정신교육과 새로운 국가체제(창조적 중립(정도)국)를 혁신할 수 있는 정책을 마련해, 모진 진통을 치른 후, 생명을 잉태하는 산모와도 같이 모든 분야에 걸쳐 새로운 문화를 창출해야 가능하지 않겠어요? 그렇지 않으면 국가개조의 문제는 결코 불가능하며 연목구어에 그치고 만다고요.

문3. 박: 그렇다면 소장님께서는 구체적으로 왜 사회적 구성원들이 이기적이게 되었으며, 어떻게 해야 모든 국민이 이기심으로부터 탈피하여 타인을 배려할 수 있는 새로운 문화가 가능한지에 대한 새로운 방법론이 있는가요?

답3. 권: 어떤 결과는 원인의 산물입니다. 먼저 제가 세운 성장이론의 가설에 의하면 우리의 인류의 의식도 성장 중에 있는데 아직 미완성된 인류, 즉 부족한 상태에 놓여 있다는 것이 그 첫 번째 원인이겠지요. 미성년자에게는 도움이 필요하지 않습니까? 도움이 필요하다는 것은 이기적이라는 의미를 함께 내포하는 것이니까요. 실존철학에서 불안, 한계상황, 무(無)라고 하는 것들은 결국 어림, 미성숙이라는 말과 다르지 않잖아요?

두 번째, 사회의 구성원이 이기적이게 된 근본 원인은 절대가치의 부재로 인한 저급한 '2분법적 사고'와 '양비론적 사유'에 따른 완전하지 못한 사회제도 때문이라고 생각해요. 사회주의가 지나치게 전체중심주의로 운영되는 제도라면 자본주의는 지나치게 개인중심주의로 운영되는 제도잖아요? '성장의 역사'는 역사도 사회제도도 한 인간의 성장과도 같이 시행착오를 통해서 성숙하게 된다는 것이지요. 부언하자면 부족한 존재에서 출발하여 노력하는 과정을 거쳐서 궁극적 완성을 지향하게 되는 성장의 메커니즘을 갖게 된다는 새로운 사관(史觀)이지요. 그러니까 우리의 역사에서 수많은 갈등과 전쟁을 겪게 된 것은 21C의 인류문화의 완성기를 맞이하기 위한 오랜 훈련이었던 셈이구요. 사유의 방법에 있어서도 동양적 사유와 서양적 사유의 편파적 이데올로기에 의한 사회주의 체제와 자본주의 체제도 궁극의 목적을 이룬 완성된 제도가 아니라 과정주의, 즉 완성을 위해 나아가고 있는 중간적 제도에 머물러 있다는 거예요. 그래서 완전한 완성의 새 가치관과 국가체제를 새롭게 창출해야 하는 역사적인 과제가 아직 남아있게 되는 것이구요.

그러나 불행히도 그 가치관에 대한 절대기준을 21세기를 맞이한 지금까지도 국가적 차원에서 창출하지 못하고 대부분이 일반단체와도 같은 학계와 종교에 의지하고 있는 실정이에요. 그러니 다양한 종교로 인해 오히려 국민의 가치관이 혼잡한 상태, 즉 불통합의 상태인 것이지요. 그런데 만약 모든 학계와 종교가 인정할 수밖에 없는 절대가치가 있다면 어떻게 되겠습니까? 그렇다면 종교가 아닌 국가의 교육기관이 교육의 전 과정을 통해 교육시킴과 동시에 일상생활에서도 다양한 방법으로 훈련시킬 수 있을 겁니다. 그런데 우리의 현실은 종교적 자유라는 제도 속에서 양비론적 종파와 2분법적 사고에 의한 철학적 이념의 편향성이 난무하고 있으며 서로를 감싸주지 못하고 오히려 헐뜯는 지경에까지 이르지 않았습니까? 따라서 국민통합과 국가개조를 저해하는 숨겨진 1차적인 문제는 각 종교와 철학적 파벌에 의한 갈등입니다.

문4. 박: 그렇다면 국민통합과 남북통일을 위한 근본적인 방법론이 국가개조라고 하셨는데 국가개조를 저해하는 1차적인 문제가 종교적 파벌과 완전하지 못한 철학적 이념에 의한 갈등이라면 어떻게 그 힘든 과제를 무리 없이 해결할 수 있겠는지요?

답4. 권: 결국 절대가치에 의한 종교적 통합과 사유의 통폐합을 통한 이데올로기의 통합입니다. 그런데 문화는 지배하거나 굴복하지 않으면 안 되는 제로섬게임(Zero-Sum Game)을 갖기 때문에 종교나 이념 상호간의 수평적 화합은 불가능한 법입니다. 따라서 그 대안은 모든 종교와 철학을 포괄할 수 있는 절대가치와 사회제도에 대한 새로운 패러다임을 창출하는 일입니다. 기존의 모든 종교나 철학보다 한 단계 높은 초월적 종교와 동·서양의 철학적 사유를 통폐합한 새 가치관이 나와야 한다는 것이죠.

예를 든다면 모든 종교의 근본 목적이 이상사회·용화세계·덕치사회인데 지금의 종교가 일반 사단법인에 의한 단체성을 갖는 것에 머물러 있어요. 그런데 절대가치를 세워놓고 국가의 정책이나 체제가 종교적 이상을 완전하게 갖춘 '국가적 종교'가 된다면 어떨까요? 그렇게 되면 기존의 모든 종교는 국가 속에 포함될 수밖에 없기 때문에 더 이상 종교적 행위로 인한 갈등으로 국민통합을 방해하는 하나의 요인은 사라지고 희망을 갖게 될 것입니다.

다시 말해 종교도 원시종교에서 경전종교로 종교문화가 성장(진화)했듯이 이제는 경전종교의 허울을 벗고 완성을 뜻하는 국가적 인격종교, 영성종교로 발전해야 한다는 것이지요. 경전종교는 학교종교예요~! 한 인간이 어머니 품(원시종교)에서 자라다가 학교로 스승(4대 경전종교)을 찾아서 진출하게 되지만 결국 졸업장을 받고 엄중한 국가의 공법(새로운 인격종교)이 도사리고 있는 사회로 나아가야 하잖아요? 국가는 법을 어기면 부모와 스승 밑에서 생활할 때처럼 용서가 없다구요. 이제 우리 인류의 의식은 학교를 졸업하고 떠나서 스스로 성년 · 어른(성인)이 되지 않으면 안 되는 21세기에 접어들었잖아요?

이것을 해결하기 위해서는 2가지의 큰 방법론이 나와야 합니다. 모든 경전의 본질을 대통합시킬 수 있는 21C형 최첨단의 새 가치관이 나와야 한다는 것이죠. '새로운 경전을 다시 만들자는 얘기가 아닙니다.' 역(逆)으로 경전을 해석하는 방법을 새롭게 찾자는 것입니다. 다시 말해 모든 경전의 근본은 이미 나름대로 진리의 근본에 도달해 있다고 해야 할 것입니다. 그런데 그 경전을 해석하는 우리 인간의 방법론에 문제가 있어서 씻을 수 없는 종교적 파벌이 발생한다는 것이죠. 그 경전 해석의 가장 잘못된 방법론이 다름 아닌 상징적 해석과 2분법적 사고 및 양비론(兩非論)입니다. 물론 각 경전들의 인격성과 비인격의 차이점을 간과해서는 안 되겠지요. 해석의 차이와 2분법적 사고는 '나를 중심한 사고의 방법론이며, 나의 생각만을 인정할 뿐', '본질의 세계'와 '나와 생각이 다른 타의 존재를 부정'하며, '이도 저도 아닌' '아닐 비(非)'인 것입니다.

그리고 두 번째로 잘못된 부분이 '경전 해석이 비유와 암호인 신화(神話)로 되어 있어서 너무 어렵고 복잡하다.'는 것입니다. 따라서 쉬운 방법을 찾아야 하는 것입니다. 어렵겠지만 그 대안을 찾아내지 않는다면 대통합의 길은 결코 불가능할 것입니다. 그러나 너무 걱정하지 않아도 될 일이 생겼습니다. 그 2가지 방법론에 대한 백신이 이미 창출됐습니다. 첫째, 경전 해석의 새 방법론으로 '영(靈)철학(정도론 · 양미론)'을 창출했으며, 둘째, '창조와 재창조에 의한 성장론'입니다. 영철학에 대하여는 소통 부분에서 보다 더 상세한 설명을 하기로 하겠습니다.

문5. 박: 조금은 내용이 어려운 것 같습니다. 그리고 그 말씀은 종교의 결과적인 문제인 것 같은데, 그렇다면 종교의 본질적인 문제가 남아있지는 않은가요? 다시 말해 각 종파마다 종교적 경전의 차이성 같은 것 말입니다.

답5. 권: 맞습니다. 물론 위에서 얘기한 것과 같이 종교적 초월성을 위해서는 넘어야 할 큰 과제가 남아있어요. 원시종교시대를 지나 경전종교 시대를 살아가는 현실에서 그 경전의 본질은 같지만 표현방식이 각각 다른 수많은 경전들을 어떻게 하나로 통합시키느냐 하는 문제입니다. 정말 어려운 문제지요. 그러나 방법이 없는 것은 아니에요. 그것은 모든 경전의 본질적 진리와 배치되지 않으면서도 무리 없이 소통시킬 수 있는 새로운 패러다임을 창출하는 일이니까요. 그리고 누구나 쉽게 이해할 수 있는 새로운 방법론을 찾아내는 것이죠. 예를 들어 고인이 된 스티브 잡스처럼 복잡한 IT기술을 일반인이 누구나 사용하기 편리하게 단순화시켜낸 것이 그의 역사적 업적이었듯이 말입니다.

모든 경전은 신화적 상징이어서 일반인이 접근하기가 매우 힘들어요. "보다 쉬운 민중의 언어로 경전을 다시 써야 한다."는 도올 선생의 혜안처럼 새로운 언어와 기호를 찾아내야 합니다. 그런데 그 방법론이 창출됐어요. 그것이 일명 '영철학'인데 철학적, 즉 학문적 방법으로 신학적인 경전과 쉽게 소통할 수 있는 4차원적 영성의 비밀을 풀어낸 것이지요~!! 물질과 비 물질이 동시에 작용하는 정보통신의 핵심인 반도체의 기술처럼 말입니다. 철학이면서도 신학이고 신학이면서도 철학성을 갖는 철학적 신학이요, 신학적 철학 말입니다. 그러고 보니 영(靈)철학은 반도체 철학 같은 것이지요. 반도체는 물질과 비물질의 연합체니까 말이에요~!

문6. 박: 두 번째로 '국가대개조'를 위해서는 국민적 갈등을 야기하는 대표적인 내용이 무엇인지 알아야 그 본질적인 대안을 제시할 수 있을 텐데, 그것이 무엇인지 철학이 아닌 사회제도차원의 내용에 대하여 간략하게 말씀해 주십시오.

답6. 권: 관점에 따라 다를 수 있겠지만 소위 형이하학의 입장에서 보면 단연코 경제 분야입니다. 소득의 양극화를 양산할 수밖에 없는 경제 시스템이 아닐까요? 남북한 사이에 38선이 가로놓이게 된 것도 결국 경제 제도의 좌파와 우파의 이념 때문이 아닙니까? 그러니까 경제제도의 소유권을 전면 '국유화'가 옳다는 쪽은 사회주의를 택했고, '사유화'가 옳다는 쪽은 자본주의를 택한 것이지요. 그런데 사회주의는 이미 붕괴됐으며, 자본주의는 2008년 미국의 금융위기를 겪으면서 종언을 고했기에, 이 둘 다 옳지 않으니까 혼합해야 한다는 것으로 결론 나지 않았습니까?

사회주의는 정부인 국가가 모든 경제를 장악해야 한다는 것이고, 자본주의는 시장에게 맡겨야 한다는 것이잖아요. 그런데 사회주의는 모든 것을 국가중심체제로 운영하다 보니까 개인의 개성과 상대적 우월성을 등한시하고 소유욕을 차단함으로 인해 경제 발전의 핵심인 생산이 원활하지 못했어요. 물론 퇴근 이후 출근까지의 시간, 즉 업무시간 이외의 시간에는 노력하지 않아도 되는 것도 큰 문제이지만 말이에요. 그런데 자본주의 자유 시장경제는 어떻습니까? 개인 능력의 차이에서 오는 빈부 격차로 인하여 상대적 빈곤이 양산되고, 그것이 사회통합을 해치는 중요한 요인이 되어, 지금 우리의 정치적 상황을 극한 대립으로 몰아가고 있지 않습니까? 대기업과 중소기업 그리고 자영업의 문제, 정규직과 비정규직의 문제, 실업의 문제 등등 말입니다.

• • •

소득 불평등과 양극화 문제의 해법 – 공생경제론(비율배분론)

문7. 박: 지난 대선을 맞이하여 여야를 가리지 않고 경제민주화를 통해 소득 불평등과 양극화를 해결해야 한다는 목소리가 정치권에서 나오고 있는데 경제민주화에 대한 정확한 개념과 그 의미에 대한 소장님의 견해를 듣고 싶습니다.

답7. 권: 먼저 정치권에서 경제의 민주화를 외치고 있지만 정치인의 지식과 의식수준으로 과연 소득 불평등과 반부, 즉 양극화 문제를 해결할 수 있을까요? 왜냐하면 제가 연구하고 그 해법을 찾기 위해 모든 방법을 다 동원해 보았지만 일반적인 방법으로는 풀리지 않았었어요. 역추적이라는 방법이랄까요. 소위 고전이라고 할 수 있는 본질의 세계로 다시 피드백 하는 과정을 통해 비로소 그 대안을 찾을 수 있었으니까요. 통합을 저해하는 1차적인 요인이 철학적 가치의 문제라고 했던 이유가 바로 그것이에요. 경제의 문제는 2차적인 문제지요. 정치적 목적에 따라서 경제정책은 그때그때 휘둘리니까 말이에요. 그래서 유능한 경제학자들은 “경제의 위기는 철학의 부재에서 기인한다."고 한 것이고요.

그리고 경제의 민주화라는 개념이 무슨 뜻인지 정확하지가 않아요. 왜 경제에 민주화라는 개념을 사용하게 되었는지가 분명하지가 않잖아요? 민주화는 정치적 개념이지 경제에는 어울리지 않아요. 굳이 말씀드린다면 경제의 '공정화', 또는 더불어 사는 '공생경제'가 맞겠지요. 2008년 미국발 금융위기 이후 신자유주의적 시장경제의 파산을 겪으면서 무분별한 개발과 개방만능주의를 뜻하는 신자유주의에 대한 대안으로서 '혼합경제'나 '자본주의 4.0', 그리고 '인간적 자본주의', '정의로운 경제' 등의 개념이 세상에 회자되기 시작했었는데, 저는 경제의 민주화라는 개념보다 좀 전에 열거한 개념들이 더 맞다 봅니다. 필자가 창안한 '공생경제'라는 개념과 조금은 다르지만 그러나 같은 개념이라고 봐야죠. 공생경제에는 영철학(정도론 · 양미론)이라는 4차원의 새로운 철학이 내포되어 있기 때문에 결국 조금은 다르지만 같은 것이죠.

그러니까 이 새로운 개념들은 소득의 불평등과 양극화 문제와 시장경제에 대한 대안으로서 정부와 시장이 조화롭게 결합하여 시장의 지나친 탐욕을 억제해 소득불균형을 잡아 공평한 배분을 해야 한다는 것이 아닙니까? 그런데 더 구체적으로 제가 말하는 '공생경제'에서처럼 생산과 유통 및 금융의 각각 50% 공영과 사유의 조화문제는 누구도 언급하지 않고 있어요. 공생경제는 북유럽의 보편적 복지까지도 초월한 '국가복지'나 '체제복지'에 가까운 경제제도로 업그레이드된 새로운 '경제제도'를 의미하니까 말입니다. 앞에서도 언급했지만 미시적 경제제도는 그 자체가 목적이 아니라 정치적인 것이지만 우리는 다른 나라와는 달리 한반도 통일을 성취해야 하는 긴박한 환경에 있기 때문에 '제3을 넘어선 제4의' 거시적 경제제도로 대전환 하지 않으면 안 된다는 것입니다.

문8. 박: 양극화 문제를 해결할 수 있는 다른 방법이 있다는 뜻입니까? 그렇다면 그것이 무엇인지요?

답8. 권: 위에서 잠시 선을 보였잖아요? 그 대안은 '공존주의' '공생경제론'이에요. 공생경제론은 소득불평등과 빈부격차 문제, 즉 양극화 문제 해결은 물론이며 평화적 남북통일과 글로벌 경제위기를 동시에 포괄적으로 해결할 수 있는 새로운 패러다임이지요. 18대 대선을 앞두고 여권에서 '창조 경제'를 선언했는데, 창조 경제론은 기존의 경제 시스템을 그대로 유지하면서 보다 더 발전적인 메커니즘을 구축해 보자는 의미의 작은, 아니 소박한 방법론이라고 보면 됩니다. IT기술과 정보통신을 산업과 연결해 신성장동력을 창출하는 것이니까요. 그러니까 그 방법은 과정적인 기술적 융합차원인 것이지요.

융합의 차원은 블루오션과 레드오션(Red Ocean)의 중간 정도입니다. 제가 말하는 창조적 경제론은 '공생경제'이라는 것인데, 이것은 단순한 융합과 같은 그런 차원이 아니에요. 기존의 것들과는 비교될 수 없는 전혀 다른 차원의 진정한 블루오션 전략(Blue Ocean Strategy)입니다. '자본주의 4.0'조차도 흉내 낼 수 없는 일반적인 '혼합경제론'의 범주인 국가의 개입과 시장의 조화를 넘어 경제활동의 주체인 인간 의식의 고차원적인 이타적 가치가 경제제도 내부에 반영되는 그런 미래의 경제, 즉 영성, 인격, 사랑경제론이에요. 일명 새 가치관 경제론인 셈이죠!

이데올로기, 즉 기분과 감정에 따라 좌클릭과 우클릭, 또는 양비론적 중도(중간)에 의한 경제 정책을 추진하는 것이 아니라 절대가치에 의한 경제의 방향성과 정확한 목적을 수립한 후 시대정신에 맞게 프로그램화 하여 한 치의 오차 없이, 그리고 어떤 이데올로기에도 치우치지 않고 오로지 '정도(正道)'에 의해 집행하는 것이죠. 그런데 지금 우리의 경제정책을 집행하고 있는 보수나 진보주의자들의 경제학에 대한 주장들에는 경제의 방향성과 목적성이 완전히 결여되어 있으며 둘 다 별 차이가 없어요. 참으로 안타까워요. 공생경제론의 디테일한 부분은 '비율배분론'인데 이것에 대한 깊은 이야기는 제5부 공존주의·공생경제론에서 하기로 하겠습니다. 큰 골자는 생산과 유통, 그리고 금융 등 국가 안에 존재하는 모든 분야에 대해 50% 공유화와 50% 사유화를 제도적으로 구축하는 일입니다만……!

문9. 박: 세 번째로는 어떤 분야가 국가개조를 크게 저해하는 요인일까요? 혹시 정치가 맞는 지요?

답9. 권: 맞습니다. 종교의 사회적 기능이 상실된 현대사회에서 잘못된 정치보다 더 크게 국가개조를 방해하는 요소는 아마 없을 것입니다. 따라서 그 책임이 크기 때문에 국가개조의 필요성을 가장 먼저 정치권에서 제기해야 하는 것입니다. 정치권력은 경제나 종교보다 더 막강한 파워를 갖지 않습니까? 입법부와 사법부 그리고 행정부는 모든 단체의 정점과도 같습니다. 제정일치사회가 아닌 정교분리의 국가에서 정치는 모든 선택권과 집행권, 심판권, 치리권을 입법, 사법, 행정의 삼권이 대행하게 되잖아요? 가장 중요한 업무가 아닙니까? 가을에 곡식을 거두어들이듯이 국민의 혈세를 거둬, 이듬해 가을이 되기까지 곡식의 씀씀이를 잘 조절해야 하는 농부처럼, 예산을 잘 집행해야 하는 절대적인 책임이 정치권에 있어요.

그런데 생활공동체가 무너지고 가치관이 부재한 상태에서의 개인의 정치적 욕심이 정파를 양산하고 나아가 정당끼리 파벌 다툼으로 번지게 해 중요한 국정을 이렇게 만신창이로 만들잖아요? 알곡과 쭉정이를 잘 구분해서 처리해야 하는데 말입니다. 지금 우리의 현실은 모든 분야가 총체적 부패상황에 빠져 있어요. 정치에 부정과 이기심이 끼면 나라가 혼란에 빠질 수밖에 없잖아요? 정치가 중요하기 때문에 정치의 부정부패는 국민통합과 국가개조를 저해하는 가장 큰 적인 것입니다.

• • •

새 가치관 운동과 제4의 길 & 권력의 분권(이원집정부제)

문10. 박: 새 가치관에 의한 공생의 정치와 역할 분담에 의한 삼원제라는 개념은 처음 듣습니다. 구체적으로 어떤 것인지 설명해 주실 수 있겠습니까? 물론 현실 정치제도에 이 삼원제를 적용하자는 얘기는 아니겠죠?

답10. 권: 물론입니다. 조금 앞서가는 내용이니까 지금 당장 시행할 수는 없겠죠. 정치의 주체는 인간인데 인간이라고 다 같은 인간이 아닙니다. 자기만 생각하는 이기적인 인간, 즉 소인배가 있는가 하면, 타인을 먼저 생각하는 헌신적인 인간, 소위 군자와 같은 인간이 있어요. 따라서 군자에 의한 사랑의 정치를 지도자와 국민들에게 가르쳐 의식을 개조시켜야 해요. 새마을운동처럼 길을 넓히고 지붕개량 하듯이 새 가치관운동을 통해 나밖에 모르는 국민들의 이기적인 심리와 머리를 뜯어고치지 않으면 천 년, 만 년을 가도 국민대통합인 인간대통합은 힘들다구요.

그리고 인간 육체의 구조를 보면 머리와 몸통 그리고 다리가 있어서 각각 역할을 나누어 맡듯이 삼원제 문제는 본질적인 측면에서 국회의원의 구조도 머리 역할을 하는 상원과 몸통 역할을 하는 중원과 다리 역할을 하는 하원으로 삼원제 형태를 만들어서 상원은 종교적 분야를 맡고, 중원은 정치적 분야를 담당하며, 하원은 경제적 분야를 책임지는 새로운 정치형태를 말하는 것입니다. 그래야 전문성을 갖게 되기 때문에 업무도 혼돈되지 않고 일관성을 갖게 되지 않겠어요?

문11. 박: 정당과 선거를 통한 정치가 과거로부터 이어져온 정치의 본질적인 형태였는지요? 시대에 따라 권력의 형태는 변하게 된다는 소장님의 '성장 메커니즘 정치학'으로 볼 때 우리나라의 대통령 중심제는 언제까지 이어져야 하겠는지요? 그리고 국가개조를 위해 정부가 회초리를 들었는데 어떻게 부정부패를 발본색원할 수 있을까요? 또한 국가개조의 한 축인 의식개조는 새 가치관에 의한 국민의 자발적인 영역이어서 정부만의 힘으로는 불가능한데 어떻게 해야 하는지요?

답11. 권: 참으로 중요한 내용입니다. 먼저 기존의 국민의식을 혁신해야 해요. 동양적 사유와 서양적 사유라는 2분법적 사고와 양비론을 벗어던져야 해요. 두 방식의 사유가 이데올로기, 즉 너와 나를 나누게 되는 무서운 사유의 방법이니까 이 둘은 결코 하나가 될 수가 없게 돼요. 그래서 제가 동서양의 사유를 뛰어넘을 수 있는 새로운 우리 '한국철학', 즉 한반도의 새 사유체계인 정도론·양미론이라는 영철학(靈哲學: The Philosophy of Divine)을 창출하게 됐어요. 이 문제는 다소 복잡하기 때문에 2부 소통의 장에서 다시 논하기로 하고 여기서는 정치와 관련된 내용을 간략하게 피력하기로 하죠.

원래 민주주의의 본산인 그리스 아테네에서는 개인의 정치적 이기심과 파벌을 조성하는 '선거'라는 제도가 없었잖아요? '제비뽑기'만 있었을 뿐이었어요. 그러니 선거에서 부정이 끼일 수 있겠습니까? 선거에 부정이 침투하지 못하니까 정치가 부패하지 않았지요. 우리의 선거에 의한 정치문화가 이렇게 국민통합을 방해하는 큰 요인이라면, 차제에 다수결에 의한 민주주의 선거제도의 혁기적인 새 방법론을 심각하게 생각해봐야 한다고요. 예를 들어 적절한 자격을 가진 후보들을 먼저 선정해 예비경선을 치른 다음 제비뽑기를 통해 후보자를 최종 선정하는 방법은 어떻겠는지요. 너무 비현실적인가요? 결코 그렇지 않아요. 안 그러면 경선 후, 후보자들끼리의 자해로 인해 상처가 너무 심하게 남아요. 심지어는 불복하고 탈당까지 감행하잖아요?

분야는 다르지만 『경제학의 배신』의 저자 라즈 파텔의 경고를 되새겨볼 필요성이 있어요. 예사롭게 여겨서는 안 된다고요. "자유시장도 민주주의도 다 환상이었다."는 것이에요. 이 말은 그동안 우리가 구축해 놓은 모든 사회제도가 완전하지 않다는 것이 아닌가요? 따라서 정치혁신을 단행해야 해요. 왜냐하면 한 나라의 모든 조직의 최고봉이 정치이며 정치에 모든 분야가 직간접적으로 연결되어 있기 때문이죠. 따라서 진정한 국민통합을 위해서는 정치인과 정치형태의 패러다임을 대전환시켜야 해요.

더군다나 한반도의 평화가 심각하게 위협당하고 있는 작금의 현실에서 남북통일을 위해서나 국민대통합을 위해서라도 권력의 '분권'은 불가피하다고요. 국가의 정체성을 유지하기에 극한 어려움을 겪고 있는 북한이 군사적 위협이라는 벼랑 끝 전략을 가하고 있다는 것에서 불원간 심각한 도전장을 걸어오게 될 것이 분명해요. 전례 없는 미사일을 동해를 향해 연이어 쏘아 올리며 긴장국면을 조성하고 국제사회의 우려에도 불구하고 5차 핵실험까지 전격적으로 실시하지 않았어요? 그런데 우리의 정치는 어떻습니까? 폐허로 변한 조국의 참상을 치유하고 국력을 신장시키기 위해 그동안은 대통령중심제가 최선의 선택이었지만 이제는 경제적 선진국을 운운할 정도이며, 어린 자식과도 같았던 국민들도 성년으로 성장해 상속을 요구할 정도의 부부처럼 자기주장이 봇물을 이루고 있잖아요?

그런데 그 유래를 찾아보기가 힘든 대한민국의 정치적 특성으로 인해 정치세력의 양분, 즉 영남과 호남으로 양분된 지역 구도를 얼마나 넘기 어려우면 영남 출신의 지도자가 호남지역의 대표가 되어 영남권과 대권을 놓고 겨루기까지 하잖아요? 다른 지역의 인사들은 얼굴을 내밀 수가 없어요. 대권에 출마해도 단 한 번도 성공하지 못했어요. 이상하지 않나요? 이렇듯 권력의 향배에 따라 민심의 혼란이 엎치락뒤치락하며 지속적으로 대립된다고요. 우리의 현실 정치를 보십시오. 아직도 여와 야가 극한 대립으로 일관하며 차기 대권을 위해 2분법적·양비론적 아집으로 똘똘 뭉쳐 있어요. 이런 구도가 가져올 결과는 훤해요. 끝없는 비방과 중상, 모략, 불신에 의한 대혼란 말이에요.

따라서 이끄는 글에서 언급했듯이 망국적 지역 대립을 극복하기 위해서라도 국론을 분열시키는 권력의 집중성을 갖는 대통령제를 청산하고 영·호남의 대표성을 갖는 새로운 가치관과 이념에 의한 새 정당(정도 정당)으로 서로 협력하는 분권(이원집정부제)을 이루어 평화 통일을 위한 정책과 제도를 하루 빨리 준비하지 않으면 안 된다고요. "새 술은 새 부대에 부어야 한다."라는 성경의 구절이 말해주듯이 말입니다.

그런데 얼마 전에 새누리당이 '새 가치관에 의한 정당'으로 다시 태어나야 한다면서 '공동체자유주의'를 주장하는 박세일 한반도선진화재단 이사장의 뜻을 수용할 계획을 세웠던 것 같은데 아직은 받아들이기가 힘든 모양인가 봐요. 제 생각으로는 체질적으로 새누리당의 토양이 새 이념정당으로 변신할 수 있을지에 대해서는 여전히 의문이에요. 물론 양미론이나 영철학처럼 탄탄한 철학적 기초를 준비하지도 못한 것도 문제가 있지만 말입니다. 그러나 새로운 정당으로의 변신을 위해 노력코자 하는 모습에서 우리의 진정한 새 가치관 정당의 새로운 탄생을 예견하는 것이 아닌가(?) 하는 조짐을 희미하게나마 보긴 해요. - 최장집 고려대 명예교수는 안철수의 싱크탱크인 '내일' 이사장직을 물러나면서 "이미 존재하는 양당 속에서 중간 위치를 차지하려 하거나 양비론을 편다거나 하는 방식으로는 기존 정당 체제에서 종족변수밖에 안 된다."고 설파했음 -

북한의 위협이 날이 갈수록 더 심각해지고 있어요. 그러니까 이렇게 우리의 정치형태를 방치하다가는 차기의 기간(지금~2022년)까지 한반도의 안전을 보장받지 못하고 남북이 큰 정변에 휩싸여 공포의 대재앙이 일어날지도 모른다고요. 우리 모두가 각성해야 해요. 특히 정치권의 대오각성이 불가피한데 그조차 불가능하다면 깨어있는 제3세력의 새로운 의지가 중요한 시점이 아닌가요?

부정부패문제의 해법 또한 마찬가지로 정치에 달려있어요. 경제는 정치적인 것이잖아요? 사회민주주의와 신자유주의를 극복하기 위해 새롭게 태동한 서구유럽의 신중도좌파가 실패한 '제3의 길(The Third Way)'을 넘어 우리 대한민국이 야심차게 제시하게 될 '공존주의 · 공생경제'라는 '제4의 길', 즉 '창조적 중립(정도)통일체제'로 가지 않으면 안 돼요. 그래야 국민통합도 남북통일도 그 가능권에 들어오게 되는 것이라고요. 그렇지 않으면 핵의 위협과 우리 내부의 부정부패로부터 결코 자유로울 수가 없을 거라고요.

문12. 박: 마지막으로 국가개조를 저해하는 요인이 또 남아있다면 어떤 것이라고 할 수 있겠는지요? 그리고 어떻게 해야 통합을 방해하는 일을 멈추게 하고 모든 구성원들이 새로운 국가대개조의 길로 유턴할 수 있겠습니까?

답12. 권: 예, 앞서 드릴 말씀은 사과할 줄 모르는 것과 용서하지 못하는 마음이죠. 인간의 이기심으로 인해 발생한 갈등을 치유하기 위해서는 먼저 사과하려는 배려의 마음과 용서라는 희생적 이타심(사랑)을 발휘해야 해요. "화해의 주도권자는 피해자"라고 클레어몬트 신학교 학장 및 조직신학교수인 엔드류 성 박(Andrew Sung Park)은 말하지 않았습니까? 이 말은 용서하는 마음을 가져야 하는 주체가 피해자라는 뜻이지요. 아무리 가해자가 사과를 해도 피해자가 받아주지 않는다면 화해할 길이 없는 법이니까요.

따라서 국민통합으로 국가를 대개조하기 위해서는 먼저 누가 가해자이며, 또한 누가 피해자인가에 대한 구분을 위한 절대가치, 즉 논리적인 법칙과도 같은 답안지가 있어야 해요. 그렇지 않으면 누가 가해자인지, 누가 피해자인지를 가려낼 수가 없지 않겠어요? 그래서 서두에서 역사의 방향성과 인생의 의의에 대한 의제를 먼저 선정해서 논하지 않았나요? 지당하신 말씀입니다. 그 다음 가해자와 피해자의 구분을 가릴 수 있는 답안지가 나오고 나면 동시에 사과하려는 마음과 용서하려는 태도가 거의 동시에 일어나야 하는 것입니다. 그런데 문제는 가해와 피해의 진위 여부를 분별할 수 있는 절대적 기준이 아직까지 세상에 세워지지 않았어요. 물론 그 역사적인 '옳고' '그름'의 '판가름'을 위한 절대가치를 세상에 제시하기 위해 이렇게 입체적인 방식의 인터뷰를 하고 있는 것이겠지만 말이에요.

문13. 박: 얘기가 점점 깊어진다는 느낌이 듭니다만, 절대기준을 말씀하셨는데 이 문제가 중요한 문제인 것 같아서 뒤로 미룰 수 없을 것 같습니다. 절대가치라고도 하시고 답안지라고도 하셨는데 무엇을 뜻하는지 좀 애매모호합니다. 일반적인 상식의 입장에서 말씀해주셨으면 합니다.

답13. 권: 결론부터 말씀드리면 절대기준이란 변하지 않는 존재의 궁극법칙과 함께 사랑 같은 것이 아닌가요? 우주의 법칙과 자비·인·박애 같은 것이지요. 예를 들어 국가에는 법이라는 것이 있어요. 조감도와 같이 모든 법을 총괄하는 대표적인 법으로서 헌법이 있고, 그 외에 육법전서가 있어요. 하나의 규정인 것이죠. 이와 같이 역사에도 법과 같은 규정으로서의 법칙과 목적(目的)이 있는 거예요. 법이 죄에 대한 규정이요, 잣대라면, 목적은 가치(사랑)에 대한 규정이며 그 잣대가 아닌가요? 일종의 설계도와도 같은 셈이지요. 그래서 종교는 예정론·결정론이라는 것이 있어요. 그런데 그 궁극적 존재의 법칙을 상이하게 해석하고 재단하는 것 때문에 종교적·이념적 논쟁이 발생하게 되는 것이지요.

따라서 우리의 정치에도 종교적 목적론인 사랑이라는 가치가 있어야 하고 철학적 이념에도 좌/우, 보/진, 양비론적 중도 같은 사고를 바로잡아 줄 수 있는 정도론·양미론의 답안지 같은 철학이 나와야 잘잘못을 판결할 수 있지 않을까요? 인류의 역사는 사랑과 정도를 찾아 나온 역사에요. 비록 그 출발은 미완성에 의한 갈등에서부터일지라도 궁극목적은 사랑과 정도, 즉 정의입니다. 우리 인간이 미완성으로 태어나 완성을 향해서 성장 · 발전하듯이 말이에요. 그런데 지금 우리 사회에는 사랑도, 정의를 위한 정도도 없어요. 정의와 정도를 이끌 수 있는 종교적 절대가치와 사회체제가 없으니 기존의 과정적 양 국가체제에 빠져 서로가 옳다고 우기잖아요? 생각을 깊이 해야 해요. 생각을 하고 살지 않으면 무서운 결과를 가져오게 되요. 국가대개조가 왜 국가적인 어젠다가 된 것입니까? 생각하지 않고, 남을 배려하지 않고, 나만 생각하는 이기심 때문이 아닙니까?

문14. 박: 현대물리학은 이미 궁극의 본질 문제인 종교적 원인세

계에 도달해 있다는 정보가 인터넷 공간을 떠돈 지 오래됐는데 정치 분야는 아직도 어두운 밤인가 봅니다.

답14. 권: 박 교수님께서도 잘 아시겠지만 양자역학(量子力學)의 핵심이 뭡니까? 물질과 비물질의 구분, 즉 경계가 없다는 것 아닙니까? 색즉시공(色卽是空) 공즉시색(空卽是色)인 셈이지요. 따라서 인류의 역사에 있어서 종교는 창조의 목적을 연역적(演繹的)으로 이 땅에 전파하러 내려오고 있으며, 정치는 귀납적(歸納的)으로 창조의 목적을 찾아서 올라가고 있는 과정이에요. 그러나 21C를 살면서도 우리의 정치에는 진화론의 아집 때문에 아직까지 목적론이 전무했었습니다. 그러니 정치에서 답안지를 제시할 수 있었겠어요? 정확한 정답이 없으니까 권력을 잡아 오직 힘으로 눌러 자신을 정당화시켜 왔던 것이지요. 오랜 역사의 기간을 통해서 말이에요. 따라서 우리 정치에 종교적 목적론이 하루 빨리 도입되어야 해요.

그런데 신기한 일은 2002년 미국의 대선을 앞두고 부시행정부의 선거 전략에서 정치에 목적론이 등장했어요. 목적론은 종교적 창조론을 그 기반으로 성립되는 개념인데 말이에요. 재미있지 않아요? 물론 기독교 국가인 미국이니까 그럴 수도 있겠지 하겠지만, 미국은 의외로 종교법이 미 연방법 위에 놓일 수 없게 되어 있어요. 조지 W. 부시는 출마 선언에서 “역사는 우리가 선택하는 것이 아니라, 하나님의 뜻대로 움직이는 것이다.”라고 했어요. “인생의 의미는 신(神)의 사명을 따름으로써 구현된다.”라는 『목적이 이끄는 삶』의 저자인 릭 워렌 목사까지 내세웠어요. 백악관의 정책 보좌관 마이클 거슨도 “정치에서 종교적 이상에 관한 부분이 빠진다면, 우리 역사에서 중요한 원천을 제거하는 것과도 같다."라고 하면서 정치에 종교적 이상을 접목시켰답니다. 부시 행정부와 개신교 복음주의와의 결합에 대해, 미국의 칼럼니스트 윌리엄 파프는 "정치와 세속적 메시아 관념의 결합은 이례적인 일이다."라고 했어요. 그 결과 재선을 승리로 이끌었지요.

미국이 앞서간다는 생각이 들지 않아요? 그러나 오래가지 못해서 정권을 젊은 버락 오바마(Barack Obama)에게 내어주고 말았지만 말이에요. 왠지 아세요? 종교적 이상을 정치현실과 연결하는 방법론을 찾지 못했던 것이에요. 정권을 재창출하고 나서는 오히려 거꾸로 갔어요. 종교의 이상인 힘없는 자에 대한 배려는 줄어들고 약육강식과도 같은 정글의 법칙인 신자유주의 시장경제정책을 더욱더 늘렸어요. 1999년 상업은행에 투자은행 업무는 물론 보험업까지 허용해 주는 그램 리치 블라일리법으로 금융 규제법인 글래스 스티걸법을 폐지해 신용파생상품(MBS:주택저당증권, CDO:부채담보부증권)[1]을 마구 뿌린 결과 금융버블이 생긴 겁니다.

모기지(Mortgage)론 아시죠? 주택을 저당 잡고 대출(S&L)해 주었는데 원금과 이자를 거두어들이지 못해 발생하게 된 사건으로 인해 엄청난 도미노 금융파산 사태를 불러온 사실 말입니다. 누가

1. Collateralized debt obligation(부채담보부증권)의 약자로 회사채나 금융기관의 대출채권, 여러 개의 주택담보대출을 묶어 만든 신용파생상품의 일종이다. 이것들을 쪼개서 다른 투자자들에게 팔면 현금을 확보할 수 있기 때문에 금융기관으로서는 이점이 생기게 된다. 우선 대출채권 만기 이전에 현금을 확보할 수 있고, 위험을 분산시킬 수 있다. 하지만 미국에서는 서브프라임 모기지 사태가 불거진 후, 채권 가격이 폭락하면서 주요 금융회사 등 투자자들이 큰 손해를 입기도 했다.

부채를 막았어요? 정부에서 땜질했어요. 국민이 낸 세금으로요. 국가가 보조해 주면서도 의결권이 없는 우선주 방식이라서 이사회에 참석도 못 하잖아요? 미국 최고의 대통령이라도 법적으로 어떻게 손을 댈 수가 없는 겁니다. 결국 국민들은 믿었던 도끼에 제 발등 찍힌 겁니다.

문15. 박: 권 소장님께서는 2004년 급조한 '한국기독당'이 총선에서 실패하자, 당 대표를 직접 찾아가 노력한 결과 당을 재건시켰다고 들었습니다. 왜 실패한 종교적 정당을 다시 일으켜 세워야 했는지 그리고 타 종교를 선택할 수는 없었는지 그 이유에 대해서 말씀해 주셨으면 합니다.

답15. 권: 먼저 종교의 선택에 대해 말씀드리기로 하겠습니다. 불교나 유교에서는 정당을 전혀 만들지 않았어요. 물론 타 종단의 지도자들을 만나 권유해 보았지만 묵묵부답이었어요. 그리고 제가 기존의 여야정당을 찾아가지 않고 종교적 정당을 찾아간 것은 새로운 제3의 중도적 가치의 정당을 창출해 국가개조를 위한 진정한 정당을 만들고 싶었어요. 위에서 말씀드린 바와 같이 종교적 목적과 연결되지 않는 대결적 여야 형태의 지역정당으로는 제대로 된 정치를 할 수 없다고 생각했기 때문이죠. 종교가 창조적 이상을 전파하기 위해 이 땅에 내려왔다면, 정치는 현실에서 창조적 목적을 찾아서 올라가는 과정인데, 21C는 문화의 성숙기인 결혼기가 아닌가요? 따라서 종교와 정치가 만나야 한다는 것이 근본 이유였었어요. 오랫동안 지역과 인물을 중심으로 조직되어 당리당락을 위해 이전투구를 일삼고 있는 패권정치를 청산하고 종교와 정치가 조화롭게 어우러지는 새로운 정치가 바로 제가 준비해 둔 일명 '블루오션 전략·철학에 기반한 정책 정치'입니다. 새로운 제4의 패러다임이지요.

2007년 17대 대선을 앞둔 시점에 미국의 릭 워렌 목사가 노무현 대통령을 청와대로 직접 찾아가 만났어요. 왜 찾아갔겠습니까? 한국도 미국처럼 종교와 정치가 결합하는 새로운 모델을 시도보라는 의도가 아니었겠습니까? 그런데 노 대통령은 전혀 그것에 대한 인식을 하지 못했던 것입니다. 릭 워렌 목사는 여의도 순복음교회의 조용기 목사로부터 뉴욕에서 안수기도를 받고 목사가 된 분이에요. 기독당을 창당할 때 주도적으로 힘을 실었던 두 분 중 한 분이 조용기 목사였습니다. 다른 한 분은 지금은 고인이 되신 김준곤 목사님이신데 제가 몇 번이나 만나 목사님께 외쳤어요. 조 목사님께도 마찬가지였지만 말입니다. 따라서 릭 워렌 목사는 한국 기독교의 힘이 미국과 별 차이가 없다고 생각했었는지 미국처럼 참여정부와 개신교 복음주의가 결탁하면 정권을 재창출할 수 있을 것이라는 희망을 갖고 노 대통령을 찾았었는데, 부시처럼 종교적 마인드가 없었던 거예요. 물론 종교적 환경이 미국과는 너무나 다르지만 말입니다. 어떻게 됐던 실망한 워렌 목사가 누구를 찾아갔겠습니까. 기독교적 배경을 갖고 있는 대권 후보를 만나지 않았겠습니까? 고소영과 강부자로 대표되는 후보자 말입니다.(웃음) 하하~^^!!

저는 이것을 예견하고 있었어요. 사실은 제가 릭 워렌 목사보다

이 일을 먼저 추진했었어요. 대통령 후보 경선을 한참 앞두고 모 후보를 만나 2002년의 미국처럼 목적이 있는 정치를 하지 않으면 나라의 혼란을 바로잡을 수가 없다는 것을 수차례 강조했었어요. 그런데 아직 우리의 정치와 종교는 좀 전 질문하신 것처럼 한밤중이었어요. 실망할 수밖에 없었지요. 그러나 그로부터 5년이 지난 지금 이제 막 새벽이 동터오고 있다고요. 국민대통합이 국정의 가장 큰 어젠다가 됐으니까요. 국민통합의 정치는 사랑의 정치가 아니면 안 된다고 했어요. 창조적 목적과 유리된 정치로는 국민통합의 정치를 열 수가 없을 테니까 말입니다.

…

화해의 주도권자는 피해자

문16. 박: 권 소장님! 결국 절대가치는 역사의 목적인 사랑이기 때문에 가해자와 피해자를 나눌 수 있는 기준은 사랑이라는 뜻으로 들립니다만, 그렇다면 역사의 진행과정에서 구체적으로 어떤 지역이 가해자이고 피해자이며, 또한 그 행위의 주체인 인격적 실체는 어떻게 분류할 수 있을까요? 그러면 가해자는 자연스럽게 드러나게 되겠군요. 먼저 시간과 장소, 그리고 가해자와 피해자의 역할에 대해서 말씀해 주시겠습니까?

답16. 권: 네! 그렇습니다. 먼저 우리 한반도의 역사를 보십시오. 약 980여 차례나 외침을 받았습니다. 그리고 남한은 북한으로부터 침략을 받았으며, 동서갈등의 상징인 호남은 영남으로부터 피해를 입었습니다. 피해를 입은 측이 피해자이지요.

한 인간의 성장과정을 통해 알 수 있듯이 미완성기는 힘의 시대입니다만 완성기는 사랑의 시대에요. 어린 시절 골목대장은 힘이 있어야 하지만 결혼기에는 상대를 위하는 마음이 부족하면 인생의 동반자를 찾기 힘들어요. 역사도 마찬가지라고요. 더군다나 21C 역사의 성숙기를 맞이한 지금, 우리 역사는 헌신과 봉사의 시대에 이미 깊숙이 접어들었어요. 따라서 타인에 대한 배려는 필수과목인 셈이죠. 인류의 문화사가 대화해와 대통합을 위한 결혼기에 이르렀다. 그 말입니다. 이전의 20C는 그 준비의 시기였어요.

따라서 20C엔 21C 사랑의 시대, 평화의 시대, 인류행복의 시대를 맞아 그 옥석을 가리기 위해 1, 2차 세계대전과 식민시대, 6·25 동란, 5·18 사태가 일어났던 것이에요. 전쟁이라는 도구를 통해 전 세계를 갈라놓은 것이지요. 우연이 아닙니다. 우연은 필연의 우연이 아닙니까? 세계대전이 먼저 일어나고 난 후 남북전쟁이 발발했으며 그리고 마지막으로 동서(영남과 호남) 간의 혈투가 벌어진 것입니다.

국가 간, 민족 간, 종족 간의 갈등을 일으켜서 가해자와 피해자를 가렸어요. 결국 이 전쟁은 피해자를 사랑에 의한 화해의 주체자로 삼기 위한 섭리적 다툼이었던 것이죠. 이것을 저는 고장 난 기계를 수리하기 위해 분해하듯이, 역사를 고치기 위한 분리의 역사라고 명명해요. 이해가 되시는지요? 앞의 이끄는 글에서 말했잖아요? 따라서 세계평화를 위해 외형적으로는 한반도와 남한과 호남을 역사적인 그 화해의 중심에 세우기 위해 피해자가 될 수밖에 없게 몰아세웠어요. 그러므로 한반도가 세계평화를 위한 화해의 주체라면, 남한은 남북통일을 위한 화해의 주체이며, 호남은 동서통합을 위한 화해의 주체입니다. 화해의 유일한 도구는 '용서'에요. 그래서 호남은 3번의 핍박을 받은 것이지요.

그러니 용서는 모든 화해의 중심이에요. 용서 외에는 역사의 중심에 설 수가 없어요. 무력시대엔 강력한 무기를 마련해야 하지만 21C 사랑의 시대엔 용서와 사랑보다 더 좋은 무기는 없어요. 호남인의 책임이 막중해요. 그리고 남한, 나아가 한반도 순입니다. 왜냐하면 동서통합인 국민통합이 있어야 남북통일이 있고, 그리고 남북통일이 있어야 세계평화를 이루어 온 인류의 행복시대를 열 수 있는 이치 때문이니 말입니다.

문17. 박: 다음은 가해자와 피해자에 대한 행위의 인격적 실체에 대한 차례인데, 어떤 부류를 뜻하는지요?

답17. 권: 네, 지역 다음이 젠더(Gender), 즉 성(性)입니다. 20C는 그 어느 시대와도 비교할 수 없는 전쟁의 역사였어요. 그 이전에도 전쟁이 있어 왔지만 부분전(戰)이었지 20C처럼 그렇게 전면전은 없었어요. 전쟁의 주체는 남성이었잖아요? 여성은 포로로 잡아가지도 않아요. 총을 줘도 쏘지도 못하니까요. 생명을 낳은 여성이 어떻게 상대의 생명을 죽입니까? 그래서 문제를 일으킨 쪽은 남성입니다. 가해자인 셈이죠. 힘의 시대의 논리를 사랑의 교체기인 20C에 – 혼돈기라서 간과했는지 – 마구잡이로 휘둘렀어요. 전쟁을 통해서 말입니다.

따라서 여성은 본의 아니게 피해자의 입장에 서게 된 것이고요. 이 또한 화해의 주체자로 세우기 위한 역사의 계획이었던 것입니다. 잔인한 계획인가요. 아니면 아름다운 계획인가요. 때때로 역사의 주체자는 인간적 사고로는 도달할 수 없는 아이러니한 프로그램을 짜기도 한다고밖에 달리 다른 표현을 할 수가 없네요. 답이 나온 것 같아요. 여성은 21C의 사랑과 평화와 행복시대를 위한 전도사에요. 물론 여성이라고 다 사랑이 있고, 남성이라고 해서 여성들만 한 사랑이 없는 게 아니지만 말이에요. 그러나 십중팔구의 여성들은 남성들보다 분명 사랑이 많은 법이지 않아요? 그러니 여성이 모든 화해의 주체자가 되지 않으면 국민통합도, 남북통일도, 세계평화도 그리고 대한민국 최초의 여성인 박근혜 대통령이 꿈꾸는 행복시대는 결코 불가능한 일일 겁니다. 따라서 여성들이 떨쳐 일어나지 않으면 안 된다고요. 새마을운동처럼 여성들이 평화의 '사절단'을 만들어 중심역할을 맡으면서 제2의 새마을운동인 새정신운동, 즉 '범국민평화운동'을 줄기차게 전개해야 해요. 그리고 그 힘을 평화통일로 이어가고 나아가 세계평화를 위해 끊임없이 전진해야 해요.

문18. 박: 그 다음은 지배자와 피지배자라고 할 수 있겠군요. 어떻게 간단하게 구분할 수 있을까요?

답18. 권: 네 그렇습니다. 인간을 만물의 영장이라고 하지 않았습니까? 이 말은 만물 중에서 인간이 최고 귀하다는 뜻이겠지요. 그런데 귀한 만큼 책임을 못 하고 자기감정에 매몰되게 되면 큰일을 저지르게 되어 결국 가해자가 돼요. 예를 들어 종족주의에 빠진다든지, 아니면 이데올로기나 이기심에 빠지게 되면 아돌프 더 히틀러처럼 세계 제1차 대전을 일으키든지, 일본처럼 세계 제2차 대전을, 마르크스, 엥겔스, 레닌, 스탈린처럼 공산주의 혁명 등을 일으켜 온 세계를 전쟁과 투쟁의 세계로 몰아넣어 가난하고 힘없는 자들의 생명과 인권을 유린하게 되어 피해자를 양산하지 않습니까? 물론 그 본질적인 근본 이유는 신성에 대한 무지에서 기인하는 것이기도 하지만 말입니다.

따라서 대부분의 가해자는 문제를 일으킨 국가와 지역의 가진 자였어요. 그것이 정치권력이든, 경제적 부(富)든, 영성의 종교든 말입니다. 그렇다고 모든 가진 자들 중 자기만을 생각하지 않고 타인을 위해 헌신하고 베푸는 귀한 분들이 없다는 것은 아니에요. 문제는 그 수가 너무 적어서 사회적 혼란을 막기에는 턱없이 부족하다는 것이죠. 헌신과 희생, 봉사의 대명사인 종교조차도 이미 종교의 사회적 기능을 잃어버렸다고 볼 수밖에 없습니다. 전체 종교인의 수가 절대다수를 차지하고 있으면서도 국민대통합이 절실히 필요한 현실이 이것을 증시하는 것이 아닙니까? 수십만의 종교 건축물과 성직자들을 보유하고 있는 이 나라가 왜 이리 각박하게 됐는지 그 이유를 알다가도 모르겠어요. 그리고 대기업의 내수시장 싹쓸이도 문제지요. 또한 정당의 당리당략은 어떻습니까? 실로 가관입니다.

지금 당장 전 국민 자아반성운동이 일어나야 합니다. 그렇지 않으면 우리의 미래는 결코 장담할 수 없어요. 한 치 앞을 내다볼 수가 없어요. '이타심인 사랑은 새로운 생명의 창조를 잉태하는 법이지만, 이기심은 무서운 파괴를 불러오는 법이잖아요?' 무력의 시대에는 1%의 가진 자에 의해 획일적인 세상을 이끌어 왔지만, 21C 사랑의 시대에는 가난하고, 힘없는 99%의 힘이 용서와 사랑으로 똘똘 뭉쳐 새로운 희망과 행복의 역사를 새롭게 견인해야 합니다.

…

민주주의 4.0 공존주의 1.0 – 한국 민주주의 4.0의 전주곡

문19. 박: 다음은 역사의 방향성에 대한 내용을 다뤘으면 합니다. 먼저 역사인식에 대한 문제로서 민주주의 4.0과 최근 전 세계에 신드롬을 일으키고 있는 한류 열풍과 해외동포 그리고 국가대개조에 대해 질문했으면 합니다. 먼저 민주주의 4.0에 대해서 말씀해주시면 좋겠습니다.

답19. 권: '4.0'이라는 용어는 모스크바 태생으로 미국인이 된 아나톨 칼레츠키가 『자본주의 4.0』이라는 저서에서 처음으로 사용해 세계적으로 널리 알려졌어요. 한마디로 자본주의가 변천해 온 과정을 알기 쉽게 단계별로 구분해 수치로 나타낸 거죠. 저도 거기서 아이디어를 얻어 우리 한반도 역사의 변천과정에 도입하게 됐는데 의외로 딱 들어맞는다는 느낌이 들었어요.

민주주의 4.0의 전주곡에 대한 다른 저작물에서는 상세한 내용이 수록되어 있는데 오늘 대담에서는 그 내용이 너무 길어서 요점만 간략하게 소개하기로 하겠습니다. 그럼 먼저 민주주의 4.0을 논하기 전에 민주주의를 위한 그 밑바탕이라 할 수 있는 한국 민주주의의 전주곡에 대해 먼저 설명하기로 하지요.

한국 민주주의 4.0의 전주곡

몇 해 전 문창극 국무총리 내정자는 일제식민과 남북분단을 하나님의 뜻이었다고 하면서 백성들의 게으름을 입에 담아 여론의 뭇매를 이기지 못해 도중하차 했는데요. 하나님의 뜻이라는 내용에 대해서는 깊이 공감합니다만 백성들의 게으름을 논한 것에 대해서는 저는 이견이 있습니다. 왜냐하면 그때는 지금처럼 백성이 주인인 민주주의가 아니라 전제군주제의 왕정체제였다는 것이죠. 왕과 대소신려 그리고 지방의 관리들이 주인노릇을 하던 때가 아니었나요? 따라서 나라를 잃은 책임은 지도자들이었지 백성들이 아니었기에 백성들의 게으름을 거론한다는 것은 언어도단이죠. 다석 유영모 선생의 뒤를 이은 함석헌 옹은 관리들의 수탈을 일제식민의 원인으로 갈파했어요.

아무튼 문창극 사태는 복잡하고 심오한 철학적 기초가 없이 논하는 식민사관은 혼란을 불러오게 된다는 것을 여실히 증명한 사건이라 생각해요. 앞에서 저의 다른 저작인 『국가개조론 다이제스트』를 참고하시면 상세한 내용이 수록되어 있으니 여기서는 다소 충격적인 내용을 던지더라도 감정을 자제했으면 해요. 압축의 한계를 이해하시길 바랍니다.

일제식민을 한마디로 말하면 이 땅의 민주주의를 위한 전제군주제의 기절(氣絕)이며, 연이은 6·25 동란은 확인사살이었다는 것이지요. 그리고 양 체제를 갈라놓고 연단시켜 창조적 중립(정도)통일을 통한 평화통일을 성취시켜 한반도를 세계 평화체제의 롤 모델로 세우겠다는 하늘의 뜻인 것이지요. 조선의 전제군주체제가 지금도 그대로 유지되었더라면 우리는 지금 민주주의를 경험하지 못하지 않았겠느냐 그 말입니다. 논리의 비약이 심하게 들리겠지만 다른 해석은 어울리지도 않을 뿐더러 이 나라의 미래를 위해서도 좋지 않다고요.

문20. 박: 그럼 다음은 민주주의 4.0의 개념과 역사적 의미에 대해 말씀해주십시오. 그리고 민주주의 4.0의 시대를 맞이한 현실정치와 18대 정부의 역할에 대해서도 간단하게 언급해 주실 수 있겠습니까?

답20. 권: '민주주의 4.0'은 제3을(양비론적 중도) 넘어선 새로운 '제3인, 즉 제4의 길'이라 할 수 있습니다. 민주주의의 완성이라는 의미도 내포되어 있고요. 공존주의 1.0이라고도 한 것은 완성은 새로운 출발을 의미하기 때문에 붙여진 이름이지요. 그리고 '제4의 길'이라는 개념도 민주주의 4.0을 기반으로 하는 새로운 경제정치의 한 방법론이라 할 수 있어요. '제3의 길(The Third Way)'이 영국의 토니 블레어에 의해 실시된 경제 정책적 경향을 뜻하지 않습니까? 정치는 경제의 영역까지 포괄하게 되니까 말이에요. 민주주의 4.0은 경제체제뿐만 아니라 절대가치를 설정해 종교적 목적은 물론이요, 정치형태의 유형까지도 시대정신에 맞게 포괄적으로 시스템화한 새로운 패러다임입니다.

18대 국정의 화두는 위기는 기회로, 혼란은 질서로, 갈등은 통합이 되어야 한다는 것입니다. 국정철학에 있어서도 시대정신과 부합되는 새 방법론을 찾아내지 않는다면 기존의 낡은 사회체제로 인해 깊어진 총체적인 사회적 갈등은 해결하기 힘들어요. 그러기 위해서는 지도자의 노력도 중요하지만 국가의 난제를 해결할 수 있는 창조적 정책들이 창출되어야 한다고요. '민주주의 4,0'이야말로 비로소 지도자와 국민 간의 수평적 교류를 가능하게 할 새 가치관 정치의 새 모델이 될 것입니다.

• • •

철학에 기반한 정책정치

문21. 박: 민주주의 4.0은 창조적 아이디어와 철학에 뿌리를 둔 정책과 정치지도자와의 조화로운 정치를 뜻하는 것으로 보이는데 맞습니까?

답21. 권: 예, 민주주의 4.0의 시대는 지도자와 함께 철학에 기반을 둔 정책이 우선시되어야 뒤탈이 없을 것입니다. 목수가 집을 짓기 전에 먼저 주인이 원하는 집의 설계도를 목수에게 넘겨주고서 계획된 바에 따라 지어달라고 요구하듯이 말이에요. 이제는 우리 정치가 지도자를 뽑는 것도 중요하지만 시대정신에 맞으면서 국민을 위한 완전한 '정책 청사진'을 갖춰야 해요. 그래야 지도자도 확실치 않은 일에 대한 지나친 부담으로부터 자유로울 수가 있어서 소신껏 자신의 역량을 펼칠 수가 있지 않겠어요. 다시 말해 지도자에게 모든 것을 다 맡기는 것이 아니라 '철학에 기반한 정책'을 마련해 국민들도 일정 부분 책임을 지는 주인정치, 즉 수평성 정치가 되어야 진정한 '민주주의 4.0'의 정치가 되겠죠.

문22. 박: 정책정치란 청사진이나 잘 짜여진 프로그램과 같은 정치를 뜻하는 것으로 이해하면 되겠습니까?

답22. 권: 네~! 정책정치란? 말 그대로 정책에 의한 정치적 결정과 집행을 의미하는 겁니다. 인물중심의 정치는 사전 계획도 없던 정책을 당리당략을 위해 멋대로 입안하고, 이미 실행하고 있는 정책도 권력이 바뀌면 도중에 중지시켜 버려 엄청난 국가의 예산을 낭비하는 사태를 초래시키잖아요? 정책중심 정치를 하는 선진국에서는 그렇지 않아요. 국민이 참여하고 정책전문가들이 심도 있게 논의하여 결정된 정책은 정권이 바뀌어도 완성될 때까지 잘 집행한다고요. 이것이 정책정치의 장점이잖아요? 따라서 우리 정치도 이제는 인물중심 정치를 청산해야 나라가 산다구요.

답안지가 없는 시험은 무력과 권모술수가 정답인 법입니다. 따라서 답안지, 즉 과학성과 논리성, 그리고 합리성을 갖춘 '철학에 기반한 정책'을 잘 준비해서 그것을 집행해 줄 수 있는 자질을 충분히 갖춘 인물을 제대로 선택해야 해요. 사실 그동안의 정치적 관행은 정당정치가 갖는 한계도 있겠지만 민주주의의 진정한 주인인 국민이 주도해서 후보를 추천하고 선택한 것이 아니었잖아요? 단지 국민은 어떤 정당에 의해 일방적으로 선정된 몇몇 후보 중 한 사람을 선택하는 거수기의 자유일 뿐이었어요. 일명 무력정치의 뒤를 이은 정당정치, 인물정치, 금권정치가 만들어 낸 민주주의 1.0, 2.0, 3.0이었다 그 말입니다. 물론 그 전에 국민의 정치적 수준이 뒷받침되어야 하는 것이긴 하지만 말입니다. 정책에 있어서도 철학도 비전도 없는 주먹구구식 당리당략을 위한 정책이

고작이었고요. 민주화를 자랑스럽게 말하고 있지만 아직도 갈 길이 멀다고요. 이제 정책이 주체요, 인물이 그 대상인 진정한 민주주의 4.0의 개화기가 도래하고 있으니 미래를 준비해야 해요.

문23. 박: 좀 전에 소장님께서 경제도 정치의 한 분야라고 하셨는데 경제와 정치는 어떤 관계에 있는지 구체적으로 말씀해 주십시오.

답23. 권: 종교가 형이상학의 세계에 있어서 모든 존재세계의 본질적 뿌리임은 그 누구도 부정하지 않을 것입니다. 정치 또한 종교와 정치를 잇는 매개체로서 그 역할의 중요성을 간과해서도 안 됩니다. 왜냐하면 저 존경하는 버틀란트 러셀 경이 "철학은 신학과 과학을 잇는 가교이다."라고 한 것을 사회과학적 현실에 대입하게 될 때 '정치는 종교와 경제를 잇는 가교이다'라는 등식이 성립하겠기 때문이죠.

그러나 형이하학, 즉 물질세계를 뜻하는 현실에 있어서의 경제는 모든 사회현상을 움직이는 조직의 근본 뿌리이자 혈액과 같기에 경제 문제의 중요함은 재론의 여지가 없습니다. 오죽했으면 배금사상이라는 용어가 등장했겠습니까? 기독교에서 하나님을 창조의 신이라고 한다면 자본주의에 있어서 물질은 재창조의 신, 즉 경제지요. 유사 이래로 경제문제는 우리 인류의 오랜 역사와 함께 동고동락해온 1차적 생명의 뿌리입니다. 따라서 민주주의 4.0에서는 과거의 수직적 관계의 종교적 정치(중세교부시대)보다 미래의 수평적 관계의 경제적 정치시대가 오게 된다는 것이죠. 그러니까 정치와 종교가 과거 중세시대의 파트너십의 중심이었다면, 정교분리시대의 정치와 경제는 미래시대의 파트너십의 중심이라서 미래는 권력과 경제가 불가분의 관계에 놓이게 됨과 동시에 경제 문제에 미래의 정치가 달려있다는 뜻이죠. 그래서 제가 새롭게 개념화하고 주창하는 체제복지·국가복지·창조적 복지라는 공존주의·공생경제의 개념들이 경제와 정치와의 밀접한 관계성을 말해주는 것이라고 할 수 있겠죠?

문24. 박: 소장님은 경제 분야의 전문가가 아니실 텐데도 경제에 대한 해박한 지식을 가지고 계시는 것 같습니다. 경제학자와의 교류나 경제에 대한 지식은 어떻게 습득하시는지요.

답24. 권: 과찬의 말씀입니다. 먼저, 저의 졸저 『영(靈)철학』은 큰 틀에 있어서 존재의 모든 비밀, 즉 존재의 본질에 관한 궁극의 법칙을 직관적으로 알 수 있는 방법론을 학문적으로 쉽게 체계화한 지혜의 보고라고 할 수 있기 때문에 영철학을 이해하면 우주와 천주의 비밀을 쉽게 이해할 수 있어요. 따라서 영철학체계에 의해서 경제를 분석하는 것이죠. 경제 부분도 일정한 법칙이 있어요. 경제이론의 법칙성에 대해서는 나중에 더 깊이 다루겠지만 경제를 인간의 신체에 비유하면 하체와도 같아요, 하체는 머리의 지시를 따르는 거죠. 머리는 종교입니다. 몸통이 정치라면 말이에요. 따라서 종교철학과 동·서양철학, 정치학, 행정학, 사회학, 천체물리학 등을 30년간 연구한 저로서는 경제학은 취미 중의 취미 정도지요. 그런데 그동안 우리 역사가 절대가치를 창출하지 못하니까 경제가 목적이 아니라 수단이 되어버린 것이지요. 따라서 경제학도 과학철학이 되어야 한다구요. 앞으로는 영철학으로 인하여 21세기의 경제학의 과학화가 가속도가 붙게 될 것입니다.

몇 년 전 저는 경제민주화를 위한 창조적 경제포럼 개최문제를 의논하기 위해 'M(메커니즘)경영 이론'의 세계적인 대가이신 서울대학교 경제학과 조동성 교수를 찾아 그의 연구실에서 만나 공생경제론의 필요성을 제의했었어요. 물론 A. 칼레츠키의 저작 『자본주의 4.0』에서 제기하는 일반적인 개념의 정부와 시장의 역할이론이 아니라 보다 철학적이고 고차원적인 정치와 경제, 정부와 시장, 대기업과 중소기업은 물론이요 생산과 유통, 금융 그리고 소비에 대한 존재론적 가치의 비율배분론을 말입니다.

본문에서 더 구체적인 내용이 밀도 있게 다뤄지겠지만 간략하게 요약하면 이런 것들입니다. "경제에 있어서 '정부와 시장', '국유와 사유' 그리고 '생산과 유통, 금융'분야 외에 주택과 법률, 보험, 학원 기타 등등으로 나눌 수 있는데, 그중 정부와 시장 문제는 '한 가정을 비유할 때 부모와 자녀의 관계'와도 같다. 정부는 국민의식에 '윤리경영'을 가능케 할 높은 의식이 보편화되기 전까지는 어린 자녀를 부모가 보호하듯이 국가(정부)가 시장을 보호해야 하며, 적절한 규제와 개입은 절대적"이라는 것이었어요.

더불어 기업의 역할에 있어서도 미성년자(동생)는 가정 안에서의 생활이 주가 되고, 청·장년(형님)이 되면 바깥활동의 비중이 늘어나듯이, 대기업(형님)은 세계의 글로벌 기업과의 경쟁이 주가 되고, 중소기업(동생)은 내수시장을 맡는 일에 그 역할을 각각 나누는 것이 이상적인 조직이 될 수 있어요.

• • •

생활경제정치

문25. 박: 정부와 시장의 역할분담을 넘어 생산과 유통, 금융의 국유와 사유의 비율까지도 역할을 나눈다는 뜻으로 보이는데 생산과 유통, 그리고 금융을 어떻게 나눌 수 있는지요?

답25. 권: 경제의 한 다른 분야인 '생산과 유통 그리고 금융' 문제는 부부관계와 같이 생산(生産)은 '선의 경쟁'이 효과적이기에 도전적인 남성성과 같은 사유화가 장점이며, 유통(流通)은 조절(전달)기능을 갖기에 경쟁보다 나눔을 통한 따뜻한 여성성과 같은 '공영화(국유화의 분배와 다름)'를 통한 '윤리경영(최소 이윤제)'이 장점입니다. 소비도 책임성 있는 소비를 위해 유통의 공영화로 인해 얻게 되는 구매소득의 1/10을 적립해 소비자의 이름으로 기부하는 '의무기부구매소비제도'를 새롭게 창출하게 되면, 복지재원 마련을 위해 애쓰지 않아도 되지요. 그리고 기존의 경제이론을 넘어선 공생경제방식을 통한 '생활공동체경제', 즉 '제4의 길(공생주의 1.0)'이라는 종교 · 정치 · 경제가 하나의 시스템으로 연결된 새로운 '창조적 공생경제정치'를 화려하게 열 수 있을 겁니다.

1997년 치욕적인 IMF를 맞이한 우리나라는 IMF의 조기 해결과 경제민주화를 외치는 좌파 자유주의자들에 의해 그 당시에는 어쩔 수 없는 선택이었겠지만 아무튼 민영화가 이루어졌으며 이 과정에서 몇몇의 대기업(대우, 쌍용 등)이 해체되어 티끌처럼 날아가 버렸어요. 엄청난 정리해고가 단행되지 않았나요? 그 과정에서 비정규직과 자영업의 비율도 늘어나게 된 것이죠. 그 때문에 자영업의 비율이 30%나 올랐어요. 제 살 갉아먹기가 된 셈이죠. 미국이나 일본은 15% 정도를 적절하게 유지하고 있잖아요?

그리고 우파 신자유주의 시장경제를 주장하는 정치지도자 역시 아직도 정확한 경제정책에 대한 로드맵을 제대로 갖추지 못하고 있어요. 지금도 개념 없이 진행되고 있는 민영화의 위험성 때문에 기존의 우파 세력과 차별화를 선언한 '신(新) 우파(새누리당)'조차 경제민주화를 부르짖을 수밖에 없는 이상야릇한 상황인데도 불구하고 경제전문가를 자처하는 지도자들 중 누구 하나 이런 이변을 제대로 설명하지 못하는 웃지 못할 현실은 우리를 슬프게 합니다.

문26. 박: 소장님의 국가복지·체제복지라는 개념을 보면 복지국가소사이어티라는 단체에서 주장하는 내용과 엇비슷하다는 생각이 듭니다만 소장님의 복지정책과 복지국가소사이어티의 복지정책과는 어떤 차이점이 있는지, 그리고 복지국가소사이어티는 주로 어떤 활동을 하는 단체인가요?

답26. 권: 영국의 켐브리지 대학의 경제학 교수로 재직하고 있는 세계적인 학자 장하준 교수를 주축으로 정승일 정치경제학 박사, 이종태 저널리스트 등 젊은 학자들이 얼마 전부터 '복지국가소사이어티'라는 사회단체를 설립하여 나름대로 좌파 신자유주의와 우파 신자유주의를 넘어선 새로운 학풍을 자발적으로 일으키며 강좌를 열고 저술활동까지 열성적으로 벌이고 있어서 그나마 다행이에요. 그러나 이들과 함께 그 방법론이 대동소이하다고 할 수 있는 탁월한 『자본주의 4.0』의 저자이며, 미국의 타임스(The Times)의 경제 분야 총괄 에디터 아나톨 칼레츠키(Anatole Kaletsky) 또한 외람되지만 필자에 의해서 고안된 '공존주의·공생경제', 즉 '제4의 길(공생주의1.0)'에 대한 고차원적 세계관과 새로운 방법론에 대한 깊은 연구가 있어야 하겠지만 말입니다.

복지국가소사이어티는 한 마디로 북유럽의 복지모델인 보편적 복지를 롤 모델로 벤치마킹하자는 것으로 보면 됩니다. 주로 스웨덴의 경제정책을 우리나라에 맞게 창조적으로 이전시키자는 주의자들이라고나 할까요? 제 개인적인 생각으로는 어떤 경제학자나 단체보다 한발 앞서가는 단체라고 생각하기는 해요. 그런데 거기에 반(反)해 제가 주창하는 '공생경제'를 통한 국가복지는 사뭇 그 내용이 다르지요. 북유럽의 보편적 복지가 국가의 예산을 많이 쓰자는 것이라면 국가복지·체제복지는 예산이 아니라 생산수단을 새롭게 개편해서 국가경제제도의 근본 틀을 바꾸자는 것이랍니다.

스웨덴이 GNP의 약 40%를 복지 예산으로 쓰면서 세금을 많이 거두잖아요? 물론 국민적 합의를 통해서 가능할 수 있었지요. 그런데 우리나라는 GNP의 9% 정도밖에 안 돼요. OECD국가 중 최하위인 멕시코 다음이에요. 물론 미국도 이탈리아와 같이 13%에 머물러 있긴 하지만 말이에요. 이것이 현실인데 어떻게 북유럽의 모델을 따라갈 수 있겠습니까? 1년에 1%를 상향 조정한다고 해도 약 30년은 걸리게 될 겁니다. 세계 경제위기로 인해 경제성장률을 하향조정해야만 하는 현 상황에서는 엄두도 못 낼 일이지요.

그런데 조금 복잡하기는 하지만 방법이 없는 것이 아니랍니다. 앞에서 언급했듯이 생산수단을 바꾸면 가능해요. 물론 국가체제까지 바꿔야 하는 힘든 작업이지만 말입니다. 그러나 지금 우리나라는 어느 한 체제로의 흡수가 아니라 양 체제의 장점을 결합한 공존체제를 창출하여 평화적으로 남북통일을 이뤄야 하는 운명이 다가오고 있기 때문에 불가능한 것이 아닙니다. 그 답은 혼합경제, 자본주의 4.0, 공생경제로서 공공성이 큰 모든 분야의 국유화와 사유화의 비율을 각각 50%씩 조절하여 제도에 의한 복지, 즉 국가체제를 통한 새로운 개념의 복지를 하게 되면 스웨덴보다도 더 높은 복지국가(이상사회)를 만들 수가 있다는 것입니다. 그러니까 역으로 국가복지를 창출하지 못한다면 평화통일을 이룰 수가 없다는 것이지요. 이해가 되는지요~^^?

문27. 박: 소장님께서는 민주주의의 완성을 뜻하는 '민주주의 4.0'과 '공존주의 1.0'을 같이 쓰고 계시는데 어떤 의미로 봐야 하는지요.

답27. 권: 여기서 사용되는 '민주주의 4.0'과 '공존주의 1.0'은 이름만 다를 뿐 같은 개념입니다. 어떻게 보느냐에 따라서 다른 것이죠. 4.0은 완성이 되었다는 의미이고 1.0은 새로운 시작을 의미한다는 뜻에서 그렇고요. 원래 4.0이라는 개념은 '자본주의 4.0'이라는 개념을 옮긴 것입니다. 앞에서도 언급했습니다만 A. 칼레츠키의 경제 서적의 제목에서 4.0이 사용되었잖아요? 박근혜 대통령께서도 새 정부 들어와서 '정부 3.0'이라는 개념을 도입했고요.

존재하는 모든 것은 창조 후 재창조를 거쳐 단계별 성장이라는 메커니즘을 갖는다고 했잖아요. 권력의 체계 또한 수직체계에서 시계방향을 따라 수평체계를 향해 진행되는 법이고요. 그 누구도 이와 같은 창조적 질서의 비타협적이면서 초월적인 힘에 의해 이루어지는 일방적인 패턴을 거부할 수 없습니다. 다만 그 형태에 대한 모양을 우리 인간의 자유의지에 의해 조금 변모시킬 수만 있을 뿐이죠.

문28. 박: 민주주의 4.0은 종합적인 조감도와 같은 보다 포괄적인 뜻을 가지는 새 정치학의 용어인 것처럼 보이는데 혹시 잘못 본 것은 아닌지요?

답28. 권: 물론 '민주주의 4.0(공존주의 1.0)'은 보다 큰 담론을 다룹니다. 따라서 민주주의 4.0은 정치만의 담론이 아니라 종교와 정치, 그리고 경제와의 시스템적 관련성에 관한 유기체적 방법론을 기초로 성립되는 개념이죠. 위에서 창조와 재창조라는 개념을 사용했었는데 민주주의 4.0과 공존주의 1.0을 같이 사용한 이유가 바로 창조라는 종교성과 재창조라는 정치성과의 조우, 즉 그 둘의 만남을 뜻하는 것이지요. 따라서 민주주의 4.0은 물과 기름처럼 서로 다른 특성을 하나로 일치시키는 것을 전제로 성립되는 개념이기도 하구요.

'민주주의 4.0·공존주의 1.0'은 거대 담론이기 때문에 건축에 있어서 골조공사와 같은 거시적 국가의 종교·정치·경제체제를 다룹니다. 지면상의 제약도 있지만 '민주주의 4.0'에서는 각론이나 임시방편에 가까운 사안들을 기대하는 일은 현명한 일이 아니지요. 예를 들어 '민주주의 4.0'은 건물에 있어서 건축의 양식과 기초가 되는 골격 등 총론 같은 큰 담론들, 즉 '위기에 처한 민주주의 체제의 새로운 방법론인 남북통일을 위해서 어떤 체제를 선택해야 하며 경제제도는 어떤 방법을 수립해야 하는가?' '종교 또한 원시공동체 종교에서 경전종교를 거쳐 인격종교라는 높은 차원으로 옮아가기 위해서는 어떻게 되어야 하는가?'와 같은 그야말로 철학적인 '거대 담론'이지요.

따라서 '민주주의 4.0(공존주의 1.0)'에서 인테리어 정도에 해당되는, 즉 선택적 사항에 속하는 기술적인 부분인 정치에 있어서의 공천의 방식과 선거의 방식, 경제에 있어서의 대기업 출자총액제한과 내부거래의 금지 또는 폐지와 복지의 방식 등 그런 액세서리 같은 것들을 선택하기 위한 미시적인 사안들은 '민주주의 4.0'에는 전혀 맞지 않습니다. 따라서 정치 부분에 있어서는 새 가치관에 기반한 정책정당, 경제 부분에 있어서는 적어도 공생경제의 핵심인 국유화와 사유화의 조화론 등과 같은 내용을 취급한다고 보면 됩니다.

…

민주주의 4.0은 멀티플레이 정치제도

문29. 박: 민주주의 4.0은 모든 분야를 전방위적으로 연결한 일명 멀티플레이 정치제도라고 봐도 되겠습니까?

답29. 권: 네~! '민주주의 4.0(공존주의 1.0)'은 종교와 정치, 정치와 경제, 경제와 종교의 시스템적 교류와 같은 총론을 통해 지금 전 세계가 겪고 있는 위기의 근본 원인을 밝혀내어 그 해답을 구하기 위한 일명 융합정치를 말합니다. 선택적 사안에 해당하는 미미한 각론은 순간 반짝이는 아이디어일 뿐, 지금 전 세계적으로 전개되고 있는 글로벌 위기와 북한의 제5차 핵실험으로 초긴장상태에 놓인 한반도의 문제해결에 대한 대안이 될 수가 없어요.

앞서 말씀드린 바대로 미국도 '민주주의 4.0(공존주의 1.0)'이라는 새로운 정치모델을 찾기 위한 노력을 이미 시작했습니다만 그들은 그 방법을 더 이상 찾지 못하고 누군가가 그 대안을 대신 제시해 주기를 바라면서 애태우는 심정인 셈이죠. 이것이 우리도 바라고 세계가 꿈꾸는 '민주주의 4.0(공존주의 1.0)'입니다.

문30. 박: 민주주의 4.0이 되기까지의 과정이 있다고 하셨는데 그 과정을 어떻게 단계별로 구분했는지 궁금하네요.

답30. 권: 한국의 '민주주의 4.0'은 인류 역사의 시작과 함께 그 긴 준비과정을 거쳐 1945년 8·15 해방 이후 도둑처럼 우리에게 찾아왔어요. 전제군주제였던 조선왕조의 종언(終焉)이 없었더라면 언감생심이었을 것입니다. 그 이후 6.25동란을 치르고 나서 비로소 민주주의의 '씨'가 이 땅에 뿌리를 내리고 그리고 헌법을 제정하고 국민국가로서의 형태를 만들기 시작한 우리 정부는 '민주공화국 1.0'을 시작으로 6·29선언에 이어 민주화, 참여정부 2.0을 거쳐 선진화와 18대 박근혜 정부 3.0을 맞이했으며, 이제 국민이 주인이 되어 국가를 책임지며 국민대통합을 이룰 '완성된 민주국가 4.0'을 목전에 두고 있어요. 여기서 민주주의의 완성은 평화통일의 기초가 될 새 국가체제의 모델이라는 것을 간과해서는 안 돼요. 공존주의 1.0이라는 개념은 통일된 한국을 뜻하니까요. 새로운 국가체제가 되는 셈이죠. 뒤에 통일 부분에서 깊이 다루겠지만 어느 한 쪽에 의한 일방적인 흡수통일이 아니라는 것을 깨달아야 한다고요.

그동안 우리 국민들은 '머슴정치 1.0', '아들정치 2.0', '반 주인정치 3.0'을 지나 진정한 '주인정치 4.0' 시대를 이제 얼마 두지 않고 있습니다. 또한 민주정치의 과정을 인격적 메커니즘에 비유하면 부모의 절대적 권위를 필요로 하는 '유아정치 1.0', '소년정치 2.0', '청년정치 3.0' 그리고 성년이 되어 부부가 되는 수평적 협력의 '장년정치 4.0'이라고 표현할 수도 있겠죠?

문31. 박: 민주주의 4.0은 국민이 주인 되는 정치제도라고 하셨는데 그럼 그동안의 정치는 어떤 정치였나요.

답31. 권: 잘 아시겠지만 먼저 자본주의의 상대적 개념을 사회주의로 봅니다. 계획경제의 상대적 개념은 시장경제가 맞는데 민주주의의 상대적 개념은 공산주의에요. 뭔가 개념의 상대성에 문제가 있잖아요? 아무튼 공산주의의 다른 이름은 '국주주의(國主主義)', 즉 국가가 주인이라는 뜻과도 통해요. 따라서 공산주의 체제하에서의 국민은 국가를 위한 보조자일 뿐이에요. 본래의 취지는 그런 것이 아니었습니다만, 그러면 민주주의는 무엇일까요? 민주주의는 국민이 주인이며 국가는 국민의 보조자에요. 그런데 이 또한 취지에 불과할 뿐 '4.0' 이전의 민주정치체제는 민주가 아닌 '대리민주'였어요. 대리민주는 '과정적 민주'이고요.

이제 모든 과정적 대리민주의 시대는 지났어요. 민주를 민주이게 하는 핵심 의제는 민주에 의해 만들어진 법입니다. 그런데 그동안의 정책은 민주주의의 참주인인 대중의 무지로 인하여 정치의 대리인이 정책 창출과 결정의 중심에 서서 전형을 휘둘렀어요. 문제가 있었던 것이죠. 한 마디로 지도자가 국민의 대리자(Agent)가 아니라 행위자(Act)가 되었던 것이죠. 국민이 깨어나야 해요.

•••

민주주의 4.0 시대의 지도자는 정책의 집행권자(Agent)

문32. 박: 그렇다면 완성된 참 민주의 정치인 '민주주의 4.0' 시대의 정치는 지도자(Act) 중심에 의한 통치가 아니라 국민의 요구에 의해 준비된 정책의 집행권자(Agent)를 뜻합니까?

답32. 권: 맞습니다. 또다시 정책이 아닌 지도자(Act) 중심의 통치인 인치, 즉 인물 중심의 지도자이기를 고대하는 누(漏)를 범해서는 안 돼요. 물론 인치가 되지 않게 국민 스스로의 정치의식과 국가에 대한 책임의식을 충분히 갖춰야 함은 당연지사구요. '민주주의 4.0'의 시대를 맞이해 우리 국민의 각오 또한 이제는 달라져야 해요. '민주주의 4.0'은 국민도 철학에 기반 한 창조적 정책을 창출해 민주의 대리인으로서의 지도자(Agent)가 올바른 길로 갈 수 있도록 잘 지켜봐야 해요. 왜냐하면 '민주주의 4.0'은 순수한 우리 국민의 힘과 노력에 의해 잘 발전시켜야 할 그 무엇이기 때문이죠. 그러니까 '민주주의 4.0'은 모든 일을 지도자의 일방적인 능력을 믿고 지켜만 보는 정치가 아니에요. 유권자의 힘과 지도자

(Agent)의 능력이 수평적 협력에 의해 잘 조화되게 해야 하는, 아니 오히려 국민의 책임이 더 큰 정치에요.

문33. 박: 민주주의 4.0과 18대 박근혜 정부와는 어떤 관계성이 있는가와 그 중요성이 궁금해지는군요.

답33. 권: 언제나 국정이 중요하지 않은 때가 어디 있겠습니까? 하지만 18대 박근혜 정부의 중요성은 그동안 지나온 숱한 정부를 총합한 가치보다도 더 큰 역사적인 사건으로 기록되리라는 것을 누구보다 우리 국민들이 충분히 인식해야 해요. 위에서 누누이 언급했듯이 이번 정부는 과거와는 전혀 정치적 상황이 다른 정부에요. 공간적으로는 대한민국 자체의 국운을 넘어 한반도의 운명과 동북아는 물론이요, 우리가 몸담고 있는 이 지구촌의 운명이 걸려 있기도 하구요. 시간적으로는 역사의 방향성을 결정하고 가름하는 실로 엄청난 시대에 진입했어요. 이끄는 글에서 언급했듯이 박근혜 정부의 반환점인 2015년 8월 25일은 남북통일의 희생기에서 대 교류기로 진입하는 대 전환점이에요. 지구촌의 운명과 역사의 방향성을 올바르게 이끌기 위해 두 눈을 크게 뜨고 미래를 똑바로 응시해야 해요. 그렇지 못하면 모두가 공멸의 길을 피할 수 없어요. 좌파 신자유주의나 우파 신자유주의를 선택해 역사를 거꾸로 돌려 퇴락의 길을 갈 것이냐! 아니면 제4의 길, 즉 '창조적 공존주의'를 향해 꿈과 희망이 넘치는 역사를 새롭게 견인할 수 있을 것이냐!를 두고 매우 중차대한 시간대에 서 있어요.

다시 말해 인물 중심의 '지도자 중심정치'로 국민을 또다시 추종하는 응석받이로 계속 머물러 있게 할 것이냐! 아니면 세계사적 중차대한 시기를 맞이하여 책임 있는 국민이 될 새로운 철학에 기반한 정책패러다임인 '제4의 길(민주주의4.0)'을 잘 진행시켜 개헌과 함께 권력의 분권으로 역사적인 국민통합과 평화적 남북통일을 성공시킬 것이냐! 하는 기로에 한국정치가 놓여있어요. 따라서 철학에 기반한 정책을 완벽하게 다듬어서 지도자와 국민이 힘을 합해 18대 정부를 잘 이끌어야 해요. 그러기 위해서는 박근혜 정부는 자신의 정치적 지도력의 방향성을 바로잡아야 하며, 국민 또한 국가를 위한 책임 완수에 온 정성을 다 모아야 해요. 더불어 재차 강조해도 지나치지 않을 일은 이번 정부는 국민들 스스로가 주인이 되는 '민주주의 4.0' '공존주의'라는 '새로운 정책 모델(제4의 길)'을 선택하는 비중이 어느 때보다 더 중요한 시대에 접어들었다는 것을 결코 잊지 말아야 해요.

···

해외동포들의 대탈출(Exodus)

문34. 박: 『대탈출 KOREA』라는 권 소장님의 저서에서 해외동포의 대탈출(Exodus)에 대한 내용을 접했습니다. 동포들에 대한 남다른 견해를 갖고 계신 것으로 보였는데 지금 우리에게 있어서 해외동포의 의미는 무엇인지요.

답34. 권: 이 부분도 압축법을 도입해야겠네요. 상세한 내용은 박교수님께서 언급한 저의 졸저에 수록되어 있으니 말입니다~^^! 간단하게 말해 디아스포라의 대탈출(Exodus)입니다. 이국에서 노예생활을 하던 이스라엘 민족의 엑소더스 말입니다. 지금 우리의 환경이 그와 흡사하지 않나요? 일제식민생활을 거쳐 남북이 홍해처럼 갈라지고 모세가 두 돌판을 받아 내려와 십계명을 세우지 않으면 안 되는 대혼란이 이를 증시한다고 해도 과언이 아니잖아요? 북한의 엽기적인 위협은 10재앙이 끝나고 대탈출 도중 바로왕이 뒤쫓아 오는 형국이에요. 모세의 기적이 일어나지 않으면 안되는 상황 말이에요. 어느 한 체제로의 흡수가 아닌 평화통일의 방법론 제시가 모세의 기적과도 같은 역할을 하게 되겠죠. 그렇지 않으면 대재앙을 맞이하게 돼요. 사면초가라고요. 어쩌면 우리의 대담이 모세의 지팡이 역할을 하게 될지도 모르는 일이죠~^^!

…

세월호·메르스 사태는 국가대개조를 위한 역사의 채찍, 모세의 기적이 일어나야!

문35. 박: 다음은 지난해에 일어나 모든 국민들에게 엄청난 충격을 안겨주었던 세월호와 메르스라는 사태에 대해 소장님께서는 남다른 견해를 갖고 계신다는 말씀을 들었습니다. 세월호 사건이 일어나게 될 것에 대한 예언서도 내셨다니 더욱 궁금해집니다. 간단하게 들려주실 수 있겠습니까?

답35. 권: 결론부터 말하면 어떤 현상은 새로운 일에 대한 조짐이며 때가 됐으니 이제 준비하라는 신호입니다. 현상은 언제나 미래와 연관되어 있어요. 현상은 미래를 위한 미리 보여줌이지요. 꽃이 피고 난 후 열매가 맺히듯이 말이에요. 꿈은 일종의 계시와도 같으며, 설계도 없이 집을 지을 수 없는 것과도 같은 것이지요.

위에서도 언급했듯이 제가 9년 전 미래서를 출간했는데, 제목이 『대탈출 KOREA』인데 처음에는 '한반도의 미래'라는 제호를 생각하다가 너무 고답적이라는 생각도 생각이지만, 무엇보다 무고한 생명의 희생을 줄여보자는 뜻에서 충격 요법으로 '대탈출

(Exodus)'이라는 개념을 쓰게 된 거죠. 종교적인 내용이라 조금은 조심스럽지만 달리 표현할 길이 없잖아요? 조금 전에도 간략하게 언급했지만 왜 성서의 출애굽기에 보면 애굽에서 이스라엘 민족이 노예살이 하다가 모세라는 지도자가 나타나 민족을 이끌고 탈출을 감행하기 전에 순순히 보내주지 않으면 10가지 재앙이 일어나게 된다고 말하죠. 그중에서 마지막인 열 번째가 그 집에서 처음 난 것들, 즉 그 집의 장자, 큰아들의 죽음이잖아요? 그 죽음을 당하고서야 바로 왕이 비로소 손을 들게 된 거죠. 우리나라도 일제식민 시대를 접고 8·15 광복을 맞이해 일본에서 노예살이 하던 우리 민족들이 현해탄을 건너 대탈출하기 전에 히로시마에 원폭이 투하되어 수많은 생명이 희생당했잖아요? 우리 민족과 과거 이스라엘 민족의 역사가 그래서 너무 닮았다는 겁니다.

무고한 생명의 희생을 통한 대탈출의 궁극 목적은 새로운 나라입니다. 광복은 조선의 전제군주제에서 대한민국 민주주의 국가라는 전혀 새로운 나라를 위한 대탈출을 안겨주었어요. 이스라엘 민족의 대탈출의 목적도 이상사회인 젖과 꿀이 흐르는 가나안 아닌가요? 따라서 세월호와 메르스만 아니라 천안함과 연평도 등등의 사태까지를 포함한 희생을 통한 대탈출의 목적이 국가대개조, 즉 이상사회인 국민통합과 평화통일체제를 구축하라는 하늘의 엄숙한 명령인 것이지요. 그래서 국가대개조는 단순한 개혁이 아니라고요. 우리의 역사에 한 획을 긋는 것과도 같은 말 그대로 '국가체제의 대개조'인 것이지요. 그런데 메르스 사태가 끝이 아니에요. 가나안으로 가는 도중, 즉 평화통일을 이루기 위해 출애굽 과정에서 모세와 이스라엘 민족을 애굽 왕이 죽이기 위해 군사를 일으켜 뒤를 쫓아와요. 북한의 위협이 있게 될 것이라는 것이죠. 심각한 도발 말입니다. 그 도발로부터 벗어나기 위해서는 홍해가 갈라지는 것과도 같은 모세의 기적이 일어나야 한다고요. 그러니까 모세의 기적과도 같은 평화통일의 제도적 · 정책적 · 철학적 대안을 분명하게 제시해야 한다는 것이죠.

21C이지만 인류의 역사가 아직은 미완성에 머물러 있다고요. 앞으로 더욱더 완성을 위해 나아가야 해요. 성장하는 거죠! 목적도 없이 진화론처럼 무작정 진화하는 게 아니라고요! 진화론은 사유의 한 다른 부분으로서 1/3쪽짜리 이론이지요! 반쪽짜리 사유형식을 2분법적, 또는 양비론이라고 하지 않나요? 창조론도 창조자체만으로는 1/3쪽짜리 이론이에요! 왜냐하면 존재하는 모든 것은 1. 창조(정자)와 2. 재창조(태아) 과정을 거쳐 3. 성장 · 변화(인간)하는 3단 법칙이 통합하여 존재의 궁극 법칙을 이루고 있으니까요! 이렇게 보면 아직 우리 인류의 철학적 사유의식이라고 하는 것이 너무 어리고 유치해요!

따라서 종교적으로도 완성의 진리가 나와야 해요, 우리가 사용하는 4대 경전이 아직 완전한 완성의 말씀이 아니거든요! 신화에 기초한 상징(가정)의 진리세계가 아닌가요? 국가체제도 양 체제의 장점을 결합한 공존주의 체제가 되어야 해요, 경제제도도 계획경제와 시장경제에서 혼합경제, 공동체 자본주의, 맞춤형 자본주의인 '공생경제'가 되지 않으면 안 된다고요. 이것이 국가대개조라고요. 개혁이 아니라 대개조, 혁명(Revolution)이 아니라 개벽(Remarking) 말입니다. 앞으로 할 일이 많아요~^^!

제2부

소통

소통(疏通)의 사전적 의미는 영어로 이해하다(Understanding)이며 소통은 상대적 관계의 산물이다. 그리고 소통은 크게 유형세계와 무형세계의 소통, 국가와 국가의 소통, 국가와 단체, 적게는 단체와 단체, 개인과 개인의 소통, 인간과 물질, 언어, 심지어 종교와 종교, 정당과 정당, 정치와 종교, 정치와 경제 등 그 형태에 따라서 수많은 유형을 갖는다.

…

소통과 통섭
- 진정한 소통은 지식의 차원을 벗어나 지성과 영성을 회복해야!

좌장. 박근령: 두 분 수고하셨습니다. 다음 차례는 조금 난해할 수도 있는 분야인 것 같습니다만 이 책의 제호가 '창조적 통합과 통일 대담'인지라 피해갈 수 없는 난해한 토론이 예상됩니다. 두 분께서 마음을 가다듬으셔서 차근차근 풀어 가시길 바랍니다. 소통과 통합이 우리나라 국정의 화두가 되었습니다, MB 정권에서는 국정의 2대 어젠다로까지 선정했으며 박근혜 정부는 국민대통합위원회까지 대통령의 직속기관에 두고 국민대통합을 부르짖고 있는 실정입니다. 그리고 이제는 통합을 위한 협치라는 용어까지 등장하며 유행처럼 번져서 하나의 트렌드로 자리 잡게 되었는데, 국민통합이 이뤄지기 위해서는 먼저 소통을 가로막는 근본 원인인 불통을 제거해야 하지 않습니까?

따라서 이번에 두 분께서 소통에 관한 본질적 개념과 내용을 보편성에 입각해서 이해할 수 있게 제기해 주시고, 그리고 왜 소통이 필요하게 되었으며, 또한 무엇을 어떻게 해야 진정한 소통이 이루어질 수 있을 것인가에 대해 보다 디테일한 질의와 응답이 있었으면 합니다. 다소 학문적인 분야일 것 같아 딱딱할 수도 있겠지만 이론적인 부분을 빼 버리면 창조적 통합과 통일을 위한 새로운 방법론 창출의 본질이 흐려질 수도 있겠기에 이론 부분을 가미하면서도 가능한 범위 내에서 조금 쉽고 흥미롭게 전개했으면 합니다.

문36. 박대영: 그럼 먼저 소통의 주체는 인간이라고 할 수가 있을 것입니다. 따라서 인간과 인간이 향유하고 있는 문화라는 범위 내에서 존재하고 있는 소통의 보편적인 의미와 개념부터 논의하고 나서, 그리고 소통의 유형과 제도에 대한 내용을 구분해서 구체적으로 설명해 주시면 좋겠습니다. 소장님 소통이란 무슨 뜻이며 어떤 종류가 있겠는지요?

답36. 권추호: 소통(疏通)의 사전적 의미는 영어로는 이해하다(Understanding)입니다. 그리고 소통은 상대적 관계의 산물이죠. 상대를 전제로 성립된다는 뜻 아닌가요. 전화를 혼자 할 수 없듯이 말이에요. 소통의 유형도 다양합니다. 먼저 크게 나누면 유형세계와 무형세계와의 소통이 있어요. 인간과 사회, 인간과 영성(靈性)이 그것이죠. 작게는 언어의 소통, 이념의 소통, 개인과 단체의 소통, 단체와 단체의 소통, 그리고 정치와 경제의 소통, 정치와 종교의 소통, 정치도 다른 정당끼리, 종교도 다른 종교끼리, 경제도 다른 기업끼리 말이에요.

소통의 반대말은 불통입니다. 불통이 되는 이유도 여러 가지겠지만 그 본질은 결국 이기심(利己心)이 아닌가요? 이기심은 본질세계에 대한 무지가 근본 원인이구요. 앞에서 통합과 통일은 불가분의 관계라고 했듯이 소통과 통합 또한 불가분의 관계입니다. 그리고 통합은 인간의 문제라고 했듯이 소통 또한 인간의 문제이고요.

문37. 박: 무형세계와 유형세계라는 워딩이 일반인들에게는 다소 생소할 수 있을 것 같습니다만, 어쨌든 두 세계에 대한 구분과 상호관계의 소통에 대해 알고 싶습니다. 먼저 무형세계에 대해서 말씀해 주십시오.

답37. 권: 소통에는 무형(無形)세계인 의식계와의 소통과 유형(有形)세계인 현상계와의 소통이 그것입니다. 의식계도 지식계와 지성(지혜)계로 구분할 수가 있고요. 그리고 현상계도 인문 사회과학과 물리과학으로 나눌 수가 있어요.

먼저 무형세계인 의식계의 '소통'에 대해서는 성신여대의 최민자 교수의 '통섭론'을 간단하게나마 들여다보기로 하겠습니다. 최 교수는 그의 훌륭한 저서 『통섭(通涉)의 기술』에서 윌슨(Edward Wilson)의 『컨실리언스(Consilience)』가 통섭(統攝)으로 번역이 되면서 '큰 줄기를 잡다'라는 의미로 사용된다고 해요. 그런데 최 교수의 통섭은 "없는 곳이 없이 실재하는 원융무애한 생명의 역동적 본질을 보다 생생하게 느낄 수 있도록 통섭(通涉)이란 한자를 사용하였다."라고 해요.

그리고 "사실 그대로의 온전한 '봄(Seeing)'이 일어나기만 하면 통섭은 저절로 이루어진다. 온전한 봄이 일어나지 못하는 것은 온전한 앎이 일어나지 못했기 때문이다. 지식은 관념이고, 파편이며,

과거와 연결되어 있으므로 온전한 '앎(Knowing)'은 지식에서 일어날 수 없다. 지식은 진리를 가리키는 손가락일 뿐, 진리 그 자체가 아니다. 반면 지성(Intelligence)은 실재이고 전체이며, '지금 여기'와 연결되어 있으므로 온전한 앎은 지성에서 일어난다. 따라서 통섭은 지식 차원에서가 아닌 지성 차원에서 일어난다."라고 하면서 윌슨의 지식적인 차원의 통섭(統攝)을 점잖게 비판합니다. 왜냐하면 "지식은 에고(Ego)의 영역이고, 지성은 참자아의 영역"이기 때문이라는 것이에요. 또한 다음과 같은 이야기도 합니다.

> "생명은 '전일적인 흐름(Holomovement)' 그 자체인 까닭에 에고의 가장 큰 위협이며 적(敵)이다. 그래서 에고는 '죽음'이라는 발명품을 만들어 냈다! 그로부터 이원론의 표징이라 할 수 있는 '삶과 죽음의 투쟁(Life-And-Death-Struggle)'의 역사가 시작되었다. 지식과 삶이 화해할 수 없는 것은 이 때문이다. 하여 삶과 소통하지 못하는 지식을 넘어서기 위해 '통섭'이라는 용어가 등장한 것이다. 학문 분과 간의 소통이 이루어지지 못하는 것은 말할 것도 없고 학문과 종교, 학문과 삶 간의 소통이 이루어지지 못함으로 해서 총체적인 인간 실존의 위기에 직면하게 된 데 대한 성찰적 의미와 더불어 전일적 패러다임(Holistic Paradigm)으로의 전환을 추동하는 의미가 내포된 것이다.
> 그럼에도 여전히 이원적인 지식으로 통섭을 운위한다면 그것은 '지적 사기(Intellectual Fraud)'다. 삶과 유리된 단순한 지식의 통섭은 이념의 지도를 실제 영토라고 믿는 것과도 같이 공허한 것이다. 지식을 넘어선 참지식이 필요한 것은 이 때문이다. 이

분법은 앎의 원을 삶의 원으로 완성시키기 위한 방편일 뿐, 진정한 앎은 이원성을 넘어서 있다. 이러한 사실을 알지 못한 채 선과 악의 진실 게임에 빠져들게 되면 '삼사라(Samsara 生死輪廻)'가 일어난다. 무엇을 위하여? 영적 진화를 위한 우주의 실체는 육체와 같은 물질적 껍질이 아니라 의식이다. 이 우주에서 사라지는 것은 아무것도 없다. 생명계는 이른바 '부메랑 효과(Boomerang Effect)'로 설명되는 에너지 시스템이다."

문38. 박: 다음은 유형세계인 현상계의 소통에 대해 말씀해 주시겠습니까? 유형세계는 무형세계와는 상대적 관계에 놓여있는 개념이라고 이해하면 되겠군요?

답38. 권: 네! 한마디로 유형세계는 눈으로 볼 수 있고 손으로 만질 수 있는 세계, 즉 현상계인 물질계의 한 분과로서 물리과학의 연구는 이미 '양자역학'을 통해 자연계의 근본문제에까지 접근했어요. 힉스라는 신(神)의 입자의 발견이 2012년에 밝혀짐으로 인하여 물리세계인 우주 탄생의 비밀을 풀어헤칠 날도 얼마 남지 않았어요. 생명공학이 인간 게놈지도를 완성했듯이 물리학이 물리법칙의 근원을 밝히겠죠. 실로 놀라운 발전이요, 인간에게 주어진 물리학의 책임 완성이 눈앞에 왔다고 해도 과언이 아닙니다. 그렇다면 이제 남은 과제는 사회과학이라 할 수 있는 인문사회과학의 소통의 비밀을 밝혀내는 일이겠지요.

사회과학이란 물리과학과 무형세계, 즉 정신세계를 잇는 가교의 역할학문이라고 할 수 있어요. 예를 들면 종교, 정치, 경제, 문화, 예술은 물론 사회제도와 같은 분과를 일컫는다고 할 수 있어요. 제대로 된 사회과학적 소통을 위해서는 절대가치와 사회제도의 새로운 방법론이 창출돼야 해요. 기존의 낡은 패러다임으로는 비능률과 불통에서 벗어나기가 힘들 겁니다. 따라서 그 대안은 '철학에 기반한 제4의 길', 즉 다양하고 복잡한 사회현상에 대해 전체적이면서도 부분성을 동시에 갖춘 일명 '복잡계 시스템 제도(정책)론' 같은 새로운 방법론을 창출해야 해요.

문39. 박: 그럼 근래에 들어 학계에서 소통과 관련된 연구로 성신여대의 최민자 교수가 『통섭의 기술』이라는 책을 내면서 미국의 에드워드 윌슨의 '통섭'에 대해서 비판한 것으로 알려져 있습니다만, 최 교수는 윌슨의 통섭에 대해 어떻게 비판했나요? 결코 짧은 시간에 설명할 수 있는 쉬운 내용이 아니겠죠?

답39. 권: 네, 조금은 난해한 부분이지만 정성을 들이면 그렇게 어렵지만은 않을 것입니다. 미리 겁먹지 않게 차근차근 진행하기로 하죠~^^! 먼저 최 교수는 다음과 같이 말한 바 있어요.

> "저자인 윌슨이 말하는 지식의 통일은 의식계(본체계)와 물질계(현상계)의 상관성을 인식하지 못함으로 인해서 직관적인 앎을 배제하는 결과를 낳았다. 온전한 앎은 단순한 이론적 지식의 통합에서가 아니라, 그러한 통합의 궁극적 기반을 올바르게 이해할 때 일어난다. 양자물리학자 데이비드 봄((David Bohm)의 '숨은 변수이론(Hidden variable theory)'이 말하여 주듯, 다양하게 분리

된 것처럼 보이는 '드러난(Explicate)' 물리적 세계는 일체의 이원성을 넘어선 '숨겨진(Implicate)' 전일성의 세계가 물질화되어 나타난 것이다.[1]

윌슨은 사물의 근본 이치와 관련된 초논리·초이성·직관의 영역은 배제한 채 사물의 현상적 측면과 관련된 감각적·지각적·경험적 판단의 영역만을 중시한 나머지, 통섭에 관한 논의가 실험과학을 통해서만 가능하다고 봄으로써 결과적으로 자연과학 중심의 학문적 제국주의 - 더 정확하게는 생물학적 제국주의 - 를 초래했다. 이러한 반(反) 통섭적 사고는 인류 의식의 현주소를 말하여 주는 것이다. 그는 서양의 분석적 사고가 동양의 종합적 사고와 융합할 때 비로소 완전한 통섭이 일어날 수 있다라는 사실을 간과하고 있다. 근대 분과 학문의 경계를 허물고 지식의 융합을 통해 복합적이며 다차원적인 세계적 변화의 역동성에 대처하려는 움직임이 전 세계적으로 일고 있다. 20세기가 과학의 시대였다면, 21세기는 과학과 영성의 접합시대라는 점에서 예술과 과학의 통섭은 시대적 필연이다."

조금 어렵지요? 이 문제는 잠시 뒤에 조금 더 심도 있게 다루기로 하고 여기서는 이 정도에서 마쳐야 할 것 같네요.

---

1. 물질이 비물질이 되고 비물질이 물질이 된다는 뜻임. 쉽게 말하면 물질이 더 이상 쪼갤 수 없는 상태가 되면 에너지가 되고, 에너지가 뭉치고 뭉쳐서 물질로 변한다는 것임.(색즉시공(色卽是空), 공즉시색(空卽是色)이라는 뜻임)

...

이기심은
소통의 적

문40. 박: 네, 다소 어려워 보이지만 공감합니다. 그럼 다음은 소통을 방해하는 이기심에는 어떤 종류들이 있는지에 대해서도 앞의 것에 준해서 피력해 주십시오.

답40. 권: 첫째 미성숙기의 이기심이 있어요. 원초적 본능의 이기심이죠. 보호가 필요한 어린아이나 장애자의 이기심 같은 것 말입니다. 아름다운 이기심이죠. 그런데 이 이기심은 없으면 안 돼요. 혼자서는 생명을 유지할 수가 없으니까요. 요즘 복지논쟁이 뜨거운데 보호가 필요한 사람에 대한 복지는 시혜가 아니라 부족한 자의 권리이자 능력자의 의무에요.

둘째는 무능력자의 이기심입니다. 장애는 없지만 성년이면서도 미숙한 자의 이기심입니다. 안타까운 이기심이라 할 수 있어요. 보호자가 없을 땐 국가가 이들을 안아줘야 한다고요.

셋째가 지적 부족에 의한 이기심입니다. 영성의 가치에 대한 무지 때문에 생기는 이기심이죠. 대부분의 일반 성년들에게서 나타나는 현상이에요. 이념과 지나친 욕심에 눈이 멀어 자기밖에 모르는 후안무치(厚顔無恥)한 이기심 말이에요.

완성된 존재, 어른, 능력자는 사랑을 베풀어야 하는데 헌신과 봉사에 대한 높은 가치에 눈을 뜨지 못하고, 오히려 과식으로 스스로의 몸을 해치는 금수와도 같은 비판받아야 할 이기심이죠.

문41. 박: 사회의 중추세력이라고 할 수 있는 대부분의 일반 성년들의 이기심이 영성(靈性)의 무지에서 일어난다고 하셨는데 그럼 어떻게 해야 고칠 수가 있겠는지요. 좀 어려울 것 같아 보입니다만, 그 해법에 대하여 어려운 요구가 아니라면 말씀해 주십시오.

답41. 권: 바라보는 관점에 따라 해석이 다르듯이, 알고 있는 능력만큼 세상을 보게 된다는 말이 있어요. "온전한 '봄'은 온전한 '앎'이 있어야 한다."라고 최민자 교수께서 그의 저서 『통섭의 기술』에서 말했듯이 말이에요. 제가 경험한 바에 따르면 그 말은 부정할 수 없는 보편적 진리라고 생각해요. 어느 날 갑자기 저에게 이상한 현상이 일어났어요. 대부분의 종교철학자들로부터 한결같이 전해지는 말이 저에게 벌어진 거예요. 이를테면 일반적 상식을 초월한 다른 세계에 대한 영적 체험이 말이에요. 한마디로 말해 4차원의 세계가 펼쳐진 것이죠. 그것도 오랜 기간 동안 그 내용도 다양하고 보다 더 깊이 있게 말입니다. 그럴 때마다 이게 꿈인가 생시인가를 확인하기 위해 손톱으로 제 살을 꼬집었어요.

영성(靈性, 神性: 一心, 참본성, 참자아)에 대한 눈을 뜬 거죠. 그때 깨달은 것이 육체의 눈으로 보고 만지는 것이 다가 아니로구나 하는 것이었어요. 영성에 눈을 떠야 미래의 가치를 알게 되는 거더라고요. 그리고 생각이 변하고 행동이 달라지는 것이었어요. 내일이 있는 사람과 없는 사람의 차이는 별것 아닌 것 같지만 엄청 커요. 그러던 중 존재의 본질을 스스로 응시할 수 있는 눈이 뜨였어요. 서론에서 잠시 언급했듯이 새로운 진리가 아니라 일반인도 누구나 쉽게 오래 전부터 우리 곁에 늘 있어온 모든 경전의 근본에 도달할 수 있는 새 방법론을 찾게 된 거죠.

문42. 박: 21세기는 문화의 완성기이기에 인격의 시대라고 하셨는데 그럼 앞에서 그 인격의 기초라고 할 수 있는 영성(靈性)의 본질에 쉽게 도달할 수 있는 새 방법론이라고 했는데 어떤 내용인지요, 그것이 어떻게 이기심을 버릴 수 있는지 구체적으로 말씀해 주시겠습니까?

답42. 권: 경전을 해석하는 새 방법론과 진리의 본질에 쉽게 접근할 수 있는 간단한 법칙이에요. 먼저 경전을 보는 일반적 방법론이 3차원의 지식에 의한 2분법적 사고와 양비론(兩非論)입니다. 이것은 진리의 본질과 같은 수준이 아니라 진리를 찾아가는 과정에서 모든 것을 판단하는 것으로서, 아직은 부족한 상태에서 경전을 잘못 해석하는 오류를 범하게 돼요. 나와 생각이 다른 상대를 적으로 규정해 타도하는 방법론이에요. 따라서 나와 다른 종교와 이념을 가진 사람은 쳐서 부숴야 하는 원수가 되지요. 아주 위험한 방법이에요.

다음은 진리의 궁극에 이르는 길이 일반인이 도달하기에는 너무 어려워요. 각론만 있고 총론이 없으며 중구난방이에요. 그래서 도올 선생은 "경전 해석을 위한 쉬운 민중의 언어가 있어야 한다."고 했잖아요. 그런데 정도론(正道論) · 양미론(兩未論)이라는 새 해석법을 찾게 됐어요. 나와 생각이 다른 상대를 아니라고 하는 2분법적 사고와 아닐 비(非)의 양비론을 넘어, 부족하다, 미숙할 미(未)의 양미론, 즉 정도론을 말이에요. 서로가 같이 미숙하다는 뜻도 있어요. 그리고 진리의 본질에 도달하는 아주 간단한 법칙도 찾았어요. 물론 정도론이다, 양미론이다 하는 개념들은 특별한 철학적 심오함을 갖는 것은 아닙니다. 일반 대중들과 정치적 세계의 이해를 돕기 위해서 보다 쉽게 개념화한 것임을 이해하시길 바랍니다.

한 인간이 부모에 의해 창조되어 세상에 태어난 후 성장하는 법칙처럼, 인류의 역사도, 우주도, 천주도 '창조 후 재창조'라는 법칙을 갖더라는 것이에요. 간단해요. 별게 아니더라고요. 따라서 미완성기는 보호받아야 하고, 완성기는 책임져야 한다는 단순도식입니다. 부자 관계처럼, 역사의 주체자(절대자)와 인간의 관계도 마찬가지에요. '인류의 의식도 한 인간처럼 성장 한다' 그 말이죠.(도표-2 참조)

문43. 박: 권 소장님의 다른 책에 소통을 통섭과 비교하시면서 '영성(靈性)'을 중시한 최민자 교수의 통섭과 에드워드 윌슨의 통섭을 창조적으로 비판한 내용이 나오는데 소장님께서 말씀하시는 영성과는 어떤 차이점이 있는지요?

〈도표-2. 인간과 인류역사의 동시성 법칙〉

	△	□	○
	유 · 소년기	청년기	장 · 노년기
인간			
인류			
	· 원시문화시대 · 외적 종교시대 · 보호기 · 가정교육기 · 부모기(Ⅰ)	· 말씀 문화시대 · 4대 경전종교시대 · 교육기 · 학교교육기 · 형제기	· 인격종교시대 · 국가(법) 종교시대 · 책임기 · 사회교육기 · 부부기

답43. 권: 에드워드 윌슨이 말하는 통섭(統攝)은 성신여대의 최민자 교수가 했고, 최 교수가 윌슨의 통섭을 지식 차원의 이분법적인 기계론적 세계관으로 결론을 내렸다면, 저는 최 교수의 통섭과 뜻을 같이하지만, 최 교수는 어떻게 해야 통섭의 본질인 영성의 세계에 쉽게 도달할 수 있는가에 대한 구체적인 방법론이 전혀 없다는 것이었어요.

최 교수는 윌슨의 통섭을 지식 차원으로 비판하면서 "지식(Knowledge)은 관념이 아니고 파편이며, 과거와 연결되어 있으므로 온전한 앎은 지식에서 일어날 수 없다. 지식은 진리를 가리키는 손가락일 뿐, 진리 그 자체가 아니다. 반면 지성(Intelligence)은 실재이고, 전체이며, '지금 여기'와 연결되어 있으므로 온전한 앎은 지성에서 일어난다. 따라서 통섭은 지식 차원에서가 아닌, 지성

차원에서 일어난다."라고 했어요. 옳은 말입니다.

그런데 최 교수가 간과하고 있는 게 있어요. 목적을 인식하고 있는 사람과 그렇지 않은 사람 사이에는 천양지차가 생겨요. 사람이 다 같지 않아요. 최 교수처럼 평생을 연구한 사람은 영성을 접할 조건을 갖고 있다고 할 수 있지만, 일반인들은 그럴 수 있는 여유가 없어요. 시쳇말로 입에 풀칠하기도 바쁜데 무슨 배부른 영성입니까? 그래서 제가 연구하게 된 것이 영성을 쉽게 접할 수 있는 지름길이라는 것이었어요. 전문가의 1/100 시간만 들여도 아니 일상생활 속에서도 접근할 수 있고, 학교의 교육기관을 통해서도 배울 수 있는 쉽고 간단하면서도 그러나 수준은 높은 그런 방법을 말입니다. 스티브 잡스 얘길 했었나요? 발상을 전환하면 높은 품질의 제품이 창조돼요. 과학 분야뿐만 아니라 인문학 분야도 단순화시켜야 해요.

…

융(Carl G. Jung)과 영성(靈性)

문44. 박: 영성(靈性)은 인간을 인간답게 할 수 있는 중요한 매개체가 되겠군요. 그런데 처음 접하는 개념이라 분명한 이해가 되지 않습니다. 혹 영성의 이해를 도울 수 있는 다른 예는 없는지요?

답44. 권: 네, 제가 낸 졸저『대탈출 KOREA』의 서문에 실린 세계적인 정신분석학자 C. G. 융이 체험한 영성의 실체를 실례로 들겠습니다. 다소 쉽지가 않은 내용이니 주의해서 경청해야 할 것입니다.

꿈과 종교의 상징을 통해 신의 뜻을 포착하는 '카를 구스타프 융'

융(Carl Gustav Jung, 1875~1961)은 세상을 떠나기 얼마 전 BBC와 인터뷰를 한 적이 있었어요. 기자는 융에게 신(神)을 믿느냐고 물었어요. 영국의 수많은 시청자가 융이 어떤 대답을 할지 귀를 기울이며 긴장했어요. 융은 천천히 대답했어요. "나는 신을 믿는 것이 아니라 압니다."라고 말이에요. "학문적인 저작에서 융은 '인간 마음속에 있는 신의 형상'에 대해 말할 뿐이었지만 개인적·주관적 체험으로는 '신이라는 존재야말로 가장 확실한 직접적인 체험의 하나임이 분명하다'고 말했다."라고 숭실대 조성기 교수가 말했어요. 조성기 교수는 또한 융의 자서전을 번역하면서 다음과 같은 언급을 했었어요.

"융의 일생을 관통하는 주제는 종교다. 세계적인 심리학자이자 정신의학자인 카를 구스타프 융은 그의 자서전 『카를 융, 기억의 꿈 사상』을 통해 '나의 생애는 무의식의 자기실현의 역사이다.'라고 말한 바 있다. 자기실현은 '자아(Ego: 나를 나로서 자각하게 하는 것)'가 무의식 밑바닥 중심 부분에 있는 '자기(Self: 의식과 무의식을 통틀어 인격이 전체적인 통일을 이루도록 하는 가장 깊은 구심점)'를 진지하게 들여다보고 그 소리를 들으며, 그 지시를 받아 나가는 과정을 가리킨다.

그러나 무의식 밑바닥의 '자기'에 이르기까지 갖가지 무수한 층이 겹겹이 가로막고 있어 '자기'의 소리가 '자아'에 잘 전달되지 않는다. 융은 '자아'가 '자기'의 소리를 듣는 데 꿈과 종교의 상징을 매개로 이용했다. 따라서 융의 생애는 꿈과 종교의 상징을 통해 '자기'가 '자아'에게 보내주는 신호를 포착하는 과정이었다고 할 수 있다.

또한 융은 하나님을 직접 체험(증명)하지 못하는 가장 큰 이유를 이렇게 말하였다. '상징과 신화의 언어를 상실한 채 교회와 신학적 사고에 붙들려 하나님에게 도달할 수 있는 길이 막혀 있기 때문이다.' 이성과 합리성이야말로 신과의 교류를 차단하는 가장 위험한 접근 방법론으로 간주한 융은 여기에서 탈피하여 꿈(인류의 먼 과거에 대한 집단 기억)과 신화와 종교의 상징 등을 매개로, 원형 깊숙한 곳에서 들려오는 '자기'의 소리에 진지하게 기를 기울였다. 그리고 융은 자신이 많은 신을 경험했음을 말하고 있다.

그는 존재의 최고 의미는 오직 그것이 존재한다는 데 있으며, '진정한 해방은 내가 할 수 있는 것을 행했을 때, 내가 온전히 나 자신을 헌신해 철저히 참여했을 때 비로소 가능한 법'이라고 말하기도 했다. 융은 분명히 기독교를 신봉했지만, 교의적인 관점에서 보면 국외자다. 개인이 자기실현을 위해서는 개인마다 고유의 숙명적인 길을 가야 하는데, 예수를(맹목적으로) 모방하거나 이성에 기대는 신학으로 가는 바람에 그리스도교의 진정한 발전을 가로막았다는 것이다. 융에 따르면 그리스도는 유대인들에게 '당신들은 신이다.'(요한복음 10장 34절)라고 외쳤건만, 사람들은 그 뜻을 이해하지 못했다. 또 악의 문제에 대해 그는, 신이 선하기만 하거나 사랑하기만 하는 존재는 아니라고 봤다. 이 때문에 융은 중세였더라면 화형됐을 것이라고 했다. 하지만 죽은 뒤에 융은 교회사에서 결코 빼놓을 수 없는 인물이라는 신학자들의 인식이 커져가고 있다."

문45. 박: 권 소장님께서도 신성(神性)과 영성(靈性)에 대한 깊은 체험으로 남다른 인식을 하고 있는 것으로 알고 있습니다. 이 시간을 빌어 간단하게나마 말씀해주실 수는 없겠는지요?

답45. 권: 시간 관계상 깊은 이야기를 하기는 그렇고요. 오히려 4대 경전을 연구하는 중에 깨달은 것입니다만 영성과 관련된 경전은 성서라는 생각이 들었어요. 경전종교의 초월자로서 어떤 한쪽의 종교적 편견도 전파 목적도 아니니까 오해는 마십시오.

성서는 신성과 영성의 글(書)

좀 전에 제가 융의 글을 이렇게 장황하게 옮긴 데에는 그만한 이유가 있습니다. 융만큼 필자가 말하고자 하는 종교적 상징의 큰 산맥이라고 할 수 있는, 성서 속에 숨겨진 은밀한 내용에 대해 부족하나마 깊이 있는 영성을 갖고 있는 심리학자를 아직까지 보지 못했기 때문이에요. 성서는 초월에 의한 본질적 세계인 고차원적인 섭리 법칙을 인간의 심리적 사건으로 상징화 하여 매우 체계적으로 기록한 '영적 역사의 기록'이요, 신성(神性)의 '인격 소설'입니다.

다시 말해 성서는 신성(神性)의 세계를 인간의 인격적 심리에 비추어 비유적으로 표현한 글, 즉 인격적 신화이며 성화(聖話)이지요. 따라서 성서는 이성적 사유와 자연철학을 바탕으로 이루어진 여타 종교의 경전(經典)들처럼, 귀납적인 방법에 의한 인간의 사유를 매개로 하여 신에게 도달하는 접근방법과는 달리, 영성이라는 매개를 통하여 진리를 대언하게 하는 심오한 '정신의 영성심리학'입니다. 그래서 성서는 신성과 소통할 수 있는 4차원의 지성적 영성(靈性)인간의 벗이에요. 또한 성서는 인간 세상의 높은 도덕률을 위해 신의 존재의 필요성을 이성(理性)적으로 요청하는 그런 차원 높은 인간이기를 위해 존재하는 것입니다. 그것이 바로 성서의 로고스(Logos)적 인간인 '아담'이에요. 따라서 아담은 신화적 존재의 주인공이요, 영(靈)철학적 인간의 상징이며, 비로소 신성과 영성의 인격적 사랑의 첫 아들인 것이죠.

성장이론에서 볼 때 성장의 완성기는 사랑의 인격기입니다. 그래서 성서의 아담은 차원이 다른 인간의 상징이에요. 사랑이라는 가치를 회복하여 신에게로 나아갈 수 있는 인간, 즉 인격을 갖춘 아담이다 그 말입니다. 따라서 성서는 영성과 소통할 수 있는 인간이기를 원해요. 그래서 진리의 법칙이 아니라 신과 교류하는 중심인물이 성경(聖經)의 거의 전부를 차지하게 되는 것이지요.

"신성은 완성된 인간의 거울이다. 따라서 완성된 인간은 신성의 거울이다."
"성년이 되어야 음양을 이룰 수 있듯이 신성은 오직 완성된 인간과 소통한다. 왜냐하면 완성된 인간에게만 자유의지인 재(再) 창조력이 무궁무궁 샘솟기 때문이다."

그래서 완성된 인간은 재창조를 위하여 영성과 교류할 수 있고, 영성을 체험할 수 있는 '의식 초월의 주관성'인 '영성'과 '신성'이 발동하게 되는 겁니다. 그러니까 신성은 자연의 법칙과는 인격적인 대화상대로 설정하지 않지요. 그래도 억지로 대화를 시도하게 된다면 그것은 독백일 뿐입니다. 따라서 자연법칙을 바탕으로 하는 경전종교는 소극적 종교입니다. 따라서 그 종교의 신성은 결국 양자의 신(神:신성, 영성) 내지는 의붓아버지의 신(神)이요, 철학적 이성의 신(神)인 상대적 절대자일 수밖에 없어요.

완성된 인간은 신(神)의 짝입니다. 그래서 '나를 본 자는 아버지를 보았거늘 어찌하여 아버지를 보이라 하느냐'(요한복음 14장 9절)라고 말한 그리스도의 언명을 새겨볼 일입니다. 앞에서 인간은 신(神)의 정자(精子) 또는 신의 손자(孫子)라고 했어요. 신은 인간의 영혼을 통하여 자신을 계시해요. 따라서 성서에 나오는 모든 인물은 달란트가 다르듯이 사명 또한 각각 다른 신의 메신저에요. 아담도 노아도 아브라함도, 바로 왕도 모세도 여호수아와 갈렙도, 이삭도 야곱도 요셉도, 사울도 다윗도 솔로몬도, 알고 보면 신의 섭리의 법칙(3단 법칙)을 인격적 인간을 통하여 사명을 계시한 하나님의 메신저, 즉 체계적 패턴(봄 · 여름 · 가을/씨 · 꽃 · 열매/희생 · 봉사 · 축복)을 갖는 메신저로서의 인격적 계시의 상징이에요. 따라서 성서에 등장하는 인격적 신(神)들인 성서의 중심인물들은 자신이 부여받은 신성의 뜻인 창조적 프로그램을 역사적 현실과 결합하여 끝끝내 이 땅에서 재창조를 성취하게 되는 것입니다. 그래서 저는 '성서의 창세기는 창조적 계시다'라고 해요.

그리고 우리 한반도의 역사를 한번 유심히 관찰하여 보라고요! 그 누구도 부정할 수 없는 성서의 창세기와 동일한 사건들이 지금 여기에서 일어나고 있어요. 유독 한반도의 역사 안에서 수도 없이 나타나는 놀라운 사건의 성서의 동시성과 동일성이 과거와 현재, 미래에도 그 신성의 뜻이 완성될 때까지 끊임없이 나타나게 될 것이라는 것입니다. 이 얼마나 경이로운 일인가요? 크로체는 '역사는 현대사'라고 했습니다. 저도 말하고 싶어요. '역사는 바로 지금 여기, 즉 창조적 신(神)의 살아 움직이는 생생한 재창조이다'라고 말이에요. 그리고 저는 확신합니다. '성서의 창세기가 지금 한반도에서 일어나고 있다는 것을……!' 그래서 성서의 창세기는 이 나라의 미래를 젖과 꿀이 흐르는 국민대통합과 평화통일로 인도해 줄 신성의 글이라는 것을 말입니다.

이 나라의 모든 구성원들이 모두 '자아'의 본질을 발견해야 합니다. 목적 없는 삶이 완성된 인간에게 있어서는 감출 수 없는 치욕이요, 결코 가벼울 수 없는 죄입니다. 제4의 눈을 떠야 해요! 그리하여 우리 모두가 미래를 응시할 수 있는 영원의 신성한 눈을 가져야 합니다.

...

정치와 종교

문46. 박: 그럼 내친 김에 우리나라 종교의 양대 산맥인 기독교와 불교에 대해 오랫동안 비교종교학을 연구하신 분으로서 간단하게 일반인들도 누구나 쉽게 이해할 수 있는 방법으로 말씀해 주실 수 있겠습니까? 권 소장께서는 이 부분에 대해 인격적 비유의 달인이라는 소문이 자자하더라고요~^^!

답46. 권: 종교성에 관한 내용이 길어지면 답답하지 않겠어요? 저는 괜찮지만 말입니다.~^^!(웃음)

융의 종교관

"융은 부처와 예수의 삶을 개인의 인생 전체를 통해 스스로를 주장한 '자기'의 실현으로 이해한다. 하지만 융은 부처와 예수 모두 자기실현으로 세상을 극복한 것은 같지만, 부처는 이성적 통찰로써, 그리스도는 숙명적 희생으로써 그 일을 이루었다는 점에서 전혀 다르다고 했다. 부처는 역사적 인격체이므로 이해되기 쉬운 반면, 그리스도는 역사적 인간이면서 동시에 하나님이므로 파악하기가 훨씬 더 어렵다고도 했다."

기독교와 불교는 아들과 딸

신앙에 있어서 기독교와 불교는 종교와 정치로 그리고 아들과 딸로 비유할 수 있어요. 기독교는 연역적(演繹的)방법론을 통하여 종교적 목적을 먼저 세워놓고 믿음에 의하여 이를 실천하는 종교라면, 불교는 귀납적(歸納的)방법론을 통하여 고행의 과정을 거쳐 종교적 목적을 찾아가는 종교이지요. 이것은 종교와 정치의 관계와도 같다고 앞에서 말했지요?

기독교와 불교가 아니라 종교와 정치라는 상대적 관계를 놓고 볼 때 종교는 기독교적 믿음으로 부터의 출발과 같고, 정치는 불교적 구도를 향한 고행과도 같아요. 이것을 다시 인간의 인격적 관계와 비교해 보면 더욱더 여실히 드러나요. 기독교는 아버지를 마냥 믿고 따라가는 어린 자식과도 같으며, 또한 상속을 받을 수 있는 선불제(先拂制)와도 같습니다. 그리고 불교는 시집살이라는 고행을 통하여 비로소 인정받는 며느리와도 같으며 먼저 열심히 일하고 난 뒤에 녹을 받는 후불제(後拂制)와도 같아요.

"책임의식은 주인정신의 산물이다. 상속은 책임이라는 의무를 요구하는 법이다. 이것이 기독교와 불교와의 차이다."

기독교는 먼저 믿고 희생을 통한 실천(박애)을 행하면서 사랑을 깨닫자는 정적관계 우선의 종교와도 같고, 불교는 깨달음을 성취한 후 사랑(자비)이라는 자기희생을 행하자는 계약관계의 종교와도 같아요. 따라서 그리스도교가 희생을 통한 사랑의 실천과 성령(聖靈) 체험을 통한 타력적 구원의 종교라면, 불교(佛教)는 고행을 통한 지혜의 추구와 깨달음을 통한 자력구원(自力救援)의 종교입니다. 마틴 루터는 "십자가에 매달린 예수(Jesus Christ) 만이 진정한 신학이며 인간의 하나님 인식(認識)이다."고 말했어요. 그러므로 불교는 3차원에서 출발해 4차원으로 옮아가는 종교요, 인간적인 즉자적(卽自的: An Sich) 종교이며, 기독교는 4차원에서 출발함으로 인해 3차원을 건너뛴 종교요, 신(神)적인 대자적(對自的: Fur Sich) 종교입니다. 이것이 기독교에 있어서 인격적 신(神)인 예수 그리스도와의 대자적 구원과 불교의 인격적 신(神)인 석가여래와의 즉자적 깨달음과의 차이성이지요.

따라서 비교하지면 기독교는 유일신의 바탕 위에서 그 뜻을 위해 자신을 희생시키자는 신 중심의 종교입니다. 그런데 불교는 고행을 통하여 신(佛: 唯一)의 뜻을 지향하는 인간 중심의 종교이지요. 그리고 기독교는 신학적·인격성의 비율이 큰 비중을 차지며, 불교는 철학적, 자연성의 비율이 큰 비중을 차지합니다. 그래서 기독교는 종교의 궁극적 본질이라고 할 수 있는 하나님의 인격신인 그리스도의 영적 부활이 지금 여기에서 직접적으로 현현되는 타력적 종교에요. 불교는 부처의 인격신인 석가세존의 현현이 아니라 스스로의 노력에 의해 초월세계에 도달하는 자력적 종교구요.

종교와 정치 그리고 기독교와 불교의 혼인

21C는 모든 수평적인 완성의 시대입니다. 따라서 수평적인 만

남을 통한 혼인, 즉 결혼의 시대입니다. 2002년 미국에서는 이미 종교와 정치의 만남이 있었다고 말했잖아요? 그것을 두고 그들은 '역사상 유래가 없었던 일'이라고 논평을 했었어요. 종교는 이상을 먼저 하늘에 세우고 현실을 추구하며 땅으로 내려왔고, 우리의 정치는 현실을 우선하면서 이상을 추구하여 하늘로 거꾸로 올라왔어요.

이처럼 21C는 문화의 완성기를 맞이하여 21세의 성년(成年)으로 성숙한 아들(善男)과 딸(善女)과 같은 종교와 정치는 물론이요, 기독교와 불교는 이제 새로운 시대정신과 사회적 환경의 완성기를 맞이하여 국가제도에 있어서 서로 체제가 다른 남과 북이 새로운 공존체제를 찾아서 결합하지 않으면 안 되듯이, 정치와 종교, 기독교와 불교가 새로운 패러다임에 의해서 엄숙한 화촉(華燭)을 밝히는 거룩하고 성스러운 예식을 성대하게 거행하게 될 것이다. 그 말입니다. 결혼이 부모 곁을 떠나 새로운 가정이라는 삶의 보금자리를 꾸미듯이, 정치와 종교도 공존체제라는 새로운 제도적 정책의 이름하에서 새 역사를 일구어야 해요.

기독교와 불교도 '용화세계', '이상사회'라는 제4의 '통일왕국, 즉 4차원의 국가의 제도에 의한 종교'를 창도해야 한다고요. 문화의 합일은 오직 사랑의 합일(合一)뿐입니다. 왜냐하면 H. 뮐러의 말처럼 '문화는 제로섬게임(Zero-Sum Game)'이기 때문에 결국 추종하거나 지배하지 않으면 안 되는 특성을 갖기 때문이죠. 사랑의 지배와 추종 그것은 인격적인 사랑의 관계일 때만 성립돼요. 따라서 사랑으로 풀면 풀리지 않는 문제가 없는 법입니다.

···

2분법적 사고와 양비론 &정도론과 양미론

문47. 박: 좌/우와 보/진으로 가르는 2분법적 사고와 이것도 저것도 아니라는 양비론(兩非論)에 대하여 구체적으로 설명해주시고, 그리고 모든 존재를 부정하는 것이 아니라 부족하게 본다는 양미론(兩未論)과 깨달음의 경지에서 사물을 본다는 정도론(正道論)에 대해서 알고 싶네요. 두 이론에는 어떤 차이가 있습니까?

답47. 권: 먼저 '2분법적 사고와 양비론(兩非論)'은 나와 생각이 다른 상대와 이도 저도 부정하는 상대를 적(敵)으로 규정하게 되는 사유의 방식입니다. 나와 생각이 같지 않은, 즉 나와 너의 둘로 나누고 그리고 이도 저도 부정하는 아닐 비(非)의 사상이기 때문에, 생각이 다른 상대는 타도의 대상이 되고, 경멸의 대상이 되게 돼요. 따라서 2분법적 사고와 양비론은 모든 투쟁의 근본 원인을 양산해 내는 몹쓸 이론이에요. 결국 이것은 부족한 인간이 만들어 낸 이념의 흉기로서 타인뿐만 아니라 자기 자신까지도 난도질할 수 있는 흉측한 자해사상이에요. 좌파와 우파 그리고 중도의 개념이 2분법적 사고와 양비론에서 파생돼요.

따라서 2분법적 사고와 양비론은 사고의 파편쪼가리입니다. 일명 아날로그 방식에 기초한 사유체계인 셈입니다. 예를 들어 시험을 치루는 학생이 답안지도 없이 마치 자기가 선택한 답이 정답이라고 우기는 것과도 같은 것이라고 할 수 있고, 그리고 지리산을 두고 산의 가치로 보지 않고 어디에 있느냐의 위치를 두고서 서로 우기는 것과도 같이 말입니다. – 동, 서, 남, 북/어떤 형태 등(소동파의 여산 예찬처럼) –

종교학 박사이자 캐나다 리자이나대학교 오강남 명예교수는 "우리말의 한 가지 놀라운 사실은 '다르다(Different)'와 '틀리다(Wrong)'가 동의어로 쓰인다는 것이다. 사과가 오렌지와 '다르다'고 해도 되고 '틀리다'고 해도 된다. 다시 말하면 '너는 뭔가 다르다'고 하는 것은 곧 '너는 뭔가 틀리다'가 되는 셈인데, 이것이 나아가 '너는 뭔가 글러 먹었다'와 통한다는 것이다. 이런 식으로 생각하면 나하고 다른 것은 모두 다 틀린 것, 글러 먹은 것이라는 독선에 이르기가 십상이다. 서양말도 사정은 비슷하다. 이단(異端)을 나타내는 영어단어 'Heresy'나 'Heterodox'는 어원적으로 그냥 '다르다'거나 '다른 생각'이라는 뜻인데, 결국 그것을 사상적으로나 교리적으로 어떤 생각이 다수의 생각과 다르면, 그 다름으로 인해 '옳지 못한 생각'이 된다는 뜻을 내포하고 있다."고 했어요.

'중도론(中途論)'

중도론이 둘 다 아우르는 개념도 있지만 가운데의 '중간(中間)'이라는 개념도 있어서 '중도(中途)론'도 궁극에 있어서 극좌(極左)와 극우(極右)를 배척하게 되는 모순을 갖게 돼요. 중도는 중간지대, 즉 나무의 기둥과 같은 전체의 중원일 뿐, 전체를 통틀어 하나로 묶은 '공생'과는 달라요. 따라서 중도론은 양비론적 중도일 뿐, 양미론에 기초를 둔 초월적 정도론(正道論)과는 너무나 멀리 떨어져 있어요.

'양미론(兩未論) · 정도론(正道論)'

'양미론(兩未論)'은 '양부족론(兩否足論)'이라고도 할 수 있어요. 상대가 나보다 생각이 부족하고, 무식하고, 어린 상대(존재)를 대할 때, 그 상대를 보호하고픈 포용성을 갖게 돼요. 따라서 생각이 깊고 높은 사람(어른, 완성자, 가진 자, 강자, 스승)은 베풀 수 있는 존재요, 지식이 낮으며 모든 면에서 부족한 존재(어린이, 미완성자, 가난한 자, 없는 자, 약자, 학생)는 도움을 받아야 하는 존재라는 것이죠. 따라서 두 개념은 스승과도 같고, 답안지와도 같은 것이죠.(존 힉스와 존 롤스는 '최약자 보호의 원칙, 보상의 원칙'을 강조했어요.)

정도론(正道論)은 좌/우, 보/진, 양비론적 중도를 뛰어넘은 제4의 길로서 어느 한쪽도, 그리고 중간에도 치우치지 않고 모든 것을 아우를 수 있는 포괄적인 길을 의미하는 새로운 개념입니다.

'공생주의(共生主義)'

새로운 사유의 방식인 양미론·정도론에 의한 공생의 개념은 질적이고 가치적인 사유의 산물이에요. 상대에 대해 상, 중, 하의 가치를 매겨 그 가치만큼의 '역할분담'을 나누기 때문에, 내 편이 아니면 배척하는 '차별성'을 갖지 않죠. 단지 그것의 가치를 구분할 뿐, 우리라는 어우러짐을 생각할 뿐이에요. 이것을 오강남 교수는 '뭉치는 것'과 '한 가지가 되는 것'의 차이를 예로 들어, 전자는 양미론적 사유로서 "이것'도' 살리고, 저것'도' 살린다는 뜻에서, 일명 '도도주의'라 할 수 있다." 그리고 후자는 양비론적 사유로서 "이것이'냐' 저것이'냐' 둘 중 하나로 하나가 된다는 이항대립(移項對立)이나 양자택일(兩者擇一)의 의미에서 "냐냐주의"라 할 수 있을 것이다."라고 했어요.

따라서 양미론은 '정(情)의 관계'의 산물입니다. 왜냐하면 존재들 사이의 관계를 계약관계로 보지 않아요. 형제관계와 같은 대가족주의, 사해동포주의, 대동주의에 의한 사유체계이기 때문에 상대의 사소한 잘못 정도는 큰 마음으로 덮어주는 넓은 아량과 관용을 갖게 된다구요. 그러므로 양미론의 세계를 알게 되면 더 이상 저급한 속물사상이 발붙일 수가 없게 돼요.

성선설(맹자)과 성악설(순자)은 사이비

양미론을 종교의 가치에 대해 적용하게 되면 불교의 무명론과 기독교의 '선악론', '원죄론'은 '2분법적 사고와 양비론'이 만들어 냈다는 것을 알 수 있게 돼요. 이것을 '미완성'과 '부족(어림)'에 의한 '양미론'적 '가치론'으로 새롭게 바로잡아야 합니다. 그렇지 않으면 '원수'와 '악마' 그리고 '투쟁'과 '전쟁'의 역사를 끊을 수가 없게 돼요. 왜냐하면 선과 악은 결과적 산물일 뿐 궁극의 본질이 아니기 때문이죠. 다시 말해 선과 악은 행위의 결과에 대한 법적 평가의 산물이에요. 법을 지키면 선으로, 법을 어기면 악으로 변하는 것이지요. 그리고 그 선과 악을 2분법적으로 결정하는 잣대는 법적 기준입니다. 그러므로 존재의 본질은 선도 악도 아니라 헌신이고, 희생이며, 베풂이며, 나눔이며, 사랑이라고요. 다만 사랑의 많고 적음만 있을 뿐이에요. 따라서 선과 악은 2차적 결과물일 뿐 1차적 원인적 실체가 아니기 때문에 성선설(맹자)과 성악설(순자)은 사이비에요.

원죄론(原罪論)

그리고 원죄론(原罪論)은 미완성된 존재의 본질에 대한 상징적인 '법적 평가론'의 산물입니다. 사실 미완성되고, 부족하고, 어린 존재는 가치적으로 법적 기준에 미달되기 때문에 법(法) 적용으로부터 자유롭지만, 언제든지 죄에 노출되어 있는, 즉 이기심만 가득한 존재와도 같기 때문에, 베풀 수 있는 능력이 갖춰져 있지 않습니다. 따라서 궁극에 있어서 미완성된 인간과 인류는 스스로 부족함으로 인해, 타인을 위해 사랑을 베풀 수 있는 존재가 아니라, 남에게 도움을 받을 수밖에 없는, 즉 남을 해칠 수밖에 없는 죄에 빠져있는 형국이죠. 그래서 어린 자녀에게 부모의 존재는 절대성이듯이 어리고, 부족하며, 미완성된 인류에겐 부모와 같은 성인의 필요성이 절대적으로 요청되는 법이에요.

실존철학과 불교철학 & 영철학

다음은 불교의 12연기설의 근본인 무명(無明), 즉 '밝음이 없다'와 양미론에서 말하는 미(未), 즉 '밝음이 부족하다'의 개념과는 어떤 차이가 있을까요? 실로 언어표현의 한계를 느끼지 않을 수 없어요. 참으로 미묘한 차이에요. 무(無), 즉 없음은 소생의 가능성이 차단된 죽음이라는 절망적인 부정의 과거언어입니다. 그러나 미(未), 즉 부족함은 가능성과 희망을 기대할 수 있는 긍정의 미래언어에요. 물론 무명이 어리석음이라는 뜻을 내포하고 지혜, 즉 존재의 본질에 대한 무지임에는 이론(異論)의 여지가 없습니다.

그런데 무명의 개념이 신성의 절대성을 해체하려고 했던 독일 실존철학의 본질적 개념들인 상실(고통), 한계상황(절망), 무(불안), 모순과 닮아 있어요. 이것이 2분법적 사고와 양비론적 개념을 바탕으로 사유체계가 굳어진 양(兩)철학의 한계에요. 보다 더 깊은 내용은 제가 쓴 졸저 영철학을 참고하시면 좋을듯하니 여기서는 이것으로 줄여야 될 것 같아요.

…

보수·진보·중도론 & 창조적 조화론

문48. 박: 우리나라는 다른 나라와 달리 남북의 분단으로 특히 이념문제가 심각한데 이 기회에 좌파와 우파로 대별되는 보수와 진보&중도론 그리고 '창조적 조화론'에 대해 다시 한 번 더 알기 쉽게 말씀해 주시겠습니까?

답48. 권: 먼저 존재하는 모든 것은 창조목적을 갖는 법이에요. 그런데 21C를 맞이한 지금까지도 우리 인류는 '창조적 프로그램'인 궁극의 '창조목적'과 '인류의 시대정신'을 규정하는 잣대, 즉 시간성에 대한 이론(理論)을 창출하지 못하고 있어요. 왜냐하면 완전한 철학의 부재로 누구나 인정하는 절대가치와 그 목적을 창출해내지 못했기 때문이죠. 따라서 우리 사회의 보수와 진보 논쟁도 알고 보면 목적 없는 진보, 목적 없는 보수일 뿐이에요. 무엇을 위한 진보이며, 무엇을 지향하는 보수인가에 대한 창조목적을 갖고 있지 않아요. 이런 사유의 혼돈을 근본적으로 치유하지 못하면 국민통합도, 남북통일도, 그리고 세계평화도 결코 불가능해요.

창조적 조화(調和: 목적적 진보, 목적적 보수)론

보수는 우파와 같이 사용되고, 진보는 좌파와 동격으로 부르는 개념이잖아요? 따라서 두 다르지만 같은 개념은 창조목적의 프로그램을 성취해 가는 과정 중에서 '절대가치'는 물론 '인생의 의의'와 우주의 '창조목적'과 그리고 '역사의 방향성' 에 의한 '시대정신'이라는 네 가지 바로미터를 규정하고 난 이후에 올바로 평가할 수 있는 개념입니다. 다시 말해 첫째 종교적 가치인 '사랑, 자비, 박애는 무엇'이며, 둘째 정치적 가치인 '민주주의는 왜 성취해야 하는 것'이며, 셋째 시간적, 시대적 가치인 '그것은 언제 어떻게 이뤄야 하는 것인가?'에 대한 철학적 절대가치가 있어야 완전한 판결과 함께 그 대안을 찾을 수가 있다는 것이에요.

종교는 '창조의 이상'을 정치적으로 실천하기 위해 이 땅에 전파하려 내려오고(연역법) 있는 중이며, 정치는 '민주주의의 완성'을 향해서 종교의 이상을 향해 하늘로 올라가고(귀납법) 있는 과정 중에 있다고 앞에서 얘기하지 않았습니까? '영(靈)철학'인 '창조적 성장론'은 창조목적과 역사의 방향성, 그리고 시대정신의 때를 응시할 수 있는 새로운 방법론입니다. 창조의 근본은 사랑이구요. 따라서 목적성을 갖는 진보와 보수를 우리는 '창조적 조화론자'라 명명해야 해요.

그런데 우리가 말하는 진보는 우리의 자본주의 체제하에서 유물론인 진화론을 그 이념적 배경으로 삼는 좌파의 영향을 받아 사회주의적 가치인 국유화, 전체주의화를 지향하며 평등만 외쳐요. 그것이 진취적이라고 생각하는 거죠. 우리의 보수 또한 사유화,

개인주의, 자유만 외쳐요. 그것이 정통을 지키는 거라고 또한 생각하는 거죠. 참으로 한심해요. 창조적 조화론자가 되어 하나만으로는 부족한 양 체제의 장점을 결합한 '창조적 통합 체제'를 추구하지는 못하고 말이에요. 저급한 사고의 결과가 이렇게 무섭습니다. 따라서 우리나라가 선진국으로 도약하기 위해서도 그렇고, 평화적인 남북통일을 성취하기 위해서도 모든 국민들이 2분법적 사고에서 탈출하여 존재의 궁극과 목적, 그리고 역사 진행의 프로그램은 물론, 시대정신을 바로 알았으면 해요.

• • •

영(靈)철학 (창조적 성장론)

문49. 박: 위에서 말씀하신 '창조 후 재창조에 의해 성장한다.'는 3단계 발전 이론으로서의 '창조적 성장론'은 어떤 새로운 가설입니까? 그리고 앙리 베르그송이 주창한 '창조적 진화론'과는 어떤 차이가 있는지요?

답49. 권: 정확한 비유는 아니지만 쉽게 말해 요즘 널리 알려져 있는 융합이라는 개념과 비슷하다고 보면 돼요. 그러니까 융합이론, 융합사상, 융합철학이라 할 수 있죠. 서로 이질적인 세계가 만나서 어우러지는 것이기도 하구요, 속칭 접착제 이론인 셈이죠. 물과 기름이 섞일 수 있는 비법을 고안해 냈다고 하면 겸손치 못하다고 할까 봐 두렵네요! ~하~하(웃음)

창조론과 진화론이 아직까지도 싸우고 있지 않습니까? '창조적 진화론'이라고 해서 베르그송이 천명을 했지만 완전하지 못했는지 말입니다. 그런 것 같아요. 제가 연구한 결과로는 창조론도 진화론도, 그리고 창조적 진화론도 결국 부분적인 것이었어요. 왜냐하면 '창조와 재창조에 의한 성장(진화?)론', 즉 '3단계 발전론'이 정답이었어요. 인간에 비유하면 아버지 몸에서 정자(精子)가 1차적 창조과정을 거쳐, 어머니 몸에서 난자(卵子)와 결합해 2차로 재창조된 후, 밖으로 나와 3차로 미완성에서 출발하여 완성을 향해 성장하게 된다는 3단 이론이 그것입니다. 진리는 간단해야 합니다. 괜히 어려운 용어 써가며 빙빙 돌려서 말할 필요가 없지 않나요?

그리고 '창조와 재창조'와도 같은 부자관계의 법칙을 알아야 '보호와 책임'의 성장단계별 심리의 변화법칙을 밝혀낼 수 있지 않아요? 심리철학이죠. 이것이 지식의 완성입니다. 인류 역사상 전무후무할 사건이 될지 아닐지는 차치하고서도 말이에요.(직접보호, 간접보호, 무보호/무책임, 간접책임, 직접책임이라는 성장단계별 인간 심리의 변화법칙)

따라서 지식의 완성은 지성의 시작과 통하는 법입니다. 영성의 지성이라고 완전한 영성이 아니에요. 완전하지 못한 영성은 잘못된 영성이 될 가능성이 농후해 차라리 지식의 세계에 머물러 있는 것보다 더 못한 큰 죄를 저지를 수가 있다고요. 영성의 세계에 도달할수록 자신을 더욱더 낮춰야 해요. 그렇지 않으면 진정한 지도자가 나타나기 전에 세상의 혼란을 틈타 자신이 주인인양 착각에 빠져 유사종교를 만들어 세상을 어지럽히고 혹세무민하는 지도자가 될 수 있다 그 말입니다. 그런데 그 사실을 자신은 몰라요. 대부분요.

문50. 박: 그럼 '영(靈)철학'에 대해서도 간단하게 말씀해 주시면

좋겠습니다. 종교와 정치를 연결시키고, 철학과 신학의 만남과 소통을 의미하는 것이 영철학이라니 흥미롭습니다.

답50. 권: 그동안 우리 인류에 의해 축적하게 된 모든 철학은 대부분 인간적 지식과 3차원 이상을 뛰어넘지 못한 평범한 사유철학이었어요. 그러나 영(靈)철학은 인간의 몸(Mom)과 같은 지식의 철학이 아니라 맘(Mam)과 같은 영성(Spirit) · 신성(Divine)철학입니다.

사지백체와 오장육부를 이루고 있는 생물학적 생명인 나(我)를 총체적으로 '권추호'라 이름 지어 부르듯이 4차원의 새로운 철학적 방법론을 학문적으로 체계화한 새 철학을 영(靈)철학이라 이름 지어 부르는 것이에요. 이름에도 존재의 수만큼 그 종류가 많기도 하잖아요. 개똥이, 마당쇠, 늑대와 춤을, 주먹 쥐고 일어나 등 말입니다. 기(氣)철학이나 통일사상도 마찬가지인 거예요. 그러니까 나의 생물학적인 몸(Mom)과 맘(Mam)을 합(合)한, 즉 나를 대신하는 나의 얼, 나의 심벌이지요. 프랑스의 신부 떼야르 드 샤르뎅이 인류라는 개념을 역사적으로 끊임없이 이어져 온 '인간의 총화' 또는 '얼'이라 칭하였듯이 말이에요.

영(靈)철학의 몸(Mom)은 철학적 가치를 갖는 '창조적 성장체계'로서, 미완성으로 창조되어 완성을 향하여 성장 발전한다(수직에서 수평으로)는 것이며, 맘(Mam)은 신학적 가치를 갖는 영성의 변화 법칙으로서, 성장 메커니즘에 따라 부모의 외적보호(힘, 지식)에서 자신의 내적책임(지성, 영성)으로 변하게 된다는 이론이 큰 골격을 이룹니다. 더 깊은 내용은 다음 기회로 미뤄야할 것 같네요. 사실 기(氣)철학과 통일사상은 제가 쓴 『영(靈)철학』에 이미 '기철학과 통일사상 비판'이라는 제목으로 방대하게 기술되어져 있어요. 그래서 여기서는 가급적 깊은 언급은 피해야겠네요.

문51. 박: 영(靈)철학과 종교와의 관계에 대한 질문을 다시 했으면 합니다. 소장님의 책에서 종교사회학자인 게오르그 짐멜(G. Simmel)은 "기독교, 불교, 남태평양군도, 멕시코의 토속종교에까지 공통적으로 적용되는 종교의 정의가 없다. 즉 전체적이면서 부분적이고 개체적이면서 포괄성을 갖는 종교 정의가 나오지 않았다." 고 했습니다. 이 말은 아직까지 그 어떤 종교학자도 종교에 대한 절대적 정의를 내리지 못하고 있다는 뜻으로 보입니다. 그런데 영(靈)철학이 어떤 방법으로 영성의 비밀에까지 접근이 가능한지요?

답51. 권: 앞에서 동양에서는 인간을 소우주라고 했다고 하지 않았습니까? '영철학'인 창조적 성장론은 한마디로 인간학, 또는 인격철학입니다. 인간의 탄생과 성장과정을 학문적으로 정립한 새로운 이론이지요. 한 인간의 탄생이 3단계인 창조(부, 父)와 재창조(모, 母) 그리고 성장(탄생 후 진화)하는 메커니즘을 갖게 되듯이 인류(人類)는 한 인간(人間)의 성장을 그대로 닮아서 지금도 진행 중이라는 것이에요.

우리 인류도 성장단계의 초기는 유아기와 같아서 부모에게 일방적으로 의지하는 원시적인 행동기(원시종교)이며, 중간기는 초·중·고·대학교에서 교과서(경전을 연구하는 종교/현재종교)를 통한 학문적 배움의 과정기, 즉 스승(예수 · 석가 · 공자 · 마호메트)에게 가르침을 받는 시기를 거쳐, 3단계인 완성기는 사랑과 인격(이상사회 국법 종교/미래 영성종교)을 중심한 사회생활기인 결혼기로 모든 개인이 스스로 성인의 경지에 도달해야 하는 발전 법칙적 존재임을 밝힌 새 사상이죠. 따라서 '영철학'은 입체적으로 동시에 다양하게 혼재하는 지구촌의 종교현상으로 인해 많은 종교학자들이 세울 수 없었던 절대적, 즉 종합적 종교 정의에 대한 개념을 세웠어요.

따라서 이제 우리는 과학 분야의 스티브 잡스처럼, 그리고 컴퓨터 프로그램의 바이러스 퇴치를 위한 백신을 찾아 낸 안철수 교수처럼 인문학 분야에서도 이념과 경전의 바이러스인 2분법적 사고와 양비론(兩非論)에 대한 백신인 정도론·양미론(兩未論)을 찾아내 누구나 쉽게 존재의 근본에까지 도달할 수 있어야 한다고요.~^^!!

...

도올 김용옥 교수의 기(氣)철학에 대한 창조적 비판

문52. 박: 도올 김용옥 교수의 기(氣)철학에 대한 창조적 비판이 소장님의 저서 『영(靈)철학』에 저술되어 있는 것으로 알고 있습니다. 영철학과는 어떤 차이점이 있나요? 기(氣)철학의 기는 천도선법에서 말하는 그런 에너지로서의 기(氣)의 개념이 아니라 철학적 사유의 한 방법론으로서 너와 나의 분리를 넘어 우리라는 하나의 세계를 추구하는 4차원적 철학이라는 것으로 알고 있는데 말입니다.

답52. 권: 먼저 저는 '완성무흠(完成無欠), 즉 완성은 흠이 없다'는 뜻의 사자성어를 만들어 사용하고 있어요. 그러다 보니 어느새 저의 '트레이드마크'가 되었어요. 이 말은 '완성이 아닌 것은 자체 내에 결점을 갖게 된다'는 뜻도 동시에 내포하고 있어요. 모든 비판은 '비방'이 되어서는 안 됩니다. 비방은 천박한 의식의 양비론적 배척일 뿐이에요. '상생'을 위한 인격적 '비판', 즉 일반적인 상식이나 회의적인 접근이 아니라 논리성을 갖고 심오하면서도 냉철한 정도론·양미론적 분석에 의해 '창조적으로 비판'되어야 한다고요. 왜냐하면 칸트의 '순수이성비판'이 이성에 대한 비방이 아니듯이 철학은 '인격의 도구'일 뿐이에요. 즉 철학은 그 당사자의 부분적 기능일 뿐이지만, 인격은 전체요, 생명이며, 사랑이요, 신(神)을 담는 그릇이기 때문이죠.

그래서 죄는 미워도 인간은 미워해서는 안돼요. 물론 부족한 것도 죄(罪)이긴 합니다. 그러나 철학은 미워도 그 철학자는 미워하지 말자! 죄(罪)나 부족한 학문은 비인격적이라서 뉘우치지 못하는 법이지만 인간은 '인격'이 있기 때문에 회심하게 되면 더 큰 나눔의 사랑을 행할 수 있는 법이니까요.

도올 김용옥 그는 광자인가? 세례 요한인가?

'도올 김용옥 그는 광자인가? 세례 요한인가?'라는 타이틀을 붙인 책이 몇 년 전에 시중에 출간되었어요. 인류문화학자 박정진 교수가 집필한 책이지요. 광자면 광자이고 세례 요한이면 '요한'일 텐데 어정쩡한 태도가 좀 그렇긴 해요. 하기야 절대가치를 아직도 찾고 있을 저자인들 무슨 재주로 천하의 보물인 도올 선생을 마음대로 재단하고 평가할 수가 있겠습니까? 그러나 감히 발심을 할 수 있었던 강심장에 경의를 표하고 싶어요. 결코 쉽지 않은 일이었을 텐데 말입니다.

비평이라는 것은 그 무엇이든지 절대적인 답안지를 필요로 하는 법입니다. 뚜렷한 답안지도 갖추지 않고 어떤 것을 점수 매긴다는 것이 얼마나 위험한 일이겠습니까? 그래서 저는 판단이야말로 궁극의 자리에서 절대가치를 세우고 난 후 비로소 행해야 하는 마지막 채점과도 같다고 생각해요.

따라서 박 교수께서 도올 선생을 진단함에 있어서 그가 창조한 BSTD(상생의 이원적 대립항(Binary opposition)인 공간(Space)과 시간(Time)에 의한 상호호혜성(Dialectical reciprocity)라는 단순한 논리학의 일면만으로 '기(氣)철학'을 가름한다는 것은 아무리 생각해도 역부족이라 여겨요. 그래서 이러지도 저러지도 못하고 그 제목을 붙였으리라 생각하지만 말이에요. 그런데 박 교수가 도올에 대해 먼저 알아야 할 것이 한 가지 있을 듯싶어요. 뭐냐 하면 도올에게 있어서 철학적 관심은 기(氣 : Philosophy of Ch'i)라고 하는 '영성 인식론'이라는 사실에 대해서 말입니다. 박 교수의 BSTD는 헤겔 논리학의 '정 · 반(反) · 합'의 변증법보다는 진일보한 것이 사실입니다. 실로 놀라운 발견이죠. 변증법이 논쟁적인 성격을 갖는다면 박 교수의 그것은 상생인 이원적 대립항(Binary opposition)의 공간(Space)과 시간(Time)에 의한 상호호혜성(Dialectical reciprocity)을 갖고 발전한다고 보았기 때문이죠.

그런데 박 교수의 BSTD는 제가 창도한 영(靈)철학의 한 부분에 불과한 재창조론의 논리학인 '정 · 교(交) · 합'의 이론체계를 벗어나지 못하고 있으며, 또한 아이러니컬하게도 표현상의 용어만 다를 뿐이지 통일사상의 '정 · 분(分) · 합'의 이론체계와 표절시비를 붙여도 할 말이 없을 정도로 짝퉁이에요. 그리고 학문적 체계인 숲(조감도)을 준비하지 못해서 그랬는지는 알 수 없으나 한 그루의 제법 그럴듯한 나무에 불과한 밑도 끝도 없는 철학의 한 분과에 불과한 논리학이에요. 그것도 지극히 부분적인 일면의 통찰 이상을 벗어나지 못하고 있어요. 그러나 꽤 고민한 흔적으로 보아 어여삐 넘길 수도 있어야 하는 것이 학자 된 미덕이 아닌가 싶기도 해요. 왜냐하면 이 자리가 박 교수를 비하하기 위한 자리는 아니니까 말이에요.

'기(氣)철학'이 그 어떤 철학사상입니까? 수십만 권의 책을 읽고 우주적인 보물이라고 자칭할 수 있는 도올이 '기(氣)철학'에 대한 이론체계의 가닥을 잡기 위해 아직도 연구 중인 철학이 아닙니까?

기철학을 넘어서

도올은 전천후입니다. 그래서 '기(氣)철학'에 대한 비평은 철학자만 아니라 신학자도 넘봐요. 기철학이라는 재료에 구미가 당기기 때문이지요. 신학자 박삼영 교수의 도올 비평서인 『기(氣)철학을 넘어서』라는 그의 저서에서 보듯이 기철학은 신학자의 입에도 어김없이 식탁의 간장처럼 오르내리잖아요. 기철학이 철학과 신학을 잇는 가교적 기능의 철학이기 때문임을 제가 쓴 『기(氣)철학 비판』에 오래전에 실어 놓았어요.

그런데 박삼영 교수의 도올 비평은 저를 조금 어리둥절하게 했어요. 왜냐하면 물론 기철학이 철학과 신학을 연결하는 가교적인 성격도 있지만 궁극적으로 기(氣)철학은 새로운 고차원적 철학이 창출되어야 하는 당위론적 철학입니다. 다시 말해 생명이 태어나기도 전에 미리 지어 놓은 희망의 이름일 뿐으로 몸체도 없이 이름뿐인 기철학의 무엇을 비평하고자 하는지 의아했기 때문이죠.

기(氣)철학은 이름은 있으되 이론체계로서의 몸체는 없어요. 그러나 보편적인 상식을 초월한 다른 세계에 대한 그런 제4의 철학입니다. 불교적 깨달음이라고 하기도 하며, 기독교적 영성에 의한 거듭남의 초월적 중생이라고도 할 수 있는 그런 '철학화'의 시도라고요. 그래서 기(氣)철학은 일명 각(覺), 즉 깨달음의 학(學), 또는 성영(聖靈)의 학이에요. 그래서 그의 새로운 철학에 대한 바람은 어설프지만 뭔가를 본 그런 사명감에 불타고 있는 선각자적 부르짖음으로 이해해야 해요. 도올의 기(氣)철학은 저급한 양비론의 이데올로기에 빠져 허우적거리며 헤어 나오지 못하는 21C의 불쌍한 영혼들을 사유의 감옥에서 건져 내고자 하는 지극히 인간적인 애착의 산물입니다. 그런 그의 의지를 높이 평가해야 해요. 따라서 기철학은 기둥 하나에 의지해 지탱하고 있는 천막과 같으며, 언어의 마술철학 수준에 머물러 있는 인식론의 한 부분이죠. 이것은 N.하르트만이 『존재론의 새로운 길』에서 설파한 칸트의 '선험적 인식론'을 뛰어넘은 '제4의 새로운 인식론'을 새롭게 구축해 보고자 하는 새로운 시도 같은 것이죠. 따라서 도올이 희망하는 가상의 아들 기(氣)철학은 아직 몸과 같은 학문체계도 만들어내지 못하고, 지금도 찾고 있는 중이라고 도올 스스로 해명했는데에도 불구하고, 굳이 비평할 거리도 없는 기철학일 텐데 왜 굳이 비평했는지 이해가 가지 않아요.

기(氣)철학은 영(靈)철학의 세례 요한 철학

기(氣)철학의 기(氣)는 일반적인 물리법칙, 즉 천도선법에서 불리어지는 개념이 아니네요. 4차원적 초월성을 갖는 그런 일반적인 상식을 벗어난 '영성의 기(氣)'를 뜻해요. 그래서 기철학은 역사상

일반철학의 모든 저 서구 유럽의 사유의 천재들이라 할지라도 감히 흉내 낼 수 없는 차원이 다른 철학이에요. 그것은 궁극의 본질적 세계에 대한 철학이기 때문에 언어로서는 결코 전수가 불가능한 초월철학이지요. 분명 필자가 볼 때 도올은 역사상 어떤 철학자들보다도 가장 뛰어난 철학자에요. 기(氣)철학의 기(氣)라는 개념을 세울 수 있었다는 것만으로도 그 능력은 인정해야 해요. 물론 '영(靈)철학'은 이미 전체적인 학문체계를 구축했어요. 기(氣)철학은 씨의 영(靈)철학입니다. 따라서 영(靈)철학은 열매와도 같아요.

기(氣)철학이 철학으로 기능하기 위해서는 3차원과 4차원을 연결하는 반도체적 중성과 같은 학문체계를 갖추어야 해요. 그래야 어떤 생명이 생물학적 육체를 갖출 때 생기를 호흡할 수가 있듯이 비로소 철학으로서의 지위를 인정받게 된다고요. 숨 쉬지 못하고 세상과 소통할 수 없는 철학은 절름발이 철학이에요. 창조 후 재창조의 과정을 통과하지 않으면 안 된다는 것이지요. 그래서 지금의 기(氣)철학은 가능성의 철학이요, 예비철학이며, 준비철학인 창조과정의 철학일 뿐입니다. 따라서 기철학은 이미 완성되고 재창조된 영(靈)철학의 심오한 철학을 위해 환경을 준비하는 철학, 즉 세례요한 철학인 것이죠. 기(氣)철학은 도올 혼자만의 철학이며 '가능성의 철학'이자 '미완성철학'이예요. 만약 영(靈)철학이 없었더라면 기철학은 독보적인 위치를 계속해서 누리게 됐을 거예요. 그런데 영철학이 나타났어요. 비록 갓난아기지만 말입니다.

종교의 완성을 기독교적 개념으로 표현하게 되면 '이상사회'인 '하나님나라의 성취'에 있어요. 이는 신성(神性)의 사랑으로 다스리는 국가인 신정국가, 국가종교, 제도적 종교, 천주주의라고 할 수 있어요. 21C의 종교는 제도와 법에 의한 국가종교의 시대이기 때문에 사랑을 실천하는 인격종교, 희생과 헌신의 생활화인 성인종교, 경전을 초월한 영성종교의 때입니다. 그러나 오늘날 대부분의 종교가 '국가종교'가 도래할 천시에 대한 무지로 인해 무사안일에 빠져 자폐증을 앓고 있습니다. 이때 새로운 종교의 시대가 오게 될 것을 미리 내다보고 그 환경을 준비하고 있는 영(靈)철학의 예시적 '제4의 눈'으로 볼 때 기철학은 그 기준이 불분명하지만 철학적인 면에서나 신학적인 면에서, 다시 말해 철학과 신학을 잇는 가교적 예비 철학, 즉 '영철학의 세례요한사상'이 분명해요.

···

이기심은 영성에 대한 무지의 산물

문53. 박: 인간의 이기심이 일어나는 이유가 '영성의 무지' 외에 다른 요인은 없는가요? 소장님께서는 사회제도와 연관해서 인간의 심리를 깊이 연구하신 것으로 알고 있습니다만 이 기회를 통하여 간단하게 밝혀주셨으면 합니다. 그리고 성장 이론에 의하면 어린이는 그 자체로 부족하기 때문에 보호를 받고자 하는 본능적 이기심을 갖듯이 미완성된 인류는 원죄와도 같은 이기적 존재의 과정을 거치는 것이 당연한 것으로 보입니다만, 혹시 제가 잘못 해석한 것은 아닌지요?

답53. 권: 네! 놀랍습니다. 정확하게 보신 것 같습니다. 부족하다는 것 자체가 죄라고 할 수 없는 이기심 아닌 이기심, 즉 죄 아닌 죄(원죄) 덩어리니까요. 성장한다는 것 자체가 부족의 과정을 거치게 되니까 말입니다. 하 하~^^! 몸에 장애가 있으면 성년이 되어도 능력이 부족하기 때문에 생명 보전을 위한 본능적 이기심이 어린아이와 같이 일어나게 되잖아요. 정신적 장애도 또한 마찬가지고 말이에요. 이처럼 국민이 영성에 대해 무지해도 이기심이 일어나지만 국가를 구성하는 제도가 미숙해도 이기심을 유발하게 된다고요. 여기서 욕구와 이기심은 다르지만 욕구가 지나치면 이기심화하게 됨을 주의해야 해요. 그리고 충분한 능력을 갖는 성년이 부족한 존재를 돌보지 않는 것도 일종의 이기심이 아니겠는지요?

사회제도와 심리에 대한 내용을 질문하셨는데, 먼저 사회주의는 자본주의와는 달리 전체주의입니다. 정치와 경제제도가 지나치게 국유화 중심으로 운영되고, 국가를 운영하는 최고의 지도자가 주인이기 때문에 그 욕구가 넘쳐 독재로 흐르게 마련이에요. 왜냐하면 정치제도가 지도자 중심주의이기 때문에 1인에 의해 국가의 권력이 한곳으로 집중되니까 말이에요. 북한과 같은 특수 사회주의체제의 지도자 선출에 대해서도 일각에서는 왜 세습하느냐고 이의를 걸 수도 있겠지만 아무런 의미 없는 일이에요. 북한도 거수기를 하지만 우리처럼 무기명 비밀투표를 하지 않는 구조라고요. 투표하는 행동이 눈에 보이잖아요? 책임자가 지켜보고 있는데 어떻게 눈앞에서 거부합니까? 더군다나 서슬이 시퍼런 독재체제하에서 말입니다.

그런데 1인 중심주의는 지도자의 의지에 문제가 생기게 되면 그 결과는 무서운 집단적 파멸을 부르게 돼요. 그러니 국민 개개인의 책임과 욕구는 약해질 수밖에 없어요. 약해진 욕구로 인해 개개인의 이기심도 줄어들게 되는 것이지요. 정치는 모여야 큰 힘을 발휘할 수 있지만, 경제는 흩어져야 발전하는 법입니다. 따라서 사회주의는 정치적 단결은 잘될지 모르지만 경제적 발전은 상대적으로 퇴락할 수밖에 없는 구조라고요. 그러므로 사회주의 체제의 지도자는 지독한 심리를 갖는 법이지만 일반 국민들은 그렇게 이기적이지 않게 돼요.

그런데 자본주의는 어떻습니까? 개체주의에요. 사회주의와는 정반대현상이 일어나게 돼요. 모든 것이 사유화 중심이기 때문에 국민의 욕구가 넘쳐 개인이 독선적으로 변하게 마련이에요. 가치관의 부재도 한몫하고요, 정치도 선거를 통해서 지도자가 자꾸 바뀌어요. 책임이 떨어질 수밖에요. 그런데 경제는 사유화를 통한 욕구 충족을 자극시켜 밤낮을 가리지 않고 노력하게 되니까 발전하게 되지만 지나친 욕구로 인한 이기심화로 인간성이 황폐화되는 복마전의 세상이 될 수밖에 없다고요. 제도를 바꾸기 전에는 양 체제 다 어쩔 수가 없어요. 그러니 사회제도로 인해 갖는 국민들의 이기심이 심각한 상태인 것입니다. 이것을 두고 하버드대 하비콕스 교수는 그의 저서 『세속의 도시』에서 "기독교의 적은 자본주의다."라고 국가제도의 문제점을 리얼하게 지적했던 것입니다.

문54. 박: 이기심이 원활한 소통에 큰 방해가 된다는 것은 분명한 사실입니다. 그러면 미숙한 인간을 교육을 통해서 완성시키듯이 국가제도도 한 단계 성숙시켜 제도로부터 발생하는 이기심을 바로잡을 수 있는 다른 방법은 없습니까?

답54. 권: 고(故)김대중 전 대통령은 그의 저서 『인동초』에서 어느 한쪽의 일방적 흡수가 아니라 "사회주의의 장점과 자본주의의 장점을 결합한 통일"을 강조했었다고 앞서 말하지 않았나요. 전 소련의 서기장 미하일 고르바초프도 같은 주장을 했고요. 훌륭한 분들이라 생각합니다. 한쪽으로 치우치면 문제가 생겨요. 지도자가 이기적이 되든가, 국민 개개인이 이기적이 되든가 말이에요.

그런데 그분들의 저작물들을 아무리 훑어봐도 장단점에 대한 구체적인 내용이 전혀 없어요. 정치인답게 모든 구성원들이 전부 동의해야 가능한 큰 틀에서만 보았을 뿐 한 인간의 의지로 시작할 수 있는 작은 실마리를 찾지 못했나 봐요. 결코 쉬운 일은 아니지만 분명히 있는데 말입니다. 큰 틀도 필요해요. 그러나 구상이 아무리 커도 무지개와 같아요. 실체가 없어요. 실천하지 않으면 사라져 버려요. 따라서 그것을 현실에서 지속가능하게 하기 위해서는 구체적이고 실천 가능한 방법을 찾아내야 해요. 쉽지 않은 일이지만 그렇다고 방법이 없는 게 아니에요. 더 깊이 연구하지 못했던 것이죠. 그 해법에 대한 구체적인 내용은 4부 공생경제론 부분에서 다루기로 하겠습니다. 그렇게 해서 두 체제가 성숙돼야 국민도 지도자도 이기적이지 않고 비로소 원활한 소통을 이룰 수 있게 돼요.

임마누엘 왈러스타인(Immanuel Wallerstein)은 근대세계 체제에 대한 연구에서 사회주의를 자본주의 체제 내에서 작동한 자본주의 체제의 한 부분으로 파악했기에 사회주의 체제의 붕괴로 인하여 역동성을 상실한 자본주의 체제 또한 그 대안을 찾지 못하면 50년 내에 붕괴되게 될 것을 예견했어요.

영(靈)철학의 창조적 성장론도 "역사의 방향성은 미완성에서 완성을 향한 성장 과정 중에 있기에 세계체제로서의 사회주의와 자본주의는 과정주의(중간주의)이다."라고 했습니다. 따라서 자본주의가 곳곳에서 이상 징후를 표출하기 시작한 이상, 이제 완성을 위한 새로운 세계체제로서의 '창조적 공존체제'의 창출은 우리가 해결하고 가야 할 역사적 과제이겠죠?

문55. 박: 다음은 마르크스의 '유물변증법'에 대해 알고 싶습니다. 유물변증법은 신의 존재를 부정하는 포이에르바하의 '유물론'과 헤겔의 논리학인 '정·반·합의 변증법'이 혼합된 개념이 아닙니까? 그런데 유물론과 유신론에 어떤 차이가 있어서 가치관의 대전환이 일어나게 되는지요?

답55. 권: 네, 맞습니다. 인문학적 바탕이 깊지 않으면 이해하기 어려운 개념인데 말입니다. 유물론은 오직 물질(物質)을 존재의 근본으로 보기 때문에 절대자로서의 종교적 신(神)을 인정하지 않는다는 뜻이죠. 변증이라는 원래의 뜻은 변론, 쟁론을 뜻하는데, 칼 마르크스는 이것을 투쟁으로 해석하는 큰 실수를 범했어요. 따라서 신(神: 하나님)의 부정과 함께 좌파들의 의식을 폭력적으로 물들게 했던 것이구요. 그러니까 한 인간의 가치관을 형성하는 데 있어서 '신(神)'의 '있고', '없음'의 문제는 너무나 큰 차이를 갖게 된답니다. 내일이 있는 사람과 없는 사람의 오늘 행동이 판이하게 다르듯이 말이에요. 그리고 우선 유신론자의 인간에 대한 가치평가는 창조적인 신성을 갖기에 인격적 존엄성을 갖지만 유물론자, 즉 무신론자의 인간에 대한 가치는 그 출발이 진화론에 근거하기 때문에 인간의 조상이 유인원(類人猿)이 되지요. 따라서 영성의 가치는 무시되어 노동력이 떨어지면 결국 무자비하게 버려지는 결과를 가져오지요.

그러므로 신성(神性)에 대한 무지와 불신은 궁극에 있어서 자기 자신에게도 자애로운 인격적 인간이기를 거부하는 것과도 같아요. 무신론을 기치로 내어 걸고 통치해 온 약 75년이라는 짧은 사회주의체제 기간 중 1억 5천만여 명의 공산당원들이 숙청되어 살해됐다는 것에서 알 수 있듯이 인간에게 있어서 사상이 갖는 힘이 얼마나 무서운가 하는 것을 증명하는 일례가 아닐까요?

…

변증법과 소통법

문56. 박: 소장님께서 말씀하시는 창조적 '소통법'은 독일의 철학자 G. W. F 헤겔의 '변증법'과 어떤 차이가 있습니까? 물론 변증법은 모순 때문에 쟁론이 일어나 다투면서 발전하게 된다는 일명 정/반/합의 논리학이고, 소통법은 모순이 아니라 부족하기 때문에 서로 힘을 교류하여 합해서 신테시스(Synthesis: 合)로 발전한다는 본질적 논리학으로 차이가 크게 나는 것 같은데 맞는지요?

답56. 권: 변증법(Dialectics, 辨證法)은 헤겔이 주창한 논리학으로써 세계는 모순에 차 있고 모순은 더욱 높은 처지에서 통일됨으로써 해결되는데, 이런 모순과 통일(정 · 반 · 합)을 되풀이하면서 세계는 발전해 나간다고 보는 사고방식이지요. – 마르크스 · 엥겔스는 다시 이에서 유물 변증법을 끌어내어, 자신들의 방법론을 삼았음 – 그런데 소통법(Communication, Consilience, 疏通法)은 제가 주창한 논리학의 새 방법론이죠. 세계는 부족(미완성)에서 출발하여 완성을 향해 성장(재창조)하게 되는 것으로, 부족한 존재들끼리 유기적인 소통과 교류(정 · 교 · 합)를 되풀이하면서, 세계는 성장해 나간다고 보는 사고방식이에요. – 미완성기는 완성자(부모, 신)의 보호를 요청하게 됨을 증명함 –

이분론과 이원성

이분론(二分論)은 이원론(二元論)과는 다른 개념입니다. 이원론은 존재의 본질이 하나가 아니라 둘로 구성되어 있다는 것이죠. 그러나 이분론(二分論)은 필자에 의해 새롭게 고안된 개념이에요. 존재의 본질은 하나인데 그것이 창조와 재창조라는 왕복과정을 거치면서 둘로 나눠졌다가 다시 하나로 합해지는 법칙을 갖는데, 창조는 '일원적 2분'으로 나눠지는 것을 일컬어요. 그리고 재창조는 '2분적 일원'으로 통합되는 것을 뜻하죠.(창조=〈, 재창조=〉)

'정–반–합'의 모순과 '정–교–합'의 부족의 차이

이처럼 창조와 재창조의 과정을 거치면서 발전하는 과정을 영(靈)철학의 논리학은 '정–반–합'이 아니라 '정–교–합'이라고 해요. 다시 말해 상호교류를 위한 '성(性)의 다름(음 · 양)'일 뿐이기에 정반합의 반(反)이 아니라 정교합의 교(敎)가 되어야 올바른 개념이라는 것이요. 따라서 '정–반–합'과 '정–교–합'은 큰 차이가 있어요.

'정–반–합'은 발전과정에 있어서 변증, 즉 논쟁이 일어나는 근본 이유가 모순(矛盾) 때문이라고 해요. 그런데 제가 도입한 '정–교–합'은 모순(矛盾)이 아니라 미완성과 자기 부족(不足) 때문이라는 것이라고요. 그 이유는 창조와 재창조의 반복과정에서 필연적으로 재창조의 출발이 미완성, 즉 부족에서 시작하기 때문에 상대적 관계에 의한 교류(交流)를 필요로 한다는 것이에요. 왜냐하면 혼자서는 부족하기 때문에 그 부족을 채워 줄 대상이 필요해요. 그 대상과의 관계를 형성하는 과정에서 교류는 절대적이라는 것이죠.

따라서 소통법으로서의 '정-교-합'은 자체 내에 부정을 내포하고 있지 않기 때문에 오직 긍정만이 자리한다는 것이죠. 그러므로 '정-교-합'적 소통법은 '긍정의 변증법', 또는 '사랑의 변증법'이라 부를 수 있지요. 물론 '긍정의 논리학', 또는 '사랑의 논리학'이라도 부를 수도 있겠고요.

원래 변증이란 논쟁, 쟁론의 의미를 내포하는 개념이에요. 존재의 본질을 모순으로 본 결과구요. 그러나 미완성과 부족을 변증의 본질로 보게 된다면 논쟁이 아니라 '속삭임', '애교' 또는 육체적 관점에서는 '스킨십', 즉 '애무'를 뜻해요. 그런데 그 변증, 즉 교류 현상을 어떻게 보느냐에 따라 판단이 달라지는데 칼 마르크스는 이것을 '투쟁'으로 보는 오류를 저질렀다 그 말입니다. 따라서 영(靈)철학의 '정-교-합'은 '투쟁'이 아니라 '사랑 나눔', 또는 '교제'로 표현해요. 서로 '이상적 상대'끼리의 교류는 창조적 합(合)으로 발전하지만, '비이상적 상대'끼리의 교류는 '분쟁'과 '투쟁'을 유발하게 된다는 것이지요.

헤겔의 모순 개념과 실천철학의 닮은 꼴 개념

그런데 문제는 독일의 실존철학도 헤겔의 모순(矛盾)에 대한 개념설정을 벗어나지 못하고 표현만 각각 다를 뿐 별 차이가 없다는 데 있어요. 몇 세기가 흘러도 철학하는 패턴이 같아서 인지 변하지가 않아요. '상실'(키에르케고르), '불안'(하이데거), '한계상황'(야스퍼스), '무'(사르트르) 등 거기서 거기에요. 그뿐만이 아니에요. 위에서 얘기했습니다만 종교의 세계도 결국 양비론적 사유와 부정확한 개념 설정의 오류를 벗어나지 못하고 있어요. 그러나 부족과 미완성·모자람은 달라요. 오히려 보호를 불러일으키고 동정심을 유발시켜 서로를 소통시키는 원동력으로 작용하게 되지 않겠어요? 이보다 더 합당한 개념은 그 어디서도 찾기가 쉽지 않을 것입니다.(도표-3 참조)

〈도표-3〉

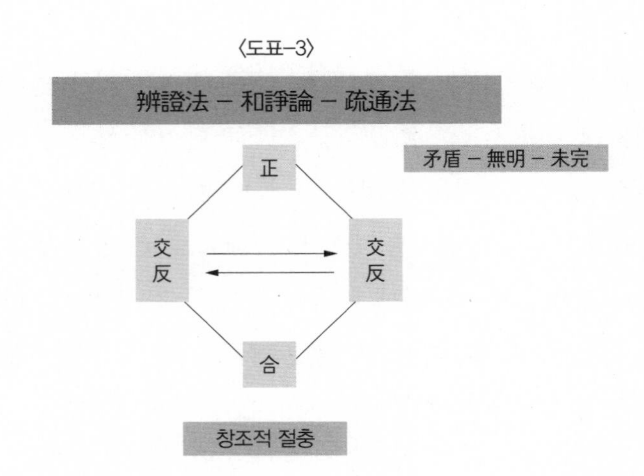

···

시스템 철학 정치

문57. 박: 소장님께서는 소통을 위한 상호관련성, 즉 시스템 철학 정치에 대한 소고를 준비하신 것으로 알고 있습니다. 어떤 내용입니까?

답57. 권: 다음에 따라오는 내용은 시스템(System)철학과 정치에 관한 소고입니다. 기존의 아날로그 방식의 정치에서 디지털화된 정치로 변해야 원활한 소통의 정치가 가능하다는 전제하에 정치 방식의 기본 틀과 핵심 가치를 요약한 것이죠. 참고 바랍니다.

시스템(가치)철학

라슬로(Ervin Laszlo)는 그의 저서 『시스템 철학론(The Systems View of the World)』에서 "목적을 추구하는 것치고 가치로부터 자유로운 것은 아무것도 없으며, 지금까지의 지식은 상대적으로 고립된 채 깊게만 추구되면서도 한편 폭넓게 통합이 되지 못하는 불행한 결과를 낳고 있다."라고 하는 한편 "과학의 새로운 발전에서 나온 철학이 시스템 철학이며, 제대로 전체적인 틀을 갖추게 될 때 시스템 철학은 우리에게 사실적, 규범적 지식을 함께 줄 수 있을 것이다."라고 역설하면서 시스템 조직의 공통성 발견의 방법으로 기초적인 도구로 하나의 가설(가설적 연역법: Hypothetico-deductive Method)을 설정하고, 그것이 실제 경험에 합치 되는가를 추적해 나가는 그런 방법을 통해서 시스템론적 견해들을 다음과 같이 열거했다.

1. 현실을 제대로 파악하기 위해선 사물을 고유한 특성과 구조를 가지고 있는 시스템으로 봐야 할 것이다.
2. 모든 것을 복합적 조직으로 본다.
3. 다른 사물을 고려하지 않고도 연구될 수 있는 독자적인 현상은 아니다.
4. 세계를 통합된 관계의 집합이라는 견지에서 보는 것이다.
5. 조직이라는 공통적 측면에서 공통점을 찾으려고 한다.
6. 단순한 건축물이 아니라 각각의 건축물에 나름대로의 독특한 성격을 부여하는 재료들이 조직화되어 있다는 측면에서 이들을 본다.
7. 시스템들 사이에는 상호의존성이 존재하게 된다. – 例그물코 –
8. 시스템들 행동에는 정연한 질서와 한계가 있다.
9. 섬세한 조직체의 세계이며, 조화와 역동적 균형으로 본다.
10. 진보는 상부로부터 결정 없이 하부(새로움)로부터 촉발된다.
11. 진보와 함께하려면 적응을 하여야 한다.
12. 정치에 있어선 국내외 정책은 융통성과 함께 혁신적이어야 하며 하위직과 고위직 대표자 간의 위계적 균형이라는 일반적 정책의 보완적 모습을 이해해야 한다.

시스템 철학과 수평정치

역사는 종적 관계(전제군주제: 父 · 子관계)에서, 횡적관계(입헌군주제: 夫 · 婦관계)로 변화 · 발전하는 성장의 원리를 갖게 되는 법이라고 상술했다. 따라서 행위의 주체와 객체 간의 수평적 관계를 상징하는 민주화는 21C 선진정치의 화두이며, 대의정치 및 참여행정이 실현하여야 할 이상이요 희망이며 꿈이다.

완성의 정책정치

기존의 정책은 특출하게 뛰어난 특정 정치인의 정치적 지식이나, 정치적 전략과 전술을 믿고 추종하는 기술적 신념의 정치였다. 그런데 완성의 시스템 정치는 정치 · 종교 · 경제가 하나로 연합해 다수가 공감(共感)할 수 있는 목적적 프로그램, 즉 이상사회가 갖추어야 할 완전한 정책모델(청사진)을 먼저 제시한 후 정치지도자와 국민이 그 목적을 위해 서로 협력하여, 공동으로 이행하는 새로운 '제4의 정치 모델(Model)'을 뜻한다.

부연하면 완성의 정책정치란? '인격적인 사랑에 의한 상생정치(相生政治)'를 말한다. 국민도 그 정치적 책임으로부터 자유로울 수 없는 정치체제를 뜻한다. 따라서 기존 정치는 인물 중심의 정치기술자(목수)였으며, 구체적인 설계도가 부재했기 때문에 국민은 정치가의 정치 행위에 대하여 관리와 견제가 불가능했다. 오로지 힘과 권모술수에 의한 수직적인 지배 정치의 악순환을 되풀이할 수밖에 없었던 것이다. 그러므로 시스템에 의한 철학적 공존정치를 통하여 완성된 정책정치를 창출해야 할 것이다.

정책정당(政策政黨)의 표본

인물 중심 정치는 미완성기의 지도력(Actor)의 상징이요, 정책 중심 정치는 정치에 있어서의 새로운 블루오션전략 정책이다. 따라서 기존의 정당이 무리(인물중심)에 의한 지역주의 중심 정당이었다면, 정책정당은 시스템 철학(Systematic Philosophy)에 의해 궁극목표를 먼저 수립하여, 부응하는 공생정치이다. 국민의 책임과 높은 수준에 의한 제도적 정책 중심의 '민주주의4.0'에 의한 새 정당(양원제)을 뜻한다.

새 가치관 정치

기존의 정치가 입법의 필요성을 뒤따라가면서 맞춰가는 땜질식 사안별(事案別)정치요, 문제의 발생에만 대응하는 임기응변의 정치였다면, 새 가치관 정치는 시스템 철학에 기반한 정치이다. 따라서 문제 발생 가능성을 미리 예견 – 영국의 노동당은 Forethought Program을 개발하고 있음 – 하여, '제4의 공존모델'(민주주의4.0에 의한 입법 · 사법 · 행정과 경제 · 정치 · 종교 등등의 전 방위적 분야를 총체적으로 집대성)을 먼저 세운 다음, 실행하는 예방의 정치이기 때문에 선법정치(先法政治)이며, 상생의 정치이자 쌍방의 정치적 수준이 높아야 하므로 '제4의 이념'교육에 의한 새로운 철학적 가치의 정치인 것이다.

공존(共存)의 정치이다

기존의 정치가 정치적 절대성에 의한 입법 · 사법 · 행정 중심의 권력(관료: 뷰로크라시)정치였다면, 시스템 정치는 경제 · 종교 · 사회 · 문화와의 관계를 기우뚱한 수평적 균형의 관계로 지향해 가는 공존의 정치체계이다. 따라서 경제의 정치 · 종교의 정치 · 문화의 정치라고도 할 수 있는 공동체정치이며 조직적 협력의 새 가치관 정치(민주주의4.0)를 의미한다.

•••

시스템(System) 철학 정치의 해제(解題)
– 상세한 방법론은 생략 –

철학적 의미

1. 정치와 종교의 조화로운 교류 정치이다.
2. 정책정치(조감도 · 청사진)이며, 책임행정이다.
3. 블루오션 정책정치이며, 진정한 열린 정치이다.
4. 공존정치로서 쌍방에게 책임을 요구하는 민주주의 4.0 정치이다. – 국민과 정치인 –
5. 좌우를 넘은 '새 가치관'에 의한 공생주의 정치이다.
   – 철학적 정치 –
6. 혈연 · 학연 · 지연을 초월한 새 가치관 정치이다.
7. 지성, 지혜(智慧)의 정치이다.
   – 꿈의 정치 · 도덕정치 · 사랑정치 –
8. 협력의 정치요, 화합의 정치이다.
9. 미래정치, 예방정치이다.
   – Forethought Program에 의한 예견 정치 –
10. 군자정치 · 성인(聖人)의 정치 시대를 열기 위한 나눔. 용서의

정치이다.

11. Lotto 정치이다. – 진정한 완성의 참여 정치 –
12. 신본적 인본주의(神本的 人本主義) 정치이다.
13. 주인 정치이다.
14. 신바람 나는 정치이다.
    – 용서와 화해를 통한 베풂의 기쁨을 누리는 정치 –

제도적 의미

1. 제4의 정치모델인 민주주의 4.0·공존주의 1.0의 제도 정치이다.
2. 공존체제를 위한 창조적 중립(정도)제도정치이다.
   – 창조적 중립(정도)정부 –
3. 부부 정치이다. – 보호와 함께 책임을 갖게 됨 –
4. 공존적 협력의 정치이다.
   – 종교·정치·경제의 유기적 협력정치 –
5. 정치 권한의 축소와 국민 참여의 확대를 지향하는 정치이다.
   – 기우뚱한 균형의 권력구조 –
6. 이원집정부제와 내각제적 요소를 내포하는 정치이다.
7. 선진(先進)정치요 국제적 정치제도를 선도해 나갈 미래정치이다.
8. 기회의 평등을 지향해 가는 정치이다. – 창조적 분배 –
9. 제3의 길에 대한 대안의 새로운 방법론이다.
10. 사회제도의 개혁을 유도하는 정치이다.
    – 새 가치관에 의한 선진의식 고양 –

11. 인물 본위를 넘어선 수평적 시스템(상호관련성)에 의한 정치이다.

12. 남북통일을 위한 공존주의 모델 정치이다.

정보적(情報的)의미

1. 콘텐츠(Contents) 정치이다.
   - 내용(가치)이 풍성한 완전의 정책정치이다 -
2. 사이버(Cyber) 정치이다.
   - 가설적 연역에 의한 청사진 제시정치 -
3. 매스미디어 정치이다.
4. 디지털 정치이다.
5. 유비쿼터스(Ubiquitous)의 정치이다.
   - 시·공을 초월한 대통합 정치 -
6. 정보 정치이다.
7. 공개(公開)정치이다.
   - 투명성에 의한 국민의 책임을 요구하는 정치 -
8. 존재의 궁극 목적으로 안내(I.T)하는 정치이다.
   - 이상사회의 모델을 위한 생활공동체 정치 -

제3부

통합

성장의 메커니즘에 있어서 모든 존재의 미완성기는 분리의 시기요, 완성기는 조화의 시기이다. 따라서 통합(統合)의 본질은 미완성, 즉 부족에서 기인하며 뜻의 일치에 의한 연합 · 연대 · 협력 · 조화 · 일치 · 협치이다. 21세기 인류 문화의 완성기를 맞이한 시대정신은 분리와 쪼개짐에 의한 갈등을 넘어 하나의 목적을 향해 대일치를 지향하지 않으면 그 결과는 파멸만 남을 뿐이다.

• • •

국민대통합과 새정신운동

좌장. 박근령: 이 장은 본 저서의 제목이 된 창조적 통합과 통일을 위해서 남북으로 분단되고 영호남으로 갈라져 마치 십자가와 바둑판에 비유해도 될 만큼 국가의 운명을 사상초유의 위기로 내어 몰고 있는 현실에 대해 과연 어떻게 대처해야 할 것인지에 대한 그 대안을 논의하는 내용입니다. 크게는 2008년 리먼 브라더스 사태가 촉발한 미국발 금융위기와 북한의 연이은 제5차 핵실험과 SLBM 발사 성공으로 인한 핵무장론과 사드 배치까지 거론할 수 밖에 없는 한반도의 긴장, 작게는 동서, 계층, 빈부, 세대 간의 갈등 등은 궁극적으로 우리가 안고 있는 수많은 내부와 외부의 갈등이 결과적으로 드러난 것이라 생각합니다. 따라서 문제의 근본 원인을 규명해서 치료하는 일이야말로 우리가 해결해야 할 최우선 과제가 아니겠습니까?

이러한 복잡한 문제를 해결하기 위해서 우리 시대의 혼란은 가치관의 혼돈에서 기인된 갈등이니만큼 오래전 새마을운동을 통해서 전쟁의 폐허가 된 우리의 강토를 새롭게 재건한 역사적인 경험이 있듯이 제2의 새마을운동과도 같은 '새가치관운동 · 새정신 운동'을 다시 일으켜야 할 것입니다. 나라가 얼마나 혼란스러우면 통합의 문제가 국정의 어젠다가 되었겠습니까? 따라서 국민통합을 위한 범국민 새정신운동을 위해서 어떤 방법론이 있을 수 있으며, 또한 가치관 운동이라는 쉽지 않은 운동을 성공시키기 위해서는 열악한 사회적 환경을 어떻게 극복할 수 있는지에 대한 깊은 논의가 있어야 할 것입니다.

그러고 보니 권 소장께서는 국민통합의 아이콘(Icon)이라고 해도 과언이 아닐 것 같습니다. 약 30여 년 동안이나 국민통합을 위해 동서를 넘나들며 모든 열정을 바쳐왔으니 말입니다. 그리고 저도 개인적으로 조동회 회장님을 만나 같이 식사도 하며 국민통합에 관해서 논의하기도 한 기억이 있기도 합니다만 아무튼 권 소장께서 그렇게 활동하던 도중 (사)국민통합의 조동회 회장님과 만나 지금은 전국의 약 300여 개의 지부를 창립하고 있는 것으로 알고 있는데 무엇보다도 (사)국민통합이 2008년 1월 19일 63빌딩 국제회의장에서 각계의 인사들(1,500여 명)을 모시고 행한 '국민통합행동화 포럼'과 관련된 귀중한 여러 발제 논문이 발표되어 깊이 연구하신 것으로 압니다. 따라서 이번의 장은 포럼의 자료를 중심으로 심도 있는 질의와 응답이 있었으면 합니다. 두 분 수고해 주십시오.

문58. 박: 먼저 본격적인 질문에 들어가기 전에 (사)국민통합과 같이 통합운동을 어떤 계기로 함께하게 됐는지 궁금합니다. 가벼

운 마음으로 말씀해주시겠습니까?

답58. 권: 네, 저는 대학을 마친 후 곧바로 저술활동을 시작했어요. 왜냐하면 대학 재학 중 미국연수를 갔을 때 받은 서구문화의 충격으로 다시 미국 유학을 준비하고 있었어요. 그런데 저에게 믿을 수 없는 놀라운 사건이 2번 일어났었어요. 그 일로 인하여 저는 모든 계획을 송두리째 바꾸지 않을 수 없었죠. 지도교수님조차 필자의 내면세계에 펼쳐진 사건은 인간적인 지식 공부로 채워질 수 없는 차원이 다른 세계라 할 정도의 그런 사건이었어요.

첫 번째 사건인 일명 '빅뱅'을 거쳐 두 번째 사건에선 지성(영, 靈)적 개벽 사건이라고 부를 수밖에 더 이상 달리 표현할 수 없는 그런 영적 대지진이 일어났어요. 그 첫 번째 사건에 대해서는 저의 졸저 『영(靈)철학(제4의 이념)』 에필로그에 상세히 기술되어 있으니까 참고하면 됩니다. 그런데 그 2번째 사건으로 인해 '영(靈)철학(정도론 · 양미론)'이 구체적인 학문의 형태로 세상에 나오게 된 계기가 되었으니 저술활동치고는 좀 특별하다고 할까요?

본인의 첫 책인 『신본론』이 출간된 것이 대학 졸업 이후 4년 만인 1994년이었어요. 그때 제 나이는 33세의 혈기 왕성한 청년이었기에 저는 어떤 불굴의 사명감으로 불타고 있었어요. 그 이후 출간을 마무리하고 1995년 새정신운동국민연합(경남 사회단체 76호)이라는 시민단체의 회장이 되어 전국 방방곡곡을 다니며 저의 전 가산을 팔아 각종 세미나를 통한 의식개혁운동을 줄기차게 펼쳤어요.

그러던 중 2003년 초 제게 새로운 계기가 찾아왔어요. 의식개혁운동을 통한 사회운동의 한계를 철저하게 몸으로 체험했죠. 의식개혁운동은 자본주의 시장경제라는 배금주의 앞에는 계란으로 바위치기일 뿐이었어요. 단체를 초월해 국가를 좌지우지하는 정치라는 골리앗과 같은 거대한 힘 앞에 의식운동과 같은 순수한 사회단체는 한갓 티끌에 불과해요. 물론 다른 사회단체는 권력지향성을 가져서 그런지 그 영향력이 꽤 있겠지만 말입니다. 오랑캐는 오랑캐를 활용해서 무찔러야 한다는 뜻의 사자성어를 '이이제이(以夷制夷)'라고 했나요? 그래서 정치는 정치논리, 경제는 경제논리로 해결하라는 뜻으로 대입시켰어요.

아무튼 그날 이후 저는 정책이라는 매력에 끌려 이미 새로운 철학을 기반으로 한 정책연구에 몰두했어요. 그 결과 새로운 정책의 패러다임을 나름대로 정교하게 경제문제와 연계하여 깊이 있는 내용들을 찾아낼 수가 있었어요. 물론 종교적 이상과의 시스템적인 연결문제는 당연하고요. 때때로 영향력 있는 유명 인사들을 상대로 정책 강의에 정성을 쏟기도 했지요.

그러던 중 어떤 한 유명 인사로부터의 소개가 인연이 되어 다음의 내용들에 대한 창조적 비판을 결심하게 되었던 것이죠. 덕망과 지성을 고루 갖춘 높은 학문적 라이센스를 충분히 보유하고 있지 못한 필자로서 감히 올려다보기도 힘든 이 나라의 국보급에 가까운 박학다식한 석학들의 논문을 평가한다는 것이, 그것도 창조적으로 비평한다는 것이 얼마나 어려운 작업인가를 생각하면 비평의 어려움보다 인간적 도리를 어기는 일이어서, 다시 말해 예의를 벗어나도 한참 벗어난 행위인 것 같아 한참을 주춤했었어요. 물론

정신세계는 나이도 계급장도 없지만 말입니다.~^^!

하지만 큰 일을 계획하는 단체가 앞으로 나아가는 일에 제가 하는 이 평가 작업이 조금이라도 보탬이 된다면, 그리고 올바른 방법론과 가치를 이 논문들이 얼마나 갖췄는가를 분석하는 일은 서로를 위해 어쩌면 유익할 수 있겠다는 판단에 마음을 굳혔어요. 발심은 곧바로 작업으로 이어졌지요. 제게 주어진 논문이 그 어떤 분의 것이라 할지라도 영(靈)철학적 본질에 입각해 가감 없는 비평이 가해졌어요. 그리고 국가의 대의를 앞두고 의욕적으로 출범한 국민통합위원회가 나아가고자 하는 길에 보탬이 되고자, 지난 2008년 2월 19일 여의도 63빌딩 국제회의장에서 행한 포럼의 의제들을 중심으로 '창조적인 비판'을 결심하면서 뜻을 같이하게 된 거죠.

문59. 박: 권 소장께서는 국민통합과 국가대개조 및 남북통일은 불가분의 관계에 있다고 주창한 것으로 아는데 이것은 동서갈등과 남북의 분단이 서로 관련성이 있다는 뜻으로 보입니다만 제 생각이 맞는지요? 그리고 통합은 불통 때문이라고 합니다만 불통이란 문제가 있다는 뜻이 아닙니까? 그럼 문제가 무엇인지 그 문제를 어떻게 찾아내야 하며 또한 해결할 방법은 있는지에 대해 듣고 싶습니다.

답59. 권: 네, 남북의 분리나 동서의 찢김이 이념의 산물이 아닙니까? 이념이 다르니까 통합이 되지 않아서 불통이 생기는 것이죠. 문제가 많아요. 많아도 보통 많은 것이 아닙니다. 따라서 치료를 위해서는 먼저 그 문제를 찾아내야 해요. 환자에 대한 정확한 진찰은 의사의 의무 중에서 어쩌면 가장 중요한 행위가 아닙니까? 왜냐하면 진단의 결과에 따라 처방이 달라지기 때문이죠. 인격에 비유하면 국가도 이와 다를 바 없어요. 따라서 제가 진단해본 결과 저는 우리나라의 몸과 정신의 상태를 세 가지로 결론지었어요.

저는 우리나라와 한반도를 첫째는 갓 태어난 영아로 진단했어요. 머리의 크기가 몸과 다리보다 월등해서 일어나지 못하고 누워만 있어야 하는 형상이죠. 둘째는 사각 링 위의 투사였어요. 피터지게 싸우다 보니 종소리조차 듣지 못하고 입가에 거품을 물고 씩씩거리는 사나운 투사의 형상 말이에요. 셋째는 자폐증 환자에요. 주변과의 교류가 단절된 채 오직 자신 속에 빠져 생활하는 정신지체인의 형상이라고요. 육체만 잘못된 것이 아니라 정신상태도 엉망이어서 한마디로 구제불능의 구조인 셈이죠. 일반적인 처방으로는 도저히 불가능한, 그야말로 절망의 구조지요. 어디서부터 손을 써야 할지 엄두가 나지 않는 구조 말입니다. 이해가 되시는지요. 우리 속담에 "선무당이 사람 잡는다."라는 말이 있어요. 섣부른 판단과 처방은 차라리 하지 않는 것이 좋아요. 그동안 '용하다'는 숫한 명의(YS, DJ, 노짱, MB)들이 최선을 다했지만 능력의 한계였거나, 아니면 흉내만 낸 것인지, 그것도 아니면 국민들이 문제인지 어쨌거나 백약이 무효였어요. 누구를 탓하겠어요? 이제는 포기 상태인 것입니다.

그래서 버려야 하니까 어떻게 되어도 책임을 묻지 않겠지 하고, 시험 삼아 너도 나도 호기심에 가득 차서 세미프로(인턴)들까지도 한번 찝쩍거려 보려고 야단들인데 이거 큰일 났어요. 결단코 아니 될 말입니다. 아무리 다급해도 제4차원의 눈을 뜨지 못한 청맹과니의 실력으로 어설픈 처방을 내려서는 절대로 안 된다고요.

이 나라가 어떤 나라인가? 풋내기 인턴들이 한번 도전해보고 싶으면 스승의 조언을 듣고 그리고 스승의 입회하에 진찰과 처방을 해야 되지 않겠어요. 그리하여 진료에 있어서 한 치의 오차가 생겨서도 안 돼요. 생명을 대함에 있어서 연습이란 없어요. 더군다나 초월적 집단인 국가의 생명을 말입니다. 어떻게 감히 수천, 수만 년간 면면히 이어져 내려온 국가라는 존귀한 생명을 허름한 시험대 위에 올려놓고 어설프게 난도질하게 할 수 있느냐? 그 말입니다. 나라를 걱정하는 그 충정이야 높이 평가할 수 있지만 어디 세상만사가 의욕만 갖는다고 다 되는 것이 아니지 않은가요?

그런데 희망을 보았어요. 국민통합의 길에 꽃이 피기 시작한 것이죠. (사)국민통합 조동회 준비위원장이 주축이 되어, 지금은 고인이 되신 민주평화통일 수석부의장 고(故) 이기택 총재를 상임고문으로, 그리고 전 대한적십자사 제23대 고(故) 이윤구 총재를 대회장으로 모시고, 그리고 각계각층의 전문석학들로 구성되어 발제한 '국민통합을 위한 국민통합행동화 포럼'의 '정책리포트'를 면밀히 분석해 본 결과 나름대로 높은 가치를 갖춘 연구물들이라고 여겼지요. 그리고 여기에 더해 제가 준비한 '영(靈)철학'과 민주주의 4.0(제4의 길)이 합해지면 불통이라는 오랜 지병은 얼마지 않아 완치가 될 것이라 생각했답니다.

...

사회통합과 전문인들의 어록&대통합의 변

문60. 박: 다음은 소장님께서 국민통합을 위해 그동안 스크랩해 놓은 전문인들의 어록이 있다는 것을 듣고 그 준비성에 대해 매우 놀랐습니다. 어떤 내용들인지 듣고 싶습니다.

답60. 권: 다음의 글들은 사회통합에 대한 전문가들의 의견을 모은 것들입니다. 나름대로 사회통합을 위한 전문가들의 주옥같은 귀한 내용들이지만 조금 아쉬운 것은 그 실천적인 방법론에 대한 구체적인 대안은 준비할 수 없었는지 대부분 일반론에 가까운 당위론에 그친다는 것이에요. 이해를 돕기 위해 그 요점만 옮기기로 하겠습니다. 참고로 삼길 바랍니다.

1. 박재목 칼럼

- 21C형 창조형 사회통합 패러다임을 새롭게 구축해야 한다.
  – 디지털과 저출산, 양극화와 고령화, 다문화와 통일의 기운으로 급격하게 재구조화되고 있는 한국의 사회통합에 대한

기본적 가치체계가 먼저 구상되어야 한다 -

- 공유의 가치성, 신뢰의 투명성, 소통의 교감성, 기회의 다양성 창출이 21C 미래 사회가 나아가야 할 사회통합의 혁신적 전제조건이 아닌가?

2. 김호기 연세대 사회학교수

- 세계적으로 정부가 갈등을 일방적으로 해결하기보다 시민사회와 함께 협력하는 방향으로 가고 있는 것에 주목해야 한다.

3. 장석창 칼럼

- 지역 간의 갈등에 대한 원인을 찾아내고, 공동체 의식을 민초들에게 일깨워 주는 운동을 벌여야 한다.

4. 장지연 칼럼

- 사회통합은 전시적인 상징성만으로는 이뤄지지 않는다.

5. 일부 전문가들

- 통합에 대한 철학이 빈곤하다.

6. 프란시스 후쿠야마

1) 사회통합의 저해 요인들

(1) 빈곤의 확대와 소득불균형

(2) 부와 안전의 증대

(3) 그릇된 정부정책

(4) 종교의 쇠퇴와 가족 등 공동체적 의무보다 자기만족을 우선시하는 문화적 변동의 결과.

문61. 박: 소장님께서는 역사를 파악하는 방법론이 남다른 것 같습니다. 어떻게 우리 한국 정치사의 내부를 이렇게 깊이 통찰할 수 있었는지 참으로 놀랍습니다. 차제에 소장님께서 준비하신 국민통합을 위한 대통합의 변(辯)에 대해 말씀해 주실 수 있겠는지요?

답61. 권: 아래의 내용은 2009. 1. 19 서울 프레스센터에서 행한 저의 졸저『공존의 이념/대통합』출판기념회에서 발표한 대통합의 변이라는 선언문입니다. 국민통합에 대한 일반적인 하나의 법칙과도 같은 내용임을 인식하고 이해할 수 있었으면 합니다.

1. 남북통일과 국민통합 그리고 세계평화는 불가분의 관계이다. 왜냐하면 국민통합 없는 남북통일도, 남북통일 없는 세계평화도 절대 불가능한 법이기 때문이다.

2. 통일은 분리, 즉 나누어짐·찢김·갈라짐 등을 전제로 성립되는 개념이다. 따라서 새로운 이어짐, 접착, 붙임이 없는 통합은 결코 불가능한 법이다. – 통일과 통합의 수직적 개념을 화해 또는 결혼·화혼이라는 인격적 수평의 개념으로 바꿔 사용하는 것이 보다 더 끈끈한 개념일 것이다. 왜냐하면 문화는 수직적인 제로섬게임(Zero–Sum Game)의 성격을 갖기 때문에 수평적 통합이 불가능하기 때문이다 –

3. 한반도 통일은 세계 역사의 중심이며 축소판으로서의 가치를 갖는다. 왜냐하면 남북한 간의 통일을 만들어 내는 과정에서 각 체제의 장점들을 결합한 '민주주의 4.0 or 공존주의 1.0'이라는 새로운 사회제도의 모형이 놀랍게 창출되어 모든 하나됨, 즉 전 세계와 온 인류의 평화를 위한 새로운 '롤 모델(Roll Model)'을 창도하게 될 것이기 때문이다.

4. 분리는 소통의 막힘이요, 대화의 단절을 뜻한다. 이는 갈등과 여론의 분열, 즉 고장이 났음에 대한 다른 이름이다. 그러니까 20~21C의 지구촌이 시대정신의 궤도를 이탈한 것이다. 따라서 이것을 고치기 위해서는 수리를 해야 하는데 하늘은 먼저 분해라는 방법을 썼다. 분해의 기(氣)가 찬 도구는 이기적 감정 조장(이데올로기)이요, 그 방법은 무력(전쟁)이다. 그 첫째가 세계 제1·2차 대전에 의한 사회주의와 자본주의의 세계요, 그 둘째가 한일관계요, 그 셋째가 6·25에 의한 남북관계요, 그 넷째가 5·18에 의한 동서관계요, 그 다섯째가 친노와 비노의 관계이요. 친박과 비박의 관계이다.

5. 단체성을 갖는 모든 외형적인 분해는 이제 끝났다. 그런데 아직도 남아있는 마지막 미세한 분해가 하나 있다. 그것은 한 인간의 맘(Mam)과 같은 국민 개개인의 내부에 들어있는 저급한 인성과, 몸(Mom)과 같은 국가체제의 삐뚤어진 정책과 제도 때문에 양산되는 이분법적 사유가 만들어 낸 주체 세력들 간의 이념에 대한 가치의 분해(분별)이다.

6. 이제는 화해를 통한 통합만 남았다. 그런데 내용 없는 통합이 얼마나 어려운가? 하는 것을 정치의 여·야뿐만 아니라 종교단체는 물론이요, 경제의 주체들의 이기심이 말없이 웅변해주고 있다. 따라서 새로운 제4의 방법론에 의한, 즉 대통합의 문화적 가치를 엔터테인먼트 정치(양원제 또는 삼원제)를 통해 새로운 문화를 창출해야 한다. 그렇지 않은 모든 통합에 대한 논의는 오히려 또 다른 분란만 조장할 뿐이다.

7. 통합은 역(逆)순이다. 완성기의 시대정신은 먼저 내적(內的)으로 과거 미완성기 때부터 우리 각자의 가치관에 잘못 뿌리내리고 있는 부정적인 '2분법적 사고와 양비론적 사고'로부터 탈피하여, 자기 내부에서 아직도 잠재우고 있는 고급한 의식인 '정도론·양미론적 가치(깨달음/사랑)'의 눈뜸이다. 그리고 난 후 두 번째가 개헌에 의한 분권형 대통령제의 시행과 함께 양극화를 해소하기 위한 '공생경제(통일경제)' 정책을 슬로건으로 양원제 형태의 새로운 제3의 '새 가치관 정당'을 세워야 한다.
그 새로운 패러다임을 완성한 후 외적(外的)인 분리에 대한 결합을 시작해야하는데, 첫째가 친박과 비박, 친노와 비노의 화해이며, 둘째가 동서의 화해요, 셋째가 남북의 화해이며, 마지막이 한·일 및 전 세계와의 화해이다. 내부 조립도 못 하면서 그 규모를 무리하게 확대한다는 것은 궁극에 있어서 욕심이며 결국에는 또 다른 갈등을 불러오는 원인이 되게 될 뿐이다.

8. 21C의 인간은 '인간은 생각하는 존재'를 넘어 "사랑하는 신인

(神人)이다." 따라서 인간 존재의 가치를 생각에서 사랑이라는 4차원으로 끌어올려야 한다(생각의 시대에서 사랑의 시대로). 그럴 때 3차원 이하의 이념이 갈라놓은 2분법 · 양비론(兩非論)적 사유는 사랑을 중심한 4차원의 정도론(正道論) · 양미론(兩未論)에 의해 비로소 통폐합이 가능한 법이다.

9. '인간은 사회적 존재'라는 '관련의 존재'이다. 왜냐하면 전체와 관련될 때 비로소 완성될 수 있게 미완성된 존재로 창조했기 때문이다. 한 개인의 탄생 초기에는 부모(신)의 절대적인 보호가 필요한 법인데, 이는 미시적 관점의 인간이든 거시적 관점의 인류이든, 아직은 완성을 위해 서로의 힘을 합치(한 가정과 가족이론)지 않으면 안 됨을 증시하는 것이다.

10. 통합과 통일은 나와 국가와의 관계를 벗어날 수 없다. 개인은 '각자의 가치관'을 개혁하고, 국가는 '제도와 체제'를 동시에 개혁해야 한다. 사회 · 자본주의는 '과정주의'일 뿐이다. '목적주의'인 '창조적 중립(정도)통일국가'를 새롭게 창출하지 않으면 안 된다. 왜냐하면 이 지구상에 '중립(정도)국'으로서 스위스나 일본, 최근의 중국 등이 따로 존재하지만, 그것은 결국 '완성된 중립(정도)국을 위한 '가교적, 예비적, 과정적 중립(정도)국' 일 뿐이다. 다시 말해 그 체제가 새 가치관의 부재로 인해 종교, 정치, 경제제도에 있어서 완벽한 중립(정도)국이 아니기 때문이다. 제도는 중립(정도)국의 형태를 갖췄을지라도 그 나라의 국민들의 가치관은 21세기의 시대정신에 맞는 새로운 절

대가치를 갖추지 못했기 때문이다.

따라서 한반도 통일은 새 가치관에 의한 '종교와 정치 및 경제의 시스템적 대통합이라는 '제4의 모델, 즉 '이상사회, 용화세계(국가복지)'를 이 땅에 새롭게 세워야 한다. 아침의 태양이 다시 산허리를 비집고 찬란하게 올라오듯이 수천 년의 역사를 돌아 '국운 융성'이라는 절호의 찬스가 이 한반도에 가까이 왔다. 사전 준비로 우리에게 주어지는 역사적 호기를 잘 맞이해야 할 것이다.

•••

역할분담 국회론과 삼원제(三院制)

문62. 박: 소장님께서는 정치적 갈등을 해결하기 위한 방법론으로서 역할분담 국회론과 삼원제(三院制)를 주창하셨는데 그 내용에 대해 말씀해 주셨으면 합니다.

답62. 권: 조금 앞서가는 내용이지만 본질적인 문제를 다룬 것이니까 감안해서 생각하십시오. 본 내용은 우리나라 국회와 정당의 구조에 대해 역할분담이론을 전제로 가상적으로 구상해 본 것입니다. 2009년 6월 23일 삼성경제연구소는 "사회적 갈등이 GDP의 27%를 감소시킨다."는 연구결과를 발표했습니다. 이것은 우리의 사회적 갈등이 얼마나 심각한가를 보여준 것이라 생각합니다. 따라서 사회통합을 위해 많은 분야의 변혁도 중요하지만 그중 가장 많은 문제와 갈등을 안고 있는 입법부의 역할과 그 변혁을 위한 새로운 방법론을 연구한 것입니다. 참고해 보시길 바랍니다.

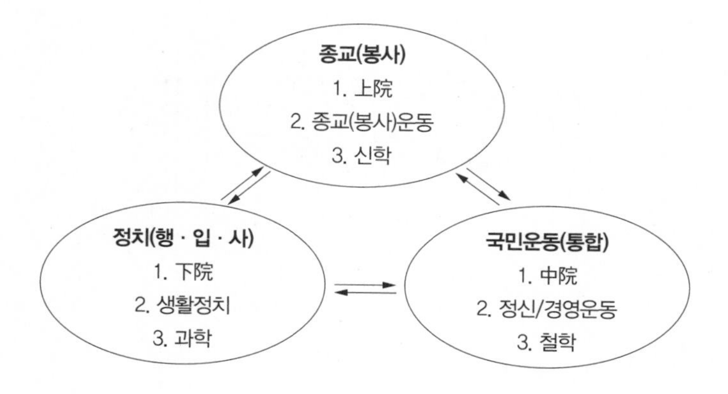

종교

상원의 역할: 문화예술과 종교적 업무를 담당해 시대정신에 맞게 모든 종교의 사회적 기능을 제도, 즉 법제(제도적 종교)화시키는 일을 해야 한다.(예: 정신교육을 위한 기구 창설과 각종의 교육프로그램을 창출하고 법제화하는 입법 활동)

정치

중원의 역할: 입법, 사법, 행정의 업무를 담당해 국민의 수평적 정치 참여와 함께 정치적 책임을 요구하는 생활정치를 실현하여 국민 모두가 주인정신을 갖게 하는 일을 해야 한다.(생활 속에서 사회적 갈등을 줄이고 민심을 이반하는 각종의 사건들을 해결하고 새로운 대안들을 창출하여 법제화하는 입법 활동)

경제

하원의 역할: 과학과 경제적 업무를 담당해 창조적 시장경제를 발전시키고, 창조적 분배의 방식을 창출하는 일을 해야 한다.(예: 유통의 공유화 및 대 · 중소기업 간의 상호협력 제도를 법제화하기 위한 입법 활동)

···

새정신운동 특별법 제정과 3대 국민운동

문63. 박: 창조적 통합과 통일을 위한 첫 과제가 될 국민통합을 위해 새정신운동 특별법 제정과 3대 국민운동을 역설하셨는데 두 내용을 말씀해 주시겠습니까?

답63. 권: 김규정 박사가 저술한 『행정학개론』에선 "오늘날 우리나라 행정사회에 있어서는 행정체질의 개선, 행정인의 의식구조, 가치관의 혁신, 행정풍토의 쇄신 등이 강력히 요청되고 있으며, 행정 발전이나 행정의 근대화는 행정인의 사고방식 내지 가치관의 변혁 없이는 도저히 기대할 수 없는 것이다."라고 설파했어요. 맞는 말입니다. 그러나 행정주체와 행정대상인 국민이 동시에 완경사(Inclined system)적 모형을 이루는 가치관의 동시개혁 없는 국가의 발전은 결코 불가능하다고요. 따라서 새 가치관 운동이 필요한데 그것이 성공하기 위해서는 새정신운동을 위한 3요소(要素)가 필요해요.

첫째는 절대가치가 수립되어야 해요. 앞에서 존재의 궁극목적과 역사의 방향성 그리고 인생의 의미를 교육하여야 한다고 했잖아요? 존재의 목적은 가치 추구 욕구와 가치 실현 욕구를 위한 동기유발의 본질적 근거가 됩니다. 따라서 목적성은 적극성의 원천이 된다고요. 역사의 방향성은 시간과 공간에 있어서 사회변동의 목표와 시대정신을 규정해주는 바로미터예요. 따라서 창조적 성장이론은 서구적 발전 시간관보다 더 구체적인 발전과 미래지향적인 시간의식을 갖게 한다고요. 시간은 발전을 이끌어 내는 데 있어서 매우 중요한 요소에요. 서구 선진국의 발전이 시간을 진보적. 합리적 시간으로서 인식했기에 빠른 발전이 가능했다고 하잖아요? 그리고 인생의 의의(意義)는 삶에 대한 가치추구에 있어요. 존재의 질적 가치와 의미에 대해 무지해서는 발전심리와 책임의식을 가질 수가 없어요. 그 결과는 사회적 인간으로서의 자격을 잃고 주변을 혼란에 빠뜨리게 할 뿐이라고요(이타적 세계에 대한 존재론 교육이 필요함).

그리고 철학을 기반으로 하는 정책과 비전을 제시하여, 정치·경제·종교·사회·문화 등의 전반을 새롭게 이끌어 주어야 한다고요. 따라서 절대가치에 대한 학문적 체계의 수립은 인류역사에 있어서 전무후무한 세계적 가치를 갖게 될 것입니다. 왜냐하면 이데올로기에 의한 모든 투쟁을 종언(終焉)하고, 인류 대평화를 위한 화합의 세계관을 제공해 줄 것이기 때문입니다. 철학은 '왜?'를 좇는 학문이잖아요? 21C는 역사의 완성기라고 했잖아요? 그래서 이제는 모든 물음에 대하여 왜를 밝히지 않으면 안 된다고요. 그래야 국민들 스스로 솔선수범하게 돼요.

둘째는 새정신운동특별법을 조속히 제정하여 새정신운동기구를 신설해야 해요. 법과 제도에 의하지 않으면, 지속성을 가질 수 없는 법입니다.(동서고금을 통하여 개인과 단체가 초월적 국가를 변혁시킨 예가 없었음) 완전한 책임을 할 수 있는 국민의 참여를 유도(誘導)해야 해요. 그리고 새 정신운동기구를 신설하여 '인재를 양성'해야 합니다. 새마을운동처럼 새 정신운동을 일으켜 국민의식을 높이지 않으면 국민대통합은 물론이요, 국민을 선진시민으로 성장시킬 수 없게 돼요. 뿐만 아니라 불원간 다가올 통일시대를 미리 대비하기 위해서라도 새 가치관 교육을 위한 특별법을 조속히 제정하여 민관합동에 의한 국가 차원의 신문화운동을 벌여야 합니다.

따라서 정신적 공무원을 교육시켜 전국의 시·군·구·읍·면·동·통·반에 배치해야 해요. 그리고 각지자체의 장과 상대적 관계를 조성해 역할을 분담하면서 협력과 견제를 통한 책임행정을 실현해야 합니다.(정신 지도자: 순수한 민주화운동자 · 개혁적 보수자 · 종교인 · 독립 및 국가유공자 등을 중심으로 하는 국민 추천제 도입으로 절대가치를 교육시켜 현장의 지도자로 임명해야 함)

셋째는 모든 분야를 유기적(System)으로 연결시켜야 해요. 국가는 정치·경제·종교가 유기적으로 밀착되어 있잖아요? 국민통합과 남북통일은 불가분의 관계이기 때문에 차제에 남북의 평화통일과 공존체제를 위한 '창조적 중립(정도)정부'를 수립해야 해요. 의식개혁을 위한 새 가치관 교육을 병행하는 것은 당연하고요. 종교가 더 이상 독립된 분과로 남아서는 안 돼요. 국가적 종교의 새 틀을 짜야 한다고요.

문64. 박: 권 소장께서는 오래전부터 새정신운동국민연합을 결성하여 사회운동의 선봉에 서서 국민통합과 남북통일을 위한 3대 국민운동을 또한 주창하신 것으로 알고 있습니다. 3대 국민운동의 내용은 무엇인지요?

답64. 권: 앞으로 국민통합과 민족의 통일 그리고 세계평화를 위해서는 새 가치관과 제도에 의한 21C형 새로운 패러다임을 창출해야 합니다. 그러기 위해서는 '제4의 길'에 의한 창조적 공존체제 수립과 함께 정신혁명이 병행되어야 국가개조 또한 가능하게 돼요.

1. 국민의식개혁을 위한 새 가치관운동

1) 의식개혁은 가치관의 전환과 제도의 변혁을 병행해야 효과적이다. 따라서 철학적 이념과 종교적 가치에 대한 새 교육과 정치제도 및 경제제도의 변혁을 통해 낡고 뒤처지는 요소들을 고쳐야 한다. 그러므로 체제변혁을 위한 새 가치관 운동을 하지 않으면 안 된다.

2) 21세기는 문화의 완성기이다. 따라서 절대가치를 통한 국민교육으로 현 세계에 대한 주인의식과 책임의식을 갖출 수 있게 교육해야 한다.

3) 완성기는 자립과 함께 절대가치의 시대요, 자유와 함께 책임의 시대이기에 법(法) 우위의 시대이다. 그러므로 공정한 법의 제정과 함께 정의로운 사회를 구축해야 한다.

4) 완성기는 독립과 함께 상속기이기 때문에, 수평적 상호교류의 시대이다. 따라서 모든 학문의 제분야와 사회의 구조가 수평적인 협력구조로 변화지 않으면 파멸을 부를 뿐이다.

2. 남북통일을 위한 새 사상운동

1) 미완성기는 무력전(힘)의 시대요, 완성기는 사상과 경제전이 공존하는 시대이다. 따라서 21세기는 문화의 완성기이므로, 남북통일을 위한 사상전과 경제체제에 대한 대전환이 반드시 일어나게 될 것이기에, 그에 대한 적절한 대비책을 세워야 한다.

2) 남북통일은 사상전과 체제전을 피할 수 없다. 왜냐하면 남북의 분단은 경제적 이념에 의한 체제의 다름의 분단이기 때문이다. 따라서 미구에 닥쳐올 김일성 주체사상과 공존체제를 위한 제도적인 대비책을 마련하지 않으면 안 된다.(96. 9. 12 스칼라피노, 이홍범 교수는 남북통일을 위한 새 사상이 있어야 함을 역설하였음)

3) 남북통일은 남남북녀의 결혼과 형제와의 조우(성서의 야곱과 에서의 만남)와도 같다. 따라서 새 사상을 중심한 공존체제를 창출하지 못하면 통일은 요원하며 21세기를 주도할 수 있는 새 모델(왕정 대 민주론 제도)의 종주국이 될 수 없다.

4) 통일된 '제4의 공존체제'는 종교적 이상사회를 정치적인 현실로 이루게 될 것이다. 왜냐하면 사회주의와 자본주의 과정적

인 제도를 완전한 성취시킬 수 있는 인류 역사상 전무후무한 계기가 될 것이기 때문이다.

5) 남북통일은 '제4의 공생경제학'에 의한 '인격적 경제학'을 필요로 하게 될 것이다. 왜냐하면 남북이 재산의 사유와 공유라는 소유의 문제를 조건으로 분단되었기 때문이다. 따라서 소유권의 절충인 50% 공영화와 50% 사유화의 창조적 중립(정도)제도를 찾아야 한다.(동 · 서의 갈등도 소유권의 우위를 점유하기 위한 권력싸움의 산물)

6) 남북통일은 '제4의 이념(영철학)'이 없으면 결코 불가능할 것이다. 왜냐하면 영철학(정도론 · 양미론)에 의한 공생(共生)사상과 공존주의만이 좌익과 우익, 보수와 진보로 구분하는 2분법적 사고와 양비론적 중도를 포용할 수가 있기 때문이다.

3. 신문화 창조를 위한 국가적 종교의 화합운동

1) 21세기는 열매와도 같은 인류의 완성기이며 동시에 공존(共存)의 시기이다. 따라서 공존하지 못하면 결혼(結婚)하지 못한 외로운 존재와도 같기 때문에 정치·경제·종교도 국가 중심의 공존제도를 찾지 않을 수 없다.

2) 완성기는 개혁(改革)의 때가 아니라 문화의 대전환기이다. 따라서 모든 분야에 있어서 삼위일체(종교 · 정치 · 경제/신학 · 철학 · 과학)된 일대 조화운동이 일어나지 않으면 안 된다.

3) 완성기의 종교개혁은 자체 내부의 개혁이 아니라, 공존(共存)인 국가 제도에 의한 다른 차원의 화합(결혼)이다. 왜냐하면 완성기의 자기 변화는 발전이 아니라 파멸을 불러 오기 때문이다.

4) 21세기는 경전종교의 완성기이다. 따라서 지금은 말씀종교를 졸업하고, 영성과 사랑(인격)종교의 새 자녀를 잉태하여야 하기 때문에, 종교 공존의 국가종교(하늘나라의 성취)이자 영철학에 의한 생활종교가 되지 않으면 안 되는 때이다.

5) 완성기는 개인의 영적(靈的) 구원과 함께 전체적 사회 구원의 때이다. 따라서 종교적 이상사회(종교결혼)를 국가의 법에 의한, 제도적인 구원(신정국가)으로 완성해 새 역사를 이루어야 한다.

…

국민통합은
인간통합

문65. 박: 권 소장께서는 국민통합은 결국 인간 의식의 통합이라고 말씀하셨죠? 그 말은 인간이 역사의 중심이라는 뜻과도 통한다고 보입니다. 그럼 인간이 만들어 낸 내외 양면의 다양한 문화적 요소가 있을 텐데 구체적으로 어떤 것들이 있을까요?

답65. 권: 근세의 인간은 외적(外的)으로는 국민국가체제라는 틀 속에 정치, 경제, 종교, 사회 문화 등으로 연결되어 있고, 그리고 단체, 국가가 세계적으로 관계되어 있잖아요? 그리고 내적(內的)으로는 종교적 본질과 연결되어 있고, 그 수준은 상·중·하(초·중·고)로 차별화 되어 있어요. 그리고 인간은 3단계를 통해 성장발전하기 때문에 어떨 때는 보호해 주고, 또한 어떨 때는 책임을 요구해야 하는지에 대해서도 연구를 해야 해요. 그뿐만 아닙니다. 한 가정에서 부자관계(l), 형제관계(/), 부부관계(–)의 유형을 성장 단계별로 갖게 되는데, 이 법칙을 사회적 관계에 적용할 때는 어떻게 해야 하는지 등을 깊이 연구해야 대통합을 위한, 즉 대통합을 방해하는 요인들을 제대로 진단할 수가 있어요. 좀 복잡한 얘기로 느껴질 겁니다.

그런데 이 복잡한 과정을 소홀히 해서는 대통합을 이룰 수 있는 방법론을 창출할 수 없어요. 요즘 들어 과학계에서 '복잡계 이론'이 시대적 이론으로 떠오르는 이유가 있지 않겠어요? 국민대통합 문제는 이처럼 어려운 문제에요. 쉬운 일이라면 우리가 아닌 다른 사람이 벌써 그 방법을 천명하지 않았겠어요? ~^^! 그러나 해법이 없는 것이 아니니 희망을 갖고 천천히 하나하나 풀어나가 보기로 합시다.

•••

창조적 중립(정도)통일을 위한 국민통합과 국가개조는 민관합동 병행운동

문66. 박: 제3의 방법론인 창조적 중립(정도)통일을 위한 민간의 국민통합과 국가개조운동을 성공으로 이끌기 위해서는 어떤 세력이 큰 뒷받침이 되어야 한다고 생각하시는지요?

답66. 권: 네, 저는 단연코 정치라고 생각합니다. 위에서 말씀드렸습니다만 국가개조를 위한 국민통합운동은 하나의 변혁운동이 아닙니까? 기득권의 저항이 따르게 될 것을 전제로 성립되는 것이고요. 따라서 순수한 민간단체의 힘만으로는 초월적인 국가를 변혁시키기는 역부족이에요. 정치적 파행으로 나라가 혼란에 빠져 국가적 위기로 내어 몰리고 있는데 정치가 나라의 중심에 서 있기도 하거니와 현실에서 가장 큰 힘을 가진 세력이 정치권이니까 정치권이 적극적으로 뒷받침이 되지 않으면 권력 유지가 힘들지 않을까요? 이것이 정치권에서 먼저 대통합을 기치로 내어 걸게 된 근본 이유인 셈이죠. 우리 정치는 이념에 의해 두 지역으로 갈라져 하루도 쉬지 않고 반(半)세기 이상을 대립해 왔어요. 정당을 통한 망국적 지역감정싸움으로 말입니다. 이번 기회에 정치적 대결을 청산해야 합니다. 그렇지 않으면 이 나라는 한 걸음도 나아가지 못하고 퇴보하고 말 것이라고요.

제가 (사)국민통합의 조 회장님을 만나기 전 한화갑 전 민주당 대표님을 찾아가 3시간씩 3차례에 걸쳐 특별 강의를 했었어요. 그때 강의 내용을 한마디로 말씀드리면 새 가치관 정치였습니다. 기존의 정치형태의 연장선에서 탈피한 새 문화 중심의 정치인 셈이죠. 좌익과 우익 그리고 중도를 뛰어넘는 사랑의 공생 정치를 말이에요. 진정으로 국민을 위해 헌신하고 봉사하는 그런 정치를 말입니다. 그게 벌써 10년 전의 일이에요. 공생의 정치란 말 그대로 공존의 정치로서 보수와 진보를 초월한 '분권'과 '양원제(창조적 삼원제)'인데 이것은 미국이나 영국, 일본과 같은 양원제가 흉내 낼 수 없는 역할 분담과 새 가치관에 의한 새로운 정치 패러다임이에요. 그래야 통합이 가능할 수 있어요.

...

국민통합을 위한 행동화 포럼 창조적 비판

문67. 박: 다음은 동서철학을 하나로 통폐합할 수 있었다는 심오한 영(靈)철학을 기반으로 (사)국민통합이 전국의 명망 있는 학자들에게 의뢰해 준비한 〈국민통합 행동화 포럼〉의 논문 자료집에 대한 권 소장님의 창조적 비판에 대해 듣고 싶습니다.

답67. 권: 이 부분도 압축하는 것이 좋을 듯합니다. 역시 저의 다른 졸저에 모든 자료에 대해 상세하게 수록되어 있으니 말입니다. 그리고 논문 자료집에 대한 질의응답은 진행하기가 다소 매끄럽지 않아서 발표 자료 중 순서대로 하나만 골라 중요한 부분만 언급하고 나머지 다소 많은 부분들은 생략하고 간추려서 비평한 것을 참고자료로 질의응답과 연계하여 옮기는 것이 더 효과적일 것 같네요. 전체 자료집의 분량이 많아서 말이에요. 참고로 본 내용은 2008년 1월 19일 63빌딩 국제회의장에서 행한 국민통합행동화 포럼의 자료집입니다.

이때 이기택 전 총재님과 이윤구 전 적십자총재님께서 격려사를 하셨고요. 두 분은 (사)국민통합의 상임고문으로 계시기도 합니다. 국민통합을 위한 학자들의 노고에 진심으로 감사드리지 않을 수 없습니다. 독자들의 일독을 바랍니다. 그리고 이렇게 훌륭한 자료집을 만들기 위해서 노심초사하시며 이 책의 좌장까지 맡아주신 조동회 (사)국민통합 회장님께 이 자리를 빌려 심심한 감사의 말씀 드립니다.

※ 참고자료 – 국민통합행동화포럼 자료집

1. 역사를 견인하는 에너지 ———————— 황의철 기획위원장
2. 왜 '국민통합'이 시대정신인가? ——————정책연구실장 최요한
3. 존중과 배려의 정치·사회·문화와 그 선진화 –노동일 교수(경북대학교 총장)
4. 국민통합의 과제 ————————————이현청 교수(상지대학교 총장)
5. 창의사회를 여는 국민통합의 방향과 방안 — 전택수 교수(한국학중앙연구원)

1. 역사를 견인하는 에너지

황의철 기획위원장

1) 요약

사회의 다원화는 필연적으로 '갈등구조'의 함정에 빠질 수밖에 없다. 최근의 한국사회의 '갈등구조'는 그 어떤 사회보다도 위험 수위에 이른 상황이다. 이명박 신정부가 '경제 살리기와 사회갈등 치유를 통한 국민통합'이라는 역사적 소명을 감당해야 하는 상황에서 갈등 치유의 방법을 제시하고자 한다.

전근대시대로부터 지금까지 갈등구조는 더욱 첨예화되고 복잡해졌다. 더 확장되고 대립되는 현실인 것이다. 이런 갈등구조를

해소하기 위한 지속적인 노력과 전담조직의 구성 등 대안이 있을 수 있다. 하지만 무엇보다 중요한 것은 신명나는 통합의 에너지를 결집하기 위해 국민들에게 강한 동기부여를 하는 것이고 이는 신정부가 강력히 추진해야 할 우선 과제인 것이다. 국민의 마음에 온기를 불어 넣으며 차가워진 응어리를 푸는 해빙이다.

2) 문제 제기와 과제 도출

인류사회가 다원화되어 가고 과학문명이 발전해온 과정과 결과는 항상 성과적 측면이 강조됨과 동시에 그로 인해 발생되고 있는 많은 문제와 직면하게 된다. 시장경제를 표방하고 있는 나라와 사회는 창의와 경쟁이라는 두 축에 의해 목표제일주의와 성과만능주의를 추구하고 있고, 그 과정에서 첨예하고 철저한 경쟁논리가 중심이 되어 있다. 이에 따라 강자와 약자, 성공과 실패가 극명하게 나타나면서 양극화와 대립을 확대·생산시켜오고 있는 것이다.(중간 생략)

국민은 고통 받고 힘들어하고 목 메이게 절규하는데도 지도자는 자기 의도와 다른 그들을 마치 타도해야 될 적으로 삼고 대립하며 갈등을 증폭시켰다. 평등이라는 이름으로, 균형발전이라는 이름으로 역(逆)평등을 만들고 역균형을 만들어 이 나라를 갈기갈기 찢어진 누더기처럼 만들어 버렸다.(중간 생략)

그 결과 우리는 '경제적 양극화와 사회갈등의 전면화'라는 곤혹스러운 훈장을 달게 되었다. 어떻게 하면 이 불명예스러운 훈장을 지혜롭게 떼어 낼 수 있을까? 어떻게 하면 차갑게 얼어붙은 국민들의 마음에 온기를 불어넣을 수 있을까? 무엇으로 우리 국민을 신명나게 할 수 있을까? 지난 현대사를 성찰해 보면서 그 해답을 찾을 수는 없을까?(이하 생략)

2. 창조적 비판과 그 대안

복잡하고도 난해한 사회현상을 어렵사리 분석하느라 온 신경을 모아 집필한 저자의 노고에 우선 경의를 드린다. 필자 또한 부족하고 아직도 더 천착하여야 할 과제가 산더미 같이 남아 있지만 결코 짧다고 할 수 없는 지난 30년이라는 세월을 새정신운동국민연합을 이끌면서 어떻게 하면 '국민통합'을 통한 '남북통일과 세계평화'라는 시대과제를 이룰 수 있을까?라는 과제를 붙들고 씨름해 온 터라 저자의 글을 대하면서 새로운 감회에 젖었다.

저자의 논문 중 '1. 문제제기와 과제도출'에 있어서는 "양극화와 대립의 확대 생산으로 시장경제를 표방하고 있는 나라와 사회는 창의와 경쟁이라는 두 축에 의해 목표제일주의와 성과만능주의를 추구하고 있고, 그 과정에서 첨예하고 철저한 경쟁논리가 중심이 되어있다."라고 했으면서 '2. 선택과 집중'의 끝 부분에서는 "새 정부의 '창조적 실용주의'로 실행과 성과를 중시하는 시장경제에 부합되는 전략이라 하겠다."라고 한 것은 조금 어긋난 논리적 비약처럼 보인다. 완성만이 흠이 없는 법이다. '자본주의 시장경제'든, '사회주의 계약경제'든 어차피 이 두 경제체제는 많은 문제를 안고 있는 과정적 방법론으로서 '편파적 경제제도'인 것이다. 따라서 미완성 된 제도하에서의 갈등은 우리에게 '흥'을 요구할 수밖에 없는 것이다.

그리고 '3. 갈등구조와 해소방안'에 있어서 첫째, 전략적 관점에서 구체적인 추진기반으로 '법제화'와 '전담조직화'를 제시하고 있는데, 이것은 상징적 수준의 희망상황과도 같이 보인다. 실천을 위한 구체적인 프로그램의 체계화가 요구된다고 하겠다. 필자는 오래전부터 이것의 법제화를 위해 '새정신운동특별법 제정'을 내세워 노력해 왔으며, 전담조직화의 메인스트리움(주도세력)을 구성하기 위해 '국가와 시민조직의 병행'을 주장하였다. 어느 한 조직만으로는 결코 성공할 수 없는 법이다. 그 근본 이유는 필자의 저작물들에서 이미 언급하였다.

둘째 방안인 지속가능하고 효과적인 정책에 의한 자원(인적 · 물적)의 배부와 교류 또한 마찬가지이다. 이것은 첫째의 부분이 이루어지고 난 이후에 추구하여야 할 콘텐츠로서, 관점에 따라서 다를 수도 있겠지만 중요한 문제는 효과적인 정책을 창출한다는 것이 얼마나 어려운가 하는 것이다. 셋째 방안인 실행조직에 의한 행동화 교육·훈련 또한 첫째의 부분이 구성되지 않으면 불가능한 일이며, 그렇게 하기 위해서는 국민의 합의를 도출하기 위한 구체적인 프로그램을 먼저 창출하여야 할 것이다. 넷째 방안인 다민족과 다원화된 문화에 대한 차별 해소와 조화 부분은 나중의 '대안' 부분에서 다루기로 하겠다. 왜냐하면 가치관의 문제임과 동시에 간단치 않은 복잡하고 심원한 종교의 문제이기 때문이다.

다섯째 방안은 인적자원의 글로벌화를 위한 제도와 시스템 구축이다. 좋은 의견이다. 그리고 이것은 큰 그림이다. 필자는 새정신부를 신설하여 새 가치관 교육에 의한 국가적인 인재 양성기구를 만들지 않으면 안 되기 때문에 정부조직법 개편으로 인재를 양성하여 전국의 시·군·구·읍·면·동에 정신공무원으로 파송하여야 한다고 주장한다. 또한 민간(종교)조직에 의한 사회봉사단체인 수호천사연합을 창설하여, 관과 민이 음·양이 되어 유기적으로 연대하는 '범정부조직을 제도적으로 구축'하여 사회문제에 적극적으로 관여하는 것은 물론이요, 모든 혼란을 수습하는 주도세력으로 자리해야 한다고 주장한다.

대안

역사는 부족한 미완성으로부터 출발하여 흠이 없는 완성을 향하여 성장하고 있다. 역사의 성장, 즉 정확한 역사철학의 가치에 대한 진단이 중요한 이유가 이 때문이다. 따라서 국민통합을 실현시키기 위해서는 저자가 제기한 많은 처방도 물론 중요하겠지만 무엇보다도 중요한 것이 '완전한 목적적 제도의 창출'에 있다고 하겠다. 그래서 통일이라는 과제가 중요한 것이다. 남북통일을 통하여 과정적으로 부족할 수밖에 없었던 국가체제를 완전한 '완성체제'로 만들어야 한다. 그렇지 않으면 어떤 방법으로도 부족한 사회제도 때문에 발생하는 갈등과 혼란을 막을 길이 없는 것이다. 그러므로 통일을 이루기 전에 '공존체제의 모델'이 되는 사회주의 계약경제의 장점과 자본주의 시장경제의 장점을 결합한 일명 '창조적 공생경제'인 '창조적 중립(정도)정부'를 구성하지 않으면 모든 노력도 허사일 수밖에 없는 법이다. 절대가치 부재 상태의 자본주의적 이기심은 국민통합을 방해하는 가장 큰 악폐이다.

그러나 그것만으로 갈등구조를 없앨 수 있었다면 먼저 중립(정도)국가가 되어 있는 가까운 일본이나 부단히 중립(정도)국을 지향하며 열을 올리고 있는 중국이 먼저 이상사회가 되었거나 앞으로 될 수 있을 가능성이 더 많을 것이다. 문제는 그것만이 아니다. 인간은 영적인 존재이기 때문에 국가도 영성이 있는 법이다. 국가의 영성은 개인의 영성과 비례하는 법이다. 부족하고 미완성된 어린 이기심으로는 결코 생활공동체가 목표인 국민통합을 이룰 수가 없는 것이다. 국민의 영성을 21세기에 맞게 업그레이드 시키지 않으면 안 된다.

그러기 위해서는 첫째, 기존의 철학적 종교적 가치를 뛰어넘는 '절대가치를 창출'하여 모든 종교를 통폐합하지 않으면 안 된다는 것이다.

둘째, '철학에 기반한 정책'에 의해 새로운 정치와 정당을 창출하여 인물 중심의 지역 구도를 타파하고 새 가치관 정당을 이루어야 할 것이다.

셋째, 첫째와 둘째의 그 터 위에 통합을 위한 기구와 제도적 보장 및 국민통합을 위한 '새정신운동특별법'을 제정하지 않으면 국민통합은 불가능한 일이 될 것이다.

이 얼마나 엄청난 일인가? 국민통합이 말로는 간단한 용어 하나만으로도 족하지만 말이다.

따라서 필자는 이 세 가지의 선행조건으로서 첫째, 절대가치로 동서양의 모든 철학사상을 통폐합하였으며, 둘째, 철학에 기반한 정책을 완성시켰다. 그래서 필자는 '영(靈)철학'과 '제4의 길'을 따로 엮어 책으로 간행하였다. 일독을 바란다.

이하 생략~~!

(『국가조론 다이제스트』 참고)

제4부

통일

남북통일은 갈가리 찢기고 뿔뿔이 흩어질 수밖에 없었던 지난 역사의 십자가적 처참함에 대한 인류 역사의 대부활(復活)이다. 따라서 마치 퍼즐을 맞추듯이 멀티플레이어가 되어 모든 분야를 하나로 아우르는 대통일, 즉 전일적 패러다임(Holistic Paradigm)을 창출하지 않으면 안 되며 이는 초월적 경지에서나 가능한 복잡다단한 작업이다. 그러므로 평화적 남북통일은 세계평화는 물론 인류 역사의 영구평화의 시금석이 될 것이다. 왜냐하면 완성은 소멸이기에 또 다른 방법론을 불허하기 때문이다.

···

남북통일과 창조적 공생·공존주의

좌장. 박근령: 수고하셨습니다. 열띤 두 분의 질의와 응답에 진심으로 박수를 보냅니다. 저도 많은 공부가 된 것 같습니다. 다음은 북한입니다. 북한은 제5차 핵실험 이후 UN차원의 제재에 항의해 미국의 워싱턴 D.C까지 폭파하겠다고 위협하고 있습니다. 그뿐입니까? 연이어 동해 상에 수십 차례의 미사일을 발사하는 지경에까지 이르렀으며, 목함지뢰 사건 이후 준 전시상태까지 치닫게 했습니다. 심지어 최근의 북한은 ICBM까지 발사 실험을 하겠다면서 참으로 가공할 위협으로 우리와 전 세계를 향해 위험수위를 더 높이고 있는 실정입니다. 이에 UN은 북한에 대한 제재의 강도를 더욱더 높이겠다고 으름장을 놓고 있지만 당사자는 쇠귀에 경 읽기인 것 같습니다.

남북통일과 국민통합이 불가분의 관계여서가 아니라 통일이야말로 우리의 소원이며 온 인류의 희망입니다. 왜냐하면 남북통일이 잉태하게 될 새로운 체제의 모델이 21C 미래 인류를 위한 역사적인 새로운 제3체제라는 제도적 비전을 제시하게 될 가능성이 매우 높기 때문입니다. 고인이 되신 고(故) 김대중 전 대통령께서도 미하일 고르바초프 소비에트연합 전 서기장과 마찬가지로 그의 저서 『인동초』를 통해 독일처럼 기존의 어느 한 체제로의 갑작스러운 흡수통일이 아니라 사회주의의 장점과 자본주의의 장점을 결합한 새로운 통일을 이미 오래전에 천명하셨습니다. 그리고 본 대담의 답변자이신 권 소장님께서도 평화통일을 위해서는 새로운 하나의 사회체제를 창출하여 3단계를 거쳐야 한다는 일명 '1체제 2국가 통일론'을 주장하시지 않았습니까?

이처럼 절체절명의 사상 유래가 없는 중대한 사태를 맞이해 그 어느 때보다 통일의 필요성이 더 커졌다고 생각하니 통일을 위한 방법론 창출이 시급하다는 느낌이 강하게 듭니다. 따라서 통일문제가 당사자인 우리뿐만 아니라 이 시대의 가장 큰 세계사적 이슈로 등장하게 되었음을 깊이 인식하고, 결코 쉽지 않은 통일문제를 어떻게 할 것인가와 그리고 그 대안의 구체적인 내용에 대해 충분한 질의응답의 시간이 되었으면 합니다.

문68. 박: 권 소장님께서는 오래 전부터 어느 한 체제로의 일방적인 흡수통일이 아니라 1체제 2국가에 의한 3단계 평화통일의 방법론을 연구하여 남북통일의 전도사이자 최연소 통일문제 연구소장이라고 불릴 정도로 평화적 통일문제를 연구해 오셨는데 언제부터 어떤 계기로 연구하게 되셨습니까? 다시 한 번 깊은 내막을 듣고 싶습니다. 간단하게 말씀해주시면 고맙겠습니다.

답68. 권: 제가 태어난 고장이 지리산 기슭의 첩첩산중인 경남 산청입니다. 지금은 고속도로와 산업도로가 뚫려서 좀 나은 편이지만 얼마 전만 해도 산간 오지였어요. 어릴 때 할머니로부터 빨치산이 민가에까지 내려와 곡식과 마을 청년들을 뺏어갔다는 이야기를 들으면서 자랐어요. 그리고 청년이 되어서는 마을 가까이에 빨치산 전시관이 있어서 자주 찾았어요. 또한 이웃의 진주 출신 고(故) 박경리 선생의 대하소설 토지도 읽고, 남북통일을 위한 새 사상은 지리산과 진주에서 나와야 한다고 하셨던 박경리 선생의 사위 김지하 시인을 찾기도 했어요. 김 시인은 그 이유를 지리산과 진주는 빨치산의 근거지였음은 물론이요 남북분단의 현 주소이기 때문이라고 했지요. – 빨치산은 도당, 동지라는 프랑스어 파르티잔(Partisan)에서 나옴 –

그런데 질문1에서 제 나이 25세 때의 일을 간략하게 소개했지만 제가 통일을 연구하게 된 것은 운명적인 요소가 크다고 생각해요. 그때 내적으로 겪게 된 사건과, 외적 환경이 오로지 통일만을 연구할 수밖에 없게 내어몰았어요. 대학 졸업 이후에도 20년 이상을 경상대학교 도서관에 틀어박혀 모든 분과를 통일문제와 연계해 연구했으니까요. 자본주의 제도하에서 넉넉한 조건도 아니면서 경제활동도 벗어던져 놓고 말입니다. 누가 이기나 한 번 해보자는 각오로 무모한 도전을 했어요. 제가 고집이 엄청스럽나 봐요. 이 세상에서는 누구도 상대가 없을 정도로 말이에요.~^^!(웃음) 결국 그 고집 때문에 통일과 통합은 불가분의 관계라는 것을 알게 된 것이지만요. 그리고 영철학과 제4의 길을 창출하게 됐지요.

문69. 박: 통일문제의 해법을 찾는다는 것이 얼마나 힘든 작업이

었겠나 하는 생각이 듭니다. 소장님께서는 통일을 위한 새로운 제 3의 방법론인 블루오션 전략을 준비하신 것으로 알고 있습니다. 그 대강에 대해 말씀해 주시겠습니까?

답69. 권: 저는 세상에 수많은 전문 분야가 있지만 통일보다 더 어렵고 힘든 분야가 어디 하늘 아래에 또 있을까? 하고 자문자답할 때가 한두 번이 아니었어요. 왜냐하면 통일은 어느 한 분야만을 연구해서는 불가능해요. 국가와 국가의 하나 됨을 뜻하기에 나라 안에 있는 모든 분야를 골고루 연구해서 대통합을 이뤄야 합니다. 즉 전일적 패러다임(Holistic Paradigm)을 창출해 내어야 하는 멀티 플레이어가 되지 않으면 안 돼요. 마치 복잡한 퍼즐을 맞추기라도 하듯이 실로 초월적 경지에서나 풀어낼 수 있는 천상의 암호와도 같은 엄청난 일이기 때문이에요.

'패레스트로이카'와 '글라스노스트'를 외치며 사회주의의 개혁과 개방을 이끈 전 소비에트연방의 서기장 미하일 고르바초프와 노벨평화상에 빛나는 고(故) 김대중 전 대통령은 이구동성으로 "남북통일은 사회주의의 장점과 자본주의의 장점을 결합한 통일이어야 함."을 설파했어요. 그런데 서독이 서로의 장점을 결합한 통일의 비밀을 풀어내는 일이 얼마나 힘들었기에 체제가 다른 동독에 대해 막대한 자금의 희생을 감수하고서 흡수통일을 시도했겠는가를 생각하면 이해 못 할 바도 아닙니다. 물론 독일의 분단이 남북의 분단과 동일한 내용으로 전개된 것은 아니지요.

어쨌든 약 30여 년이라는 세월을 초지일관 오직 남북통일을 위한 모든 분야의 연구에만 매달린 끝에 이제야 비로소 한쪽의 반발을 필연적으로 야기하게 되는 '흡수통일'의 방식을 뛰어넘는 '정책방식'에 의한 통일의 비밀을 풀 수 있었으니 말이에요.

'흡수통일'은 막대한 자금을 필요로 하지만 서로의 장점을 결합한 제도적, 정책적 통일은 전적으로 우리 모두가 부담해야 할 '내발적 자금'을 통한 통일이 아니에요. 왜냐하면 세계 경제 위기로 새로운 세계체제의 모델을 만들지 않으면 안 되는, 즉 온 세계가 우리의 남북통일을 모델 삼아 자국을 살려야 하는 '롤 모델(Roll Model)'의 통일이고 통일기금을 각국에서 보내오게 해야 하는 통일이기 때문이에요. 그리고 정책방식의 통일을 준비하는 과정에서 이루어지는 상상을 초월하게 될 인센티브를 통해 엄청난 자금을 확보할 수가 있어요. 덧붙여 흡수통일은 그것이 어떤 방식이라 할지라도 미완의 통일일 뿐 완전한 통일일 수가 없어요. 사회주의가 붕괴되고 자본주의조차 금융위기로 해체의 위기를 맞고 있는 세계의 현실이 이를 반증하고 있잖아요? 서로의 장점을 결합한 새로운 '제4의 통일(민주주의 4.0은 공존주의 1.0)' 그것만이 우리가 원하는 통일이요, 세계가 바라는 통일입니다. 이것이 블루오션 전략에 의한 통일의 비법이지요.

...

남북통일은 새 사상이 있어야

문70. 박: 분단의 근본 원인이었던 체제의 다름을 하나로 통합하기 위해서는 제3의 체제가 창출되어야 한다고 하면서 남북통일의 방법론을 이념과 연결해서 연구하신 것으로 보입니다. 왜 그렇다고 생각하시는지 이념을 중심으로 말씀해 주십시오.

답70. 권: 마르크스의 『자본론』은 '변증법적 유물론'을 철학적 본질로 삼고 출발했어요. 그런데 사실상 "자본론은 노동관계에 대한 과학적 패러다임일 뿐 어떤 철학적인 깊이를 갖고 있는 것이 아니다."라는 도올 선생의 말처럼 사회주의는 철학과 종교의 부정에서부터 비롯된 체제에요. 종교의 부정은 결국 창조론의 부정으로 이어지게 되고 창조론의 부정은 부득불 유물론의 학문적 근거가 되는 진화론을 끌어들일 수밖에 없게 되었던 것이라고 위에서도 논의했었잖아요?

'철학이 존재론적 가치를 부정해서는 철학으로서의 가치를 가질 수 없다.'는 것에 대해, 굳이 B. 러셀이나 N. 하르트만의 철학

대한 정의를 열거하지 않더라도, 그것은 이미 21C를 살아가는 현대인들에게 있어서는 일반적인 상식이 되었어요. 러셀은 "철학은 과학과 신학을 잇는 가교."라고 했고, 하르트만은 "초월적 존재에 대한 어느 정도의 직관을 갖추지 않은 철학은 철학이 아니다."라고 말했어요.

사회주의는 종교를 거부한 유물론적 진화론을 체제의 학설로 선택했으며, 자본주의는 종교의 자유를 허락했기 때문에 창조론을 체제의 학설로 받아들였다고 할 수 있어요. 그래서 북한은 주체사상이라는 철학 중심의 나라가 되어 전 인민이 주체사상으로 무장되어 있는데 반해, 남쪽은 반대로 철학적 사유는 빈약한 반면 종교적 신앙은 타의 추종을 불허할 정도의 맹신에 가까운 종교 중심의 나라가 되었고요.

따라서 통일왕국을 앞두고 먼저 이뤄지게 될 '창조적 중립(정도) 정부'는 진화론과 창조론을 하나로 아우르는 새로운 '창조적 성장론'을 창출해야 해요. 따라서 재미교포 이홍범 교수와 스칼라피노 교수도 "남북통일을 위해서는 새 사상이 있어야 한다."고 말했던 것이라고요. 창조론과 진화론의 논쟁의 종언에 대한 내용은 졸저 『영(靈)철학(정도론 · 양미론)』에 수록되어 있기에 방대한 내용을 여기에 다 옮길 수는 없어요. 다만 간략하게 요약하면 창조적 성장론은 창조론의 특성과 진화론의 특성을 2분법이나 양비론적인 분별의 대상으로 보는 것이 아니라 정도론과 양미론적 대상, 즉 역할 분담의 차원으로 보고 새로운 철학적 방법론을 창출했어요.

여기에는 상대적 대립관계가 사라지고 부족한 존재끼리의 상호

협력 관계만 존재해요. 그러므로 좌익도, 우익도, 그리고 중도론도 아무런 의미가 없어요. 오직 깨달음의 가치인 정도(正道)에 의한 '공생'의 관계만 있게 됩니다. 그것이 창조와 재창조에 의한 단계별 성장이론이에요. 따라서 '영철학'은 '제4의 이념'으로서 '제4의 길'이라는 '새로운 국가체제'를 창도하게 될 거라고요. 그래서 앞으로 한반도에서는 사회주의 체제 붕괴 이후 방황하고 있는 북한의 '우리식 사회주의'와 남쪽의 '천민(賤民)자본주의' 체제의 부족함을 서로 보충하고 통합하여 사회체제의 질적 대전환을 이룰 '제4의 국가체제모델'인 "공존체제"를 창출해 남북의 평화적 통일을 선도해야 해요.

문71. 박: 사회주의의 몰락과 자본주의의 위기를 맞이하여 남북통일을 이념의 통일과 연결시켜 제3차 세계 사상 대전, 또는 세계 국가체제 대전이 일어나게 될 것이라고 하셨는데 사상 대전과 체제 대전이란 구체적으로 어떤 내용입니까?

답71. 권: 새 가치관에 의한 제3차 세계 사상전과 체제전이 일어나는 근본 이유를 알아야 할 것 같네요. 수리적으로 3수는 완성을 의미해요. 굳이 헤겔의 정·반·합의 3단계 발전이론을 말하지 않더라도, 창조적 프로그램의 재창조 과정에 있어서 앞선 존재와 뒤쳐진 존재와의 사이에는 언제나 시기와 질투가 일어나는 법이지요. 투쟁의 원인은 욕심, 즉 부족함이라고 앞에서 말하지 않았습니까? 세계 제1차 대전이 그랬고, 세계 제2차 대전이 그랬어요. 그런데 세계 제3차 대전은 사뭇 그 전의 것과 다르다는 것이죠.

그것은 물리적인 전쟁과는 달리 부족한 자가 걸어오는 것이 아니라, 넘치는 자가 먼저 제기하는 새로운 방법의 전혀 색다른 전쟁이에요. – 물론 그 시발은 부족한 자의 무력에 의한 도발, 즉 문제 제기가 제3차 대전의 도화선이 되겠지만 말이에요 – 그래서 그것은 빼앗기 위한 물리적인 전쟁이 아니라 부모의 심정과도 같이 자녀에게 어떻게 하면 하나 더 줄까를 위해서 벌이는 전쟁, 사랑의 전쟁, 화평전쟁, 즉 새 가치관 전쟁이지요. 그래서 제3차 세계대전은 화평을 위한 쟁투인 원효의 화쟁(和諍)이에요.

창조적 성장이론에 있어서 미완성기와 중간기는 물질과 지식을 상징하는 영토 빼앗기와 이데올로기 싸움의 시대입니다. 하지만 완성기는 인격적 가치인 사랑을 전파하기 위한 시대정신을 갖기에 용서와 나눔을 실천하지 않으면 같이 파멸할 수밖에 없는 시기에요. 따라서 1, 2차 세계대전은 빼앗기 위한 물리적인 전쟁이 될 수밖에 없었던 것이며, 3차 세계대전은 헌신과 봉사에 의한 나눔의 화쟁으로서 서로를 살리기 위한 사랑의 전쟁인 셈이죠.

“사랑을 위한 전쟁은 많을수록 가치로우며, 오히려 불러일으키는 자가 주인이 되는 법이다.”

평화를 위한 검

21C는 문화의 완성기에요. 물리법칙을 중시하던 시대를 지나 사랑과 생명이라는 인격의 가치를 숭상하는 시대고요. 그동안 우리 인류는 물리적 싸움이 얼마나 무서우며 인류의 행복을 일순간

에 파괴하는가를 뼈저리게 체험해 왔잖아요? 그래서 이제 다시는 인류를 불행으로 몰고 가는 물리적인 전쟁이 없게 우리가 먼저 평화를 위한 전쟁을 세계를 향해서 걸어야 한다고요. 아니 세계보다 먼저 나 자신에게 걸고 나아가 이웃에게, 동·서에 걸며 그리고 핵실험으로 동포를 불안에 떨게 하고 있는 저 동토의 땅 북녘에게 평화통일을 위한 분란을 일으켜야 해요!

그리스도는 "내가 세상에 화평을 주러 온 줄로 생각지 마라. 화평이 아니요 검을 주러 왔노라."(마태복음 10장 34절)라고 하지 않았는가요? 통일의 분란은 그들의 몫이 아니에요. 인격적인 사랑이 넘치는 우리가 평화전쟁의 주범이 되지 않으면 안 돼요. 안 그러면 언제 무력을 동원해 역으로 치고 내려올지 몰라요. 평화를 위한 분란의 십자가는 분명 우리에게 중생 또는 부활이라는 평화통일의 축복으로 상속되게 될 것입니다. 분란을 일으켜야 해요! 평화의 검을 높이 치켜들고 평화전쟁인 화쟁을 일으키자고요! 그것이 천파만파로 확대되어 "세계 제3차 평화대전"이 될 수 있게 '사랑의 전쟁'을 야심차게 도발해야 해요! 우리 대한민국이 말입니다.

그 전초전으로서 "모든 물건을 서로 통용하고 소유를 팔아 나눠 줌이리라."(사도행전 4장32절~35절)라는 용서와 나눔을 위한 창조적 기부 정책을 통하여 먼저 예비전(戰)을 감행해야 한다고요! 부족하고 힘들어하는 자에게는 사랑의 나눔보다 더 큰 선물이 없다고요~! 베푸는 일보다 아름답고 행복한 일이 없어요. 행복한 정부가 되기 위한 첫 번째 조건이 베푸는 것이라고요. 그렇지 않은 행복은 언어도단일 뿐이에요~^^!!

...

제4의 길

문72 박: 남북통일과 세계평화의 경제모델로 사랑의 공존주의·공생경제(통일경제)체제를 창출해야 한다는 소장님의 '제4의 길'에 대해 알고 싶습니다. 그리고 혼합경제나 인간적 자본주의라는 새로운 방법론과 어떤 차이가 있는지요? 요약해서 간략하게 설명해 주시면 좋겠습니다.

답72. 권: 보다 디테일한 내용은 5부에서 다루기로 하고 여기서는 간략하게 그 개요 정도만 다루기로 하겠습니다.

2008년 1월 스위스의 작은 산간 마을 다보스(Davos)에서는 '세계경제포럼(WEF)'인 다보스 포럼(Davos Forum)이 열렸어요. 미국발 금융대란이 일어나기 일보 직전이었어요. 세계 각국의 정계(政界)·관계(官界)·재계(財界)의 수뇌들이 대거 참가하여 각종 정보를 교환하고, 세계 경제 발전방안 등에 대하여 논의하잖아요? 매년 열리는데 약 1주일간 정치·경제 및 문화에 이르는 폭넓은 분야에 걸쳐 토론을 벌여요.

"자본주의는 빈곤문제를 해결할 수 없으며 가난한 자의 입장에서 보면 시장경제는 제대로 굴러가지 않는다."라고 외친 워렌 버핏과 친분이 두터운 빌 게이츠는 이곳 다보스 포럼에서 "창조적 자본주의"라는 용어를 전 세계를 향하여 선언했어요.

제3의 길(The Third Way)

사회주의 몰락 이후 자본주의의 병폐로 인하여 가치관의 위기를 맞이한 서구 유럽은 새로운 방법을 찾아서 '제3의 길'을 제시했어요. 영국의 총리인 토니 블레어의 업적이었지요. 그는 노동당의 싱크탱크 'Demos'의 책임자요, 『블레어 혁명(The blair revolution: Can new labour deliver?)』의 저자 피터 만델슨(P. B. Mandelson)에게 새로운 경제와 경영의 시스템을 찾아줄 것을 요구했어요. 만델슨은 『좌파와 우파를 넘어서』의 저자 앤서니 기든스(A. Giddens)와 영국 아카데미, 미국 아카데미의 특별 회원이자 뉴욕신사회연구원과 버크벡 칼리지의 명예 교수 에릭 홉스봄(Eric Hobsbawm), 울리히 백(U. Beck) 등의 저명한 역사·사회학자들의 머리를 열심히 빌려서 제3의 방법을 체계화하였으며, 이를 블레어 정부를 통하여 국정에 반영할 수 있게 했잖아요?

그렇게 '제3의 길'은 일파만파로 퍼져나갔죠. 대륙으로 건너간 제3의 길은 독일의 슈뢰더(G. F. K. Schröder)와 프랑스의 죠스팽(L. Jospin), 이태리의 프로디(R. Prodi)와 손잡고 대세를 구축하기 시작하는 듯했어요. 그런데 얼마 가지 않아 외눈박이 '제3의 길'이 형편없이 좌초하는 조짐들이 여기저기서 나타나기 시작했잖아요? 경제 분야만으로는 국가를 바로잡을 수도, 발전시킬 수도 없었는지 결국 흐지부지되고 말았어요. 제3의 경제학과 새로운 이념을 창출하지 못했던 것이죠.

국가가 경제만으로 이루어져 있는 나라가 이 지구상 어디에 있는지 한번 둘러보세요, 눈을 씻고 찾아보아도 없다고요. 만에 하나 있다면 그곳은 으스스한 정글의 한 귀퉁이를 차지하고 있는 동물의 왕국 또는 손과 발만 있고 머리와 몸뚱이가 없는 유령의 세계일 테죠. 자유의지가 영원히 잠자고 있는 금수의 세계 말이에요.

경제의 위기는 철학의 부재에서

"경제의 위기는 철학의 부재에서 기인되는 법입니다." 1980년부터 현재까지 타협이 불가하다는 의미로 붙여진 '철의 여인' 대처 총리 이후 '제3의 길'이 세상에 빛을 보기 시작하면서 신자유주의, 시장근본주의, 신 중도좌파라는 용어가 회자되기 시작했어요. 참으로 가소로운 일이 벌어지고 있었지요. 아니, 그렇게도 고급한 문화와 문명을 가졌노라 자랑하며 5대양 6대주에 해 질 날이 없었다던 대영제국과 관념철학의 역사적인 거장들을 수도 없이 배출한 유럽에서 제3을 넘어선 새로운 '제3의 철학'과 '제3의 경제학'을 하나 도출해내지 못하고, 다시 좌파라는 마르크시즘을 2/3쯤 피드백할 수밖에 없었다니, 정말 가소로운 일이 아니고 무엇이겠습니까?

제3의 길은 사이비 샛길

헤겔을 역사의 스승으로 두고서도, 아니 다시 마르크시즘으로 돌아갔으면서도 왜 그 간단한 변증법적 발전의 의미에 대해 무지한지? 진정 그들이 서양철학과 독일의 사변철학의 후예들이 맞는지 다시 생각해봐야 할 일이 아닌지 모를 일이에요. 그들은 이미 저 찬란했던 사유의 그때 그 시절의 고뇌하는 소크라테스가 아니라 배부른 그 무엇이 되어버린 것이에요. 그들은 이미 그들의 가까운 형제들로부터 손가락질 받는 처량한 신세로 전락했어요. "제3의 길은 사이비 샛길이다."라고 한 노베르토 보비오(N. Bobbio)로부터 말입니다. 궁여지책으로 EU라는 블록화를 추진함은 합(合)의 법칙임은 잘 보았지요.

그런데 '제3의 길'은 역사는 끊임없이 높은 가치를 추구한다는 것을 잊어버리고 현실에 안주하고 있지는 않은지 자문자답해 보아야 해요. 그리고 그 결과 스스로를 자연도태의 길로 내 몰고 있는 것은 아닌지 뒤돌아보고서 질문해야 해요. 사회복지와 정치는 선진국이었는지는 알 수 없지만 가장 중요한 인간의 심리를 관장하고 주관하는 영성은 제3의 길을 떠나지 못하고 오히려 제1의 길로 피드백 하고 있는 것을 방치하고 있는 것은 아닌지도 안타깝습니다.

또 있어요. 그들은 자신들의 영혼이 이미 종교의 신성을 산 채로 생매장시켜 버렸을 뿐만 아니라 철학적 이성의 신과 '3S'라는 쾌락의 신이 신자유주의자들의 주인이 된 것은 아닌지도 스스로에게 물어야 한다고요. 그래서 이기심으로 철저하게 무장된 자유를 만끽하기 위해 매일 스포츠와 축제를, 그리고 각종 이벤트를 쉴 사이도 없이 벌이고 있는 것은 아닌가요? 주변을 돌아보지도 않고 존재의 공동체적 전체와 비교할 때 너무나 경미한 개인의 자유라는 이름으로 자기를 망가트리고 있는 것이에요. 그러고서 어떻게 경제든 국가든 발전할 수 있겠어요? 누가 이웃을 위해서 자기소유를 나눌 수 있겠는가 그 말입니다.

어느 나라가 기아에 허덕이는 저 아프리카 오지를 위해 희생적인 사랑의 정성을 쏟아줄 수 있겠어요? 뿌리지 않으면 열매 맺지 않으며, 베풀지 않으면 돌아오지 않는 법입니다. 열매 맺지 않고 돌아오지 않는데 발전하는 법은 이 세상에서는 존재하지 않는다고요!

종교적 영성(영철학) 경제학

빌 게이츠가 선언한 '창조적 자본주의는 사랑의 자본주의의 다른 이름입니다.' 이것은 사회주의와 자본주의의 장점을 적절하게 융합한 새로운 경제의 모델을 위한 첫걸음이 되어야 해요. 뉴욕대학의 클레어몬트 대학원 경제학 석좌교수였던 피터 드러커(P. Drucker)는 제3의 경제학에 대하여 "앞으로 경제학이 존재하지 않을 수 있다. 그러나 다음에 올 경제학은 정치경제학으로서 '공급(供給)'에 중심을 두게 될 것이며 결국 인간성 회복(回復)에 있다."라고 했어요.

이 뜻은 모든 분야에 있어서 시스템적 상호 연관성이요, 미래가치인 '영(靈)철학'에 의한 '영성적 경제학'에 대한 필요성을 역설한 것이라고 할 수 있습니다. 하지만 그는 미래에 있어서 인간성의 회복이 영성에 의한 4차원적 '인격적 종교'에 의해서 가능하리라는 것을 예견하지는 못했어요.

영(靈)철학·경제학은 정치경제학을 넘어 인격적 사랑경제학이 됩니다. 즉 창조적 공생경제론인 종교적 영성경제학만이 궁극의 경제학이 될 겁니다. 왜냐하면 앞으로의 정치가 종교의 정치(2분법, 양비론에 의한 지금의 분파적 종교가 아니라 정도론, 양미론에 의한 국가적, 제도적 종교성)가 될 수밖에 없기 때문이에요. 그리고 본질적으로 경제학은 존재하지 않아요. 경제학은 기능학(學)일 뿐이에요. 경제의 위기가 철학의 부재에서 기인한다고 했듯이, 새로운 철학이 세워지면 경제학은 그 철학의 체계에 자신의 지위를 맡길 수밖에 없어요. 궁극에 있어서 경제는 수단이지 목적적 가치가 아니라는 것이지요. 시대와 정치적 상황에 따라서 변하는 것이기에 정치지도자의 자유의지에 의존하게 되는 존재지요. 그래서 경제는 기능이요, 경제학은 철학의 젖을 먹고 자라는 자식과도 같아요.

철학 또한 종교철학이나 신학에 비하면 이와 같아요. 따라서 궁극의 경제학은 영철학·경제학, 즉 '창조적 공생경제학'이에요. 그러므로 남북통일은 '창조적 공존주의'에 의한 '공생경제'에 의해서 새로운 나라를 새롭게 창출해야 해요. 그리고 공생경제인 통일경제는 일명 혼합경제 및 인간적 자본주의와 그 맥락은 같다고 할 것입니다. 그러나 후자의 두 경제이론은 정부와 시장의 조화에만 관심을 가질 뿐 소유, 즉 생산수단의 국유화와 사유화에 대한 적절한 균형의 조화에 대해서는 접근하지 못하고 있어요. 아주 중요한 문제인데 말입니다.

…

38선은 이념의 경계선

문73. 박: 다음은 남북한 사이에 가로놓여 있는 38선(DMZ)을 이념의 경계선이라고 하셨는데 근본 이유는 무엇입니까? 사회주의와 자본주의라는 체제의 다름이 철책을 만들었다는 뜻이겠죠?

답73. 권: 네! 박 교수님께서 잘 보셨습니다. 먼저 38선은 소유권에 대한 이념의 경계선이라고 해야 정확해요. 왜냐하면 소유권의 전면 국유화냐, 아니면 전면 사유화냐를 두고 그어진 선이잖아요? 이것을 정당화하기 위한 이론의 필요성이 요청되니까 마르크스는 포이에르바하의 유물론과 헤겔의 변증법을 교묘하게 결합해 유물변증법과 유물사관, 즉 사적 유물론을 만들 수밖에 없었어요. 그런데 북한의 김일성 주석은 마르크스의 사상을 바탕으로 김일성 주체사상을 따로 세웠다는 것이죠. 물론 사적 유물론은 사회주의 혁명의 당위성을 위해서 마르크스와 앵겔스가 새롭게 창도한 것이고요. 사적 유물론은 인류의 역사를 관념이 아니라 물질적인 것, 즉 경제관계의 측면에서 보고 거기서 일어나는 계급투쟁이 근본이 된다는 역사관으로서 원시공동체사회를 지나 노예제, 봉건제, 자본제를 거쳐 사회주의사회로 가게 된다는 논리 아닌가요? 마치 예언서처럼 인류의 사회가 결국 사회주의체제로 변하게 된다고 억지로 끼워 맞춘 거죠. 김일성 주체사상도 마찬가지에요. 둘 다 진화론에 기초한 유물론을 바탕에 깔고 있잖아요?

그런데 유물론은 철학의 범주에 들지 못해요. 왜냐하면 니콜라이 하르트만이 그의 저서『존재론의 새로운 길에』서 "철학은 존재자에 대한 앎이 없이는 실천적 과제에 접근할 수 없다."고 설파하지 않았나요? 쉽게 말해 신을 부정해서는 철학이 진정한 철학이 될 수 없다는 뜻이죠. 신의 존재, 즉 창조 목적에 대한 로드맵이 없는데 어떻게 제대로 된 지도력을 갖겠어요? 지도자의 마음대로 정치하면 된다는 독재의 논리가 아닌가요? 그래서 대부분의 사회주의체제의 지도자들은 독재를 일삼았어요. 숙청이라는 이름으로 무고한 생명을 약 70년 동안 1억 5천만 명을 무자비하게 처단하지 않았냐고요.

...

창조적
중립(정도)체제 구성

문74. 박: 남북통일은 창조적 중립(정도)체제를 구성해야 가능하다고 하셨는데 그렇게 하기 위해서는 먼저 남한과 북한에 각각 어떤 전제조건이 있어야 하지 않겠습니까? 조감도나 거시적 정책과 같은 큰 밑그림 같은 것 말입니다.

답74. 권: 앞에서도 구소련의 고르바초프 서기장과 고(故) 김대중 전 대통령께서 설파한 내용 중 사회주의의 장점과 자본주의의 장점을 결합한 창조적 중립(정도)체제를 말했듯이 남북통일은 양 체제의 장점과 단점을 잘 분석하고 각각의 체제가 갖고 있는 분야별 사회제도를 디테일하게 파악해서 잘 조화시키는 지혜가 필요해요.

먼저 경제 부분에 있어서 북한은 생산과 유통의 50% 사유화, 즉 부분적 자본주의제도를 채택해야 하며, 남한도 생산과 유통의 50%를 공영화해야 해요. 그런데 북한은 생산과 유통에 있어서는 이미 각각 50%를 사유화했어요. 개인이 재화를 소유할 수 있게 된 것이지요. 그리고 정치 부분에 있어서 북한은 민주주의를 부분적으로 받아들이고, 남한은 정신적 지도력을 회복해야 해요. 또한 종교 부분에 있어서 북한은 종교를 받아들여야 하며, 남한은 지나친 종교적 맹신의 퇴치를 위해 철학하는 문화를 새롭게 구축해야 해요.

문75. 박: 소장님께서는 북한이 붕괴되어 흡수통일을 꿈꾸는 지도자들을 경계해야 한다고 하셨는데 왜 북한이 붕괴되면 안 된다고 생각하시는지요? 북한이 궁지에 몰리게 되면 최악의 시나리오를 실행할 수밖에 없다는 뜻으로 보면 되겠습니까?

답75. 권: 예, 먼저 앞의 이끄는 글에서 얘기했듯이 한반도의 역사는 어떤 법칙·패턴을 갖고 단계적으로 전개된다고 말하지 않았나요? 조금 다른 얘기지만 한반도에 왜 38선이 왜 생겼을까를 혹시 질문자님께서는 생각을 해 보셨는지요? 인류의 역사를 필자가 세운 창조적 성장론의 가설처럼 미완성에서 완성을 향해 성장하게 되는, 즉 역사도 경험에 의한 단계적 발전의 역사라는 관점으로 본다면 어떨까요? 한반도의 역사에 있어서 일제 식민지 시대는 물론이요, 8·15 광복 이후 6·25라는 동족상잔의 엄청난 비극이 발생했다는 것이 분명 우리에게 그 무엇인가를 요구하고 있지 않나 하는 생각을 하게 됐어요. 한반도뿐만 아니라 전 세계가 냉전의 이데올로기를 겪었으니까 말이에요.

그러니까 제 말뜻은 사회주의도 경험하고 자본주의도 경험해서

양 체제 둘 다 뭔가가 부족하니까 어떤 완성된 새로운 사회체제를 창출하기 위해 충분히 경험하라는 역사의 요청 같은 것입니다. 그렇지 않았다면 역사는 아마도 우리에게 38선 같은 것을 만들어 주지 않았을 겁니다. 또한 그렇지 않다면 동구의 사회주의 국가의 몰락에도 불구하고 북한이 우리식 사회주의 체제를 지금까지 고수하고 있겠어요?

흡수통일은 그 어떤 방법이든지 우리에게 대재앙을 가져오게 된다고요. 왜냐하면 이미 양 체제는 종언을 고했기 때문이지요. 사회주의도 망했고 자본주의도 파멸을 맞이하지 않았나요? 남쪽이 흡수한들, 북쪽이 흡수한들, 어차피 둘 다 망하게 돼요. 따라서 창조적 중립(정도)체제로 새로운 국가의 창출이 이루어지지 않으면 안 되는 역사적 사명을 우리 한반도가 갖고 있다는 것을 알아야 해요. 그러니까 역사는 한반도의 창조적 통일을 통해 21세기 지구촌의 역사를 새롭게 써야 한다는 것을 암시하고 있다고 봐야 한다고요. 그래서 북한의 붕괴는 대재앙이 되는 것입니다.

그리고 앞에서도 언급했지만 성인의 국가가 아니고서 그 어떤 국가가 자신의 나라가 붕괴되는 것을 가만히 지켜만 보고 있겠는지요? 체제와 국가의 붕괴를 막기 위해 도발이라는 엽기적인 위협만 가중될 수 있지 않을까요. 더군다나 우리의 남쪽과 북쪽은 같은 민족이라는 특수성 때문에 맞대응해서 변변히 싸우지도 못하고 결국 남쪽이 희생만 당하게 되잖아요?

...

남북통일 어록 모음

문76. 박: 다음은 통일과 관련된 세계적인 석학들의 어록들에 대한 소장님의 말씀을 듣고 싶습니다. 금과옥조 같은 명언이라 여겨집니다.

답76. 권: 다음의 내용은 각종 저서와 학술활동 및 포럼을 통해 발표한 평화적 남북통일에 대한 다양한 방법론들 중 나름대로 큰 의미를 갖췄다는 것들만을 각자의 논문 또는 저서에서 발췌하여 실은 것입니다. 국내외의 여러 석학들의 의견들과 함께 엮은 것으로서 석학들의 노력과 정성이 묻어있는 훌륭한 단상들이지요.

물론 체제가 서로 상이한 국가들끼리의 통일이어서 그 범위나 방법론이 너무 방대하고 심오한 사유를 필요로 하는 것들이기에, 여기에 모든 내용을 다 실을 수는 없지만 그래도 각론과 총론 및 때로는 철학적이면서도 정책적으로 빛나는 사유들을 총망라하여 특별한 구분 없이 인물별로 담았어요. 본 내용을 통해 한편으로 통일의 길이 광범위한 분야를 하나로 통합하지 않으면 안 되는 험난하고 힘든 노정이라는 것을 인식하는 계기가 될 수도 있겠지만, 의외로 경이로울 정도로 쉬울 수도 있으리라는 것을 느끼게도 될 것입니다. 남북의 통일이 결코 그렇게 어렵고 먼 곳에 있는 것이 아닙니다.

1. 도올 김용옥 교수 『삼국통일과 한국통일』 외

- 남북통일은 맹수촌에서 거행되는 토끼의 재혼 혼례이다. 따라서 강대국들의 동의 아닌 축복이 있어야 한다.
- 정·반·합의 신테시스로서의 통일이 아니라, 정·반·합을 하나로 묶어, 그것을 파기시켜 버리는 의미에서의 제2의 논의가 구성되어야 한다.
- 통일은 개혁(改革: Revolution)이 아니라 개벽(開闢: Remaking)이다.
- 궁극적인 통일(Unification)이란 사회적 결속(Social integration)이 문제인데, 어떠한 방식으로 사회의 결속을 이루어 낼 것인가?
- 그것은 단순한 남북한이라는 정체(政體)의 통합(統合)을 넘어서는 인간의 문제이며, 인간제요소의 새로운 통합을 통한 새로운 인간상의 제시를 의미하는 것이다.
- 한국 통일은 세계사적(A world historial event) 사건이다. 왜냐하면 한국의 문제는 한국인이라는 인류의 좁은 범주에 속하는 인종이나 개인의 문제가 아니다. 한국의 역사는 인류의 역사가 체험한 모든 가능성을 포함하고 있는, 특히 한국의 통일이라는 문제는 인류사가 최근 두 세기 동안에 겪은, 모든 역사 진행의 다양한 제요소를 압축시키고 있다. 따라서 한국통일은 제요소의 모순적 해결을 융화시키는 의미를 내포하고 있

다고도 할 수 있다.

- 한반도는 동·서의 문제, 남·북의 문제, 좌·우의 문제 등 모든 이념적 문화의 갈등과 역사의 진행에 있어서의 모든 다양한 시간의 가능성이 압축되어 있는 인류사의 판도라 상자인 것이다.
- 통일은 단순한 인류사의 지역행사(Local event)로 처리되어 버리고 말, 작은 해프닝이 아니라 인류에게 가능성과 희망을 던지는 사건이 되어야 한다. 따라서 인류에게 새로운 희망과 가능성을 제시하는 제3의 제도적 모델(청사진)이 마련되어야 할 것이다.
- 독일 통일의 체험을 능가하는 어떤 새로운 시점의 새로운 인류사의 비전이 한국통일 속에서 현현되어야만 한다.
- 통일과 통일 이후에는 원효와 같은 거대한 사상가가 나와야 한다.
- 통일학 대강의 원칙
  (1) 제1은 세계사의 흐름을 대체적으로 파악해야 한다.
  (2) 제2는 우리 민족사의 아이덴티티를 규명하는 문제이다.
  (3) 제3은 제1과 2의 연구 성과를 바탕으로 우리 민족사의 미래의 가능성을 예견하여야 한다.
- 우리 통일론은 모더니즘도 아니요, 탈모더니즘도 아니다. 그것은 모더니즘 그 자체의 인식론(Epistemology)적 전제와는 전혀 다른 담론(디스꾸르)에서 출발하는 새로운 제3의 언어이다.
- 통일논의의 어려운 점을 잘 파악해야 한다. 왜냐하면 표리부동하고 음흉한 가면의 진위 여부를 분별하기가 여간 어려운

게 아니기 때문이다. – 남북의 지도부(에스테블리쉬먼트)와 관료(뷰로크라쉬)들의 이중적 가면 –

• 왕정민주론(王政民主論)

(1) 왕정 대민주론은 한국이라는 국부상의 모델이 아니라 범인류의 모델이 된다.

(2) 왕정 민주론은 궁극적으로 인간학의 인식의 문제이며 인성론에 내재하는 과제이다.

• 민주란 계몽주의 이래 인류의 현재적 관심일 뿐이며 왕정이란 인류문명사(작위사)를 일관하는 권력 형태이다.

• 왕정역사는 오히려 복합적인 제도사의 다양성을 수용할 수 있게 된다. 그러니까 존재론적인 도식이 간단하면 할수록 생성론적 제도의 변천은 다양하게 살아난다는 것이며 무절제적무의 사유가 가능케 된다는 것이다.

• 왕정민주라는 이원론적 도식이 아니라 왕정(王政)이라는 일양적 형태일 뿐이다."

2. 권추호 『제4의 길』과 『영(靈)철학』

• 한반도의 통일은 독일처럼 서독에 의한 동독의 흡수통일이 아니라 상이한 남북 상호체제 간의 창조적 중립(정도)국에 의한 새로운 패러다임의 통일이다. 따라서 단기간의 통일이 아니라 1체제 2국가의 3단계에 의한 소통과 교류의 통일이며, 1단계는 이념의 통일이요, 2단계는 경제제도인 생산수단의 통일이며. 3단계가 마지막 정치권력(국가)의 통일이다.

• 통일의 궁극적 목적은 절대가치에 의한 인격적인 사랑과 이

상사회에 대한 제도적 모델을 제시하는 것이어야 한다. 왜냐하면 분단이 저급한 이념에 의한 치기심이 만들어낸 변증법(辨證法: Dialectic)적 투쟁의 결과이기 때문이다. 따라서 통일 이후 무엇으로 어떻게 '하나가 되어야 하느냐'를 위해 구체적으로 연구하지 않는 모든 통일 논의는 미성숙한 담론일 뿐이며, 주인정신이 결여된 통일지상주의일 뿐이다.

- 통일은 단순한 남과 북만의 지리적·공간적 통일이 아니다. 우리의 통일은 내면적 세계의 철학 가치인 존재(Being)와 생성(Becoming)의 포괄적 통일이요, 외형적 인류 역사의 다양했던 문화적 파편들을 하나로 묶는, 총체적 문명의 대통일이며, 또한 천주적 신성의 세계와 세계 인류를 하나로 묶는 대통일이다.
- 한국의 통일은 근원적 본질에 대한 섭리의 통일이다. 따라서 과거 인물에 의해 주도되는 통일이 아니라, 21C 철학에 기반한 정책에 의해 창도되는 법과 제도의 제3의 통일이다.
- 한국의 통일은 유비쿼터스(Ubiquitous)적 통일이다. 왜냐하면 전 세계를 하나 되게 하는 '제4의 공존모델'로 인류의 갈라진 마음을 하나로 연결시켜 줄, '새 가치관'의 편재성 통일이기 때문이다.
- 절대가치 부재상태의 통일교육은 오히려 갈등의 골(A gap of discord)을 더욱 깊어지게 할 뿐이다. 따라서 궁극적 존재의 제1원인에 대한 근본을 해명한 과학적 철학과 철학적 신학이 없으면 안 된다. 왜냐하면 전 국민이 용인(容認: Admission)하는 국가 주도의 국민교육이 불가능하기 때문이다. – 종교단체나

사회단체를 통한 교육은 한계가 있음 –

- 통일한국은 지식주의를 넘어, 절대적 가치관에 의한, 영성주의의 새 모델인 '공존주의 체제의 나라'가 되게 해야 한다.
- 통일은 모순과 부정에 의한 〈정–반–합〉의 변증법적 통일이 아니라, 미완성과 부족을 채우는 〈정–교–합〉의 상호보완적(Complementary Cooperation) 통일이다.
- 통일은 절대적 사랑에 의한 상생과 부족한 존재를 배려하는 체제복지·국가복지(福祉)의 통일이어야 한다. 그렇지 않으면 통일 이후의 한국의 선진성과 안전을 보장할 수 없다.
- 성서 속의 인물인 '에서와 야곱의 만남'과 '그리스도의 먼저 희생함' 그리고 사도행전의 '소유의 나누어 줌'은 통일을 위한 모든 하나 됨의 인격적 모델이다.
- 한국의 통일은 한쪽의 일방적 흡수에 의한 통일이 아니라, 서로의 장점을 결합한 생활공동체를 요구하는 통일이기 때문에, 서로의 큰 단점을 폐기(廢棄)하지 않으면 추호(秋毫)도 불가능한 법이다.
- 재창조의 경제적 관점에서 볼 때 북한의 사회주의체제는 큰 단점 두 개와 작은 장점 두 개가 있으며, 남한의 자본주의체제는 큰 장점 두 개와 작은 단점 두 개가 각각 있다.
- 공존체제·공생경제(통일경제)의 시스템적 모델의 3요소.
  1) 북한은 1/2 시장경제(생산)를 도입/남한은 1/2 공영화제도를 도입해야 한다.
  2) 북한은 1/2 민주주의를 도입/남한은 1/2 절대가치에 의한 영적권력을 도입해야 한다.

3) 북한은 종교적 신앙을 도입/남한은 냉철한 철학적 사유체계를 도입해야 한다.

• 남북통일을 가능하게 하는 공존체제는 영적 군주제에 의한 왕정제와 정치적 민주에 의한 수상제가 유일한 대안이 될 수밖에 없다. – 사랑에 의한 종교적 가치의 왕과 수상제도 –

• 남북통일은 인류역사의 남성성 중심의 일방적 힘(力)의 시대에서, 여성성 중심의 나눔(愛)의 시대로 나아가기 위해 큰 과정적 시대를 통과하는 중성적 중립(정도)성을 상징하는 모든 협력(協力)적 시대정신의 뜻함이요, 알림이요, 지상명령(至上命令)이다. 예) 트렌스젠더(Trans-gender)의 시대

• 남북통일은 남한의 신(神) 중심에 의한 종교적 신학(神學)과 북한의 인간 중심에 의한 주체사상(哲學)을 동시에 뛰어넘는 '제3의 합(Synthesis)'으로서의 신본적 인본주의, 즉 철학적 신학이요, 신학적 철학인 '영(靈)철학'이 나오지 않으면 절대로 불가능하다.

• 한국 통일에 있어서 외형적 제도(制度)에 의한 공존체제와 내면적 철학(哲學)에 의한 절대가치의 수립이 창조적으로 조화되어야 한다.

• 주체사상의 철학, 사회역사 원리의 핵심인 인간중심론과, 인민대중에 의한 주체론은 '창조적 성장론'의 한 부분인 '재창조에 의한 생성(Becoming) 중심의 사상일 뿐이다.' – 창조에 의한 존재(Being) 중심, 신(神) 중심과 시스템 철학 역사 원리의 상대성 사상 –

3. 법륜(평화재단 이사장)

- 20세기의 마지막에 인류 최후의 분단국으로 남아있는 한반도에서 남북의 대립으로 한쪽에서 수백만의 동포가 먹을 것이 없어 죽어 가는 일이 일어났다. 이는 단지 한반도에 국한된 비극이 아니라 정치적 갈등과 분쟁이 야기하는 인류의 비극적 현실을 보여준다. 한반도의 분쟁과 갈등을 해결해 나가는 과정은 국지적인 분쟁과 대립이 양산되고 있는 인류에게 있어 문제 해결의 실마리를 풀어가는 방안이 될 수 있다.
- 환경의 문제가 단지 소비와 절약의 문제가 아니라 새로운 세계관과 문명, 삶의 가치관을 바꾸는 삶의 전환운동이라는 것, 분쟁과 갈등의 세계 안에서 한반도의 분단을 극복해가는 과정은 단지 한 민족에게 국한된 지엽적인 것이 아니라 민족 간의 대립과 갈등, 외세의 개입, 그로 인한 지역적 긴장 등의 문제를 풀어가는 해법이 될 수 있다.

4. 이동철『문화의 과제와 전략 중에서』

- 이제 인류에게 중요한 것은 내가 남을 정복하거나 남과 투쟁하여 승리를 거두느냐에 있지 않다. 어떻게 하면 더불어 평화롭게 살 수 있고 조화롭게 공존할 수 있느냐에 달려 있다.
- 우리 남북통일은 인류에게 그러한 삶의 모델을 제시하는 계기가 되어야 한다.
- 한국통일은 분단의 비극을 겪은 하나의 민족이 재결합하는 과정만이 아니다. 그것은 남북한의 체제가 상징하는 여러 가지 문제점을 해소하고 나아가 인류에게 새로운 문명의 패러

다임을 제시하는 계기가 되어야 한다. 또한 한국통일은 단순한 남북한의 물리적·공간적 재결합으로 끝나서는 안 된다. 그것은 근·현대 이후 서구문명의 충격에 의한 서양화·근대화라는 역사적 과정을 통해 우리가 겪어야 했던 전통문화의 상실과 굴절을 극복하여 새로운 문명의 대안을 제시하는 것이어야 한다.

5. 함재봉 『근대사상의 해체와 통일한국 이상』

- 현재 한국 사회에서 일고 있는 통일 논의는 이상을 상실한 것이다. 사회주의 몰락과 서구식 복지국가의 위기는 우리가 이상으로 추구할 만한 목표를 앗아가 버렸다. 새로운 이상의 정립을 위해서는 과감한 발상의 전환이 요구되며 이를 위해서는 좌/우의 대립구도와 그것을 뒷받침하고 있는 근대사상의 해체가 선행되어야 한다.

6. 배병삼 『세계의 차원에서 본 분단과 통일』

- 남북한의 통일은 만드는 것이 아니라 되는 것일 수 있다는 점에 유의하지 않으면 안 된다. 다시 말해 통일을 하고자 하지만 되지 않고 하지 않고자 해도 될 수 있다는 논리적 모순이 한반도의 상황에서 가능하다는 것이다. – 시장경제 체제로 규정되는 신세계 질서가 미국의 폭력적 힘에 의해서가 아니라 소련의 자체 붕괴에서 비롯되었다는 사실을 간과해서는 안 된다. 독일의 통합도 동독의 자기 해체에서 비롯되었다 –
- 새로운 모델을 필요로 하는 강대국 스스로의 자멸성 때문에

한반도 통일에 대한 축복과 지지를 전 세계가 일어나서 하게 될 것이다. – 되어지는 통일 –

(클린턴 정부는 토니 블레어의 제3의 길을 전폭적으로 지지했음. 미국과 유럽의 강대국들 사회체제가 급속히 무너져 가고 있으며, 말기적 증상을 보이고 있음이 단적인 예이다.)

7. 김석근 『식민시대 의미에서』

- 확고한 의식을 가지고 식민지 시대와 그 역사를 보아야 한다.(주체의 상실/주체를 회복하려는 힘의 분열/주체의 회복) 급격하게 변화하는 세계의 흐름으로 볼 때 근대에 얽매일 것이 아니라 전혀 새로운 문명의 도래를 준비하지 않으면 안 될 것이다.(제시할 수는 없지만) 냉전질서가 무너지는 것과 새로운 국제 질서가 태동하고 있는 것을 볼 때 강대국들의 이해관계가 아니라 바로 우리의 주체적인 노력과 주도하에서 이루어져야(한국통일) 할 것이다.

미국과 일본의 이해를 조정해 낼 수 있는 지혜가 필요함에 따라서 대립과 분열을 넘어서 하나로 만들어 주는 강력한 통일이념의 필요성이 요구됨. 어떻게 그런 통일이념을 찾을 수 있는가? 사회주의, 자본주의 같은 이미 낡아버린 이념으로는 안 된다. 남한과 북한을 감싸 안으면서 하나로 승화시켜 주는 그런 이념이 필요하다. 그 이념은 새로운 주체를 형성하고자 하는 노력을 뒷받침해 주는 것이어야 한다.

8. 오항녕 『통일시대 역사인식을 찾아서』

- 정치적 시각에서만 바라다보는 누를 범함.
- 광주사태를 통하여 미국은 방관자적 입장임을 확인하였음.
  – 더 이상 미국은 우리의 우방이 아니다 –
- 철학 · 역사 등 인문 과학 분야의 통일 논의는 저조하며, 사회 · 과학적 접근만 있다.
- 우리의 학문이 이제는 근원에 대하여 생각할 때가 되었다.
- 통일시대는 난세에서 치세로, 타율에서 자율로 가는 길목이 될 것이다.
- 지금까지의 역사는 땅고르기 시간, 이제는 집을 지어야 한다.

9. 심백강 『제3의 사상』

- 통일운동으로 전환되기 위해서는 인생관 · 가치관의 새로운 정립과 아울러 경제 구조상에서의 각종 제도적인 개혁이 이루어져야 한다.
- 사회주의 공유화를 통한 평등 지향적 정치에, 자본주의의 사유화를 통한 효용 지향적 경제를 접목시켜 보겠다는 의도를 확고하게 명문화하였다. – 물권법을 통과시킴 –
- 무제한의 사유(私有)를 허용하지 않고 적절한 정도에서 이를 제한하며 일정한 선에 미달하는 빈민층에 대해서는 방관하지 않고 정부가 나서서 적절한 방법으로 보조해 주는 제도이다. 즉, 어느 한도 내에서의 평등만 존재한다.
- 전업만 종사하고 겸업을 할 수 없도록 제한하는 제도를 말한다.
- 한 무제 때와 당나라 때에 시행, 명 · 청 말까지 시행하였다. 제3의 경제 체제가 현실적으로 가능하게 될 것이다.

10. Norberto Bobbio 『제3의 길은 없다』

- 제3의 길은 양자(좌 · 우)를 수용하면서 동시에 억압한다. 그래서 매개된 제3이 아니라 초월된 3항이다. 결과적으로 좌파와 우파라는 다른 두 실체를 먹어치움으로써 자신의 존재를 실현한다. 다시 말해 양비론적(兩非論的) 사이비 샛길이지 살리고자 하는 제3의 길이 아니다.(포섭적인 중앙: Inclusive Middle)
- 민주주의와 시장경제의 병행발전이나 제3의 길은 더욱 많은 사람들의 합리적이고 균형 잡힌 논의를 거치지 않으면 우리 사회에 또 다른 파국을 불러올 만큼 너무나도 중요한 문제이다.

11. 귄터 그라스와 피에르 부르디

- 신자유주의 핵심은 무책임성이다.
- 국가와 기업의 하수인으로 전락할 위험에 처해 있다.
- 제3의 길 역시 신자유주의를 추구하고 있다고 비난하였다.
- 제3의 길도 겉으로만 사회주의를 표방하면서 사회적 책무를 외면하였으며, 이윤 극대화만 추구하고 있다.

12. 이코노미스트 志

- 제3의 길이 실천적인 내용이 없는 모호한 이념과 정책으로 가득 차 있다고 비난하였다.

13. 엔서니 기든스 『제3의 길』[1]

- 기든스 역시 제3의 경제학이 아직 존재하지 않음을 인정함.
- 제3의 길은 낡은 스타일의 사회민주주의와 신자유주의를 초월하려는 시도이다.

14. 김윤태 『제3의 길(T. 블레어와 영국의 선택)』

- 한국적 제3의 길은 무엇보다도 국가주의와 시장주의의 극단적인 대립을 극복해야 한다.
- 낡은 이데올로기 대립에서 벗어나 평화체제를 지향해야 한다.
- 분열적 지역주의를 치유하고 국민통합을 이루어야 한다.
- 현 시대의 국가와 기업의 조직형태와 역할의 새로운 변화와 함께 신사회운동이 주도하는 새로운 정치의 등장을 주목해야 한다.
- 자본주의 경제의 대안이 될 수 있는 새로운 정치 철학이 등장해야 한다.

---

1. 『제3의 길』(The Third Way)

『제3의 길』은 토니 블레어 영국 총리의 정책브레인으로 잘 알려진 영국 사회학자 앤서니 기든스(Antony Giddens)의 저서. 앤서니 기든스는 『제3의 길』이란 저서에서 신자유주의와 사회민주주의를 모두 반대하고 '제3의 길'로 불리는 새로운 사회발전 모델을 주창했다.

'제3의 길'은 기본적으로 전후 세계정치를 주도해온 전통적 사회민주주의와 신자유주의를 극복하자는 것이다. 사회민주주의와 신자유주의를 극복하는 제3의 길은 정치적으로 자본주의와 사회주의를 실용적으로 결합하는 중도 좌파적 노선을 택하고 경제적으로는 무한경쟁으로 인한 시장경제의 폐단을 막기 위해 정부가 관여하는 신혼합경제를 추구한다는 것이 골자이다.

『제3의 길』은 출간되었을 당시 영국 토니 블레어 총리의 '신좌파노선'과 독일 슈뢰더 총리의 '새로운 중도'의 중심이론으로 떠오르며 전 세계적인 열풍을 일으켰으나, 좌파와 우파를 적당히 섞어놓은 것에 불과하다는 비판도 받았다

• 새로운 정치 철학은 더욱 인간적이고 윤리적인 기준에 입각한 이데올로기가 되어야 한다.(사회적 빈곤과 불평등 극복)
• 대안적 경제모델은 자본주의를 부정하는 것이 아니라 경제적 합리성과 동시에 중요하게 생각해야 한다.
• 인간성이 상실된 세계에서 인간성을 발견하는 일이 바로 새로운 21세기 정치 철학의 출발점이다.

15. 김지하 『사상기행』 외

• 통일을 위해 천부 사상의 현대적 재창조가 있어야 한다.
• 동양성과 가장 아름다운 뿌리로부터 발원하는 새로운 문명창조의 희망이 증폭되고 있는 것으로 보인다.
• 통일을 위한 새 사상은 지리산과 진주에서 나와야 한다.
• 지리산과 진주야말로 세계적인 마고복본(麻姑複本)운동의 근거지로서 손색이 없다.
• 지리산은 제 안에 품고 있는 예로부터의 그 풍부한 역사와 문화의 비밀을 세계 앞에 펼쳐놓으리라 생각한다.
• 진주는 기가 막힌 곳. 너무나 아름답고 너무 깊은 문화전통과 민주운동으로 너무도 질긴 역사를 지닌 독특한 도시라 압도될 뿐이었다.
• 창조적 부활로서 새롭게 복잡화된 음 · 양적 삼극론의 우주론이 현대사상의 모양으로 나타날 것이다.
• 중(中)의 위험과 합(合)의 유혹과 싸우려면 제3의 '아니다' · '그렇다'의 다중적 전개로서 황중론, 쉽게 말해서 3에 대해서 싸우는 새로운 3의 논리가 필요하다. 이것이 황중론이다.

- '아니다'·'그렇다'의 창조적 생성론으로 대중화시키면, 황중론(皇中論)이 되고 복잡화하고 풍부해진다.
- 자칭 성인이 나와서 중생과 우주와의 관계를 오류로 끌고 가려고 할 때, 이 성인(聖人)에 대한 전투를 진정한 성인이 선포해야 한다. 성인을 옛날 콘셉트로 파악하지 말고 오늘날의 문맥에서 인식하여야 한다.
- 3에 대한 3의 대응이며 양극단을 배제하고 중간이 아닌 전혀 새로운 것이 무궁무궁 생성되어 나와야 한다.

16. 조대현 『문명의 진화론과 21세기』

- 지구화시대의 문명 담론에 있어서는 동양과 서양의 2분법을 벗어나 우리가 지금 처한 문명적 문제를 안으로부터 바라보는 내재적 시각과 동시에, 이것을 초월적으로 성찰하는 외재적 시각이 결합해야 한다. 즉 주관과 객관의 통합이 필요하다는 것이다.
- 오늘 우리의 문명 담론이 마주하고 있는 과제는 과학적 문화와 이론적 문화가 활발하게 대화를 통해, 종교·정신·도덕과 정치·경제·과학이 통합된 새로운 문명을 건설하는 것이다.
- 동학혁명의 탄생 과정이 그랬던 것처럼 동양 사상의 복고적 부활이 아닌 새로운 현실을 기반으로 한 재창조가 전제되어야 한다.

17. 오준근 『독일통일의 어려움을 극복할 수 있었던 원동력』

- '사회적 시장경제(Soziale Marktwirtschaft)' – 자본주의적 시장경

제 제도를 기반으로 하면서도 사회적 약자에 대한 충분한 배려를 하는 체제를 말함.
• '꼴찌'를 위한 풍부한 교육과 취업의 기회가 많음.
• 모든 지방에 '노동청(Arbwitsamt) 노동사무소'가 있음.

18. 임성빈 『통일을 향한 교회의 비전과 실천』

• 인간적인 모든 노력으로도 남과 북이 원하는 통일을 달성하기는 어렵다는 현실 인식이 가져오는 좌절감의 극복을 위해 신앙적인 차원의 통일준비를 요청한다.
• 예수님께서는 심지어 예물을 제단에 드리는 것보다 형제와의 화목이 우선임을 분명히 하셨다.(마5:23-24)
• 분단이라는 지리적, 정신적 허리 잘림은 이산가족을 포함한 많은 사람들로부터 서로 사랑할 수 있는 기회를 앗아가고 있기 때문이다.
• 분단 상황은 남과 북 양편에 모두 정치경제적 부정의와 그로 인한 사회문화적 왜곡현상을 유발하고 있기 때문이다.
• 우리가 꿈꾸는 통일공동체는 기본적으로 언약공동체적 성격, 즉 하나님을 중심으로 하는 공동체이어야 한다는 것이다. 그것은 곧 남이나 북 중 어느 한 편의 사람들만을 중심으로 하는 공동체가 되어서는 안 된다는 것이다. 하나님이 사랑하는 피조물로서의 남북한 모든 국민들을 위한 공동체를 지향하여야 한다는 것이다. 또한 이 통일공동체는 남북한 국민들만을 위한 것이 아니라, 동아시아와 아시아, 나아가서는 구약성경에서 증언하듯 전 인류와 우주공동체의 자유와 정의를 담보

하는 그것이어야 한다.

- 교회가 선포하고 교육하여야 할 통일공동체의 비전은 세계공동체를 품는 역사적, 민족적 비전과 함께, 통일공동체 구성원들의 존엄성이 평등하게 반영되는 내용을 담고 있어야 할 것이다.
- 북한의 '폐쇄적인 주체문화'도 개혁의 대상이지만 '상업적인 대중문화', 즉 '상품으로서의 가치'와 '구매력'이 만물의 척도가 되어버린 소비주의 문화에 오염되어 있는 남한의 교회와 사회도 각성해야 함.

19. 클라우스 폴러스(한독 대사)

- 남북한 모두 양 체제를 포기해야한다.

20. 스칼라피노(Robert A. Scalapino, 1919~)와 이홍범(재미동포 교수)

- 남북통일을 위해서는 새 사상이 있어야 한다.
- 역사정신은 제2의 권력이다.

21. 쿠로즈미 마코토 『문명의 관대한 통일』

- 한국의 통일 에너지는 동아시아의 희망
- 여러 가지 다양한 문화요소를 배제함으로써 하나로 만드는 것이 아니라 오히려 다양한 요소를 합하여 하나로 하는 그러한 통일의 시기가 오지 않았는가? 바로 여기에 고귀한 관대의 길이 열리는 것이 아닌가?

〈통일논단〉

다음 자료는 통일문제에 대한 학술 논문과 단행본으로서 발표하고 출판한 내용이며 남북통일을 위한 많은 자료들 중에 본 내용과 크게 다르지 않아 핵심부분을 엄선하여 창조적으로 비평한 것이니 참고자료로 활용할 수 있었으면 한다. 또한 아래의 자료는 통일에 대한 단상의 깊이가 일반적이지 않아 쉽게 이해할 수는 없지만 21세기 문화의 완성기를 맞이한 고차원의 창조적 미래를 위해 평화통일의 방법론이 어떻게 되어야 하는가를 웅변하면서 우회적으로 던지고 있다고 할 것이다. 기존의 일반적인 통일론과 관점이 다소 다르지만 독자 제현의 깊은 관심을 바란다.

1. 윤태룡 교수의 중립(정도)통일론에 대한 창조적 비판

오스트리아 비엔나대학교의 Heinz Gaertner 교수는 'JPI PeaceNet' 기고를 통해서 오스트리아의 경험에 비추어 볼 때 중국과 러시아가 통일을 지지하기 위해서는 통일한국이 중립(정도)화 될 필요가 있다고 주장하였다. 남북은 충돌과 대치를 거듭하고 있고, 특히 북한은 핵무장까지 한 가운데 중립(정도)화가 과연 우리에게 가능한 선택일까? 이러한 궁금증과 우려를 풀고자 건국대학교 윤태룡 교수를 서면 인터뷰하였다. 윤태룡 교수는 최근 남북한 동시중립(정도)화가 힘들면 남한만이라도 먼저 중립(정도)화할 것을 주장한 바 있다. 편집자: 한인택 연구위원(ihan@jpi.or.kr)

1) 중립(정도)화에 관한 질의응답

(1) 중립(정도)화를 추진하다가 자칫 우리의 평화와 안보가 위태롭게 되는 것

은 아닌가?

현재의 여건을 고려하지 않고 지금 당장 중립(정도)화를 추진하자고 주장하는 것은 결코 아니다. 남북한이 무력통일이나 일방의 체제붕괴로 인한 흡수통일이 아닌 쌍방합의에 의한 평화통일을 진실로 원한다면 중립(정도)화 통일이 가장 현실적인 방안이기 때문에 성공적 중립(정도)화를 위해 요구되는 여건을 갖출 때까지 스스로를 단계적으로 변화시켜 나가자고 주장하는 것이다.

(2) 중립(정도)화에 대해 미국의 지지를 받을 수 있다고 생각하는가?

미국의 지지 가능성은 중립(정도)화가 추진되는 시간적, 공간적, 국내외 정치적 맥락에 따라 달라질 것이기 때문에, 일률적으로 가부를 말할 수 없다. 만일 지금 당장 한국이 뜬금없이 '남북한 동시 중립(정도)화' 혹은 '남한만의 중립(정도)화'를 추진할 것이니 미국은 한반도에서 철수하라고 주장한다면 이를 누가 합리적 제안이라고 보고 지지하겠는가? 이러한 주장은 6 · 25전쟁에서 북한의 무력통일 시도를 좌절시키고 그 후 북한의 재침을 억지하는 데 큰 역할을 해온 동맹국으로서의 미국에 대한 매우 모욕적인 정책으로 비추어질 것이다. 그런 식의 중립(정도)화라면 우선 '남한만의 중립(정도)화'를 주장하는 본인도 절대 반대할 것이다. 하지만 한민족 스스로 먼저 변화되어 중립(정도)화에 대한 강한 의지를 갖게 된다면, 미국이 무조건 반대하지는 않을 것으로 본다. 다시 말해, 미국은 조건을 따져보고 상황을 판단해 가며 찬성, 반대 여부를 결정할 것이지, 무조건 반대하지는 않을 것이라는 말이다.

역사적으로 보면 미국은 6·25전쟁 휴전을 전후하여 1953년 후반기에 한반도 중립(정도)화를 추진했었다. 한국의 반대에 부딪혀 결국 철회되었지만 7월 초에 아이젠하워 대통령, 닉슨 부통령, 덜레스 국무장관, 국방장관, CIA 국장, 합참의장을 포함하는 요인들이 모여 국가안보회의(NSC)를 몇 차례 거듭하여 한반도 중립(정도)화를 공식적으로 확정지었다. 또한 한미동맹조약 공식서명 1주일쯤 전인 9월 24~26일에 걸쳐 뉴욕타임즈에 대서특필된 보도에 따르면, UN 총회가 열리는 기회에 미국 주도의 한반도 중립(정도)화 방안이 UN 주재 소련, 영국, 캐나다, 프랑스, 인도 대사들에게도 전해졌다. 이는 남북한의 분단이 주변 강대국을 연루시킨 국제적 전쟁으로까지 비화하자 미국이 한반도 문제의 영구적 해결을 위해 새로운 대안을 심각하게 모색했음을 의미한다. 그럼에도 불구하고 한국의 반대로 중립(정도)화가 무산되었다는 것은 한민족 자체의 태도가 성공 여부를 좌우함을 뜻한다. 최근 본인이 한 중립(정도)화 주장은 사실상 한반도 문제의 영구적 해결을 위해 미국이 이미 과거에 공식적으로 제안했던 한반도 중립(정도)화 구상을 우리가 뒤늦게나마 수용하되, 지난 70년 동안 남북한이 더욱 이질화된 것을 감안하여 '남한만의 중립(정도)화'로 돌파구를 마련하자고 한 것뿐이다.

물론 한민족의 생각과 행동을 먼저 변화시킨다는 것은 지난한 일이지만, 우선 생각이 바뀌어야 행동(정책)도 변할 수 있다는 믿음을 바탕으로 남북한의 긴장을 완화하고 통일국가를 형성하기 위한 국가대전략(Grand Strategy)에 관한 '인식공동체(Epistemic

Community)'의 형성을 위해 힘을 쏟고 있다. 한반도 중립(정도)화 방안이 보수와 진보, 여당과 야당을 불문하고 초당적 국가전략으로서 채택되어야만 하고, 그러기 위해서는 이성적, 논리적으로 정치지도자들을 설득해야 한다고 본다. 정치지도자들을 설득하기 위해서 정치적 선동이 아니라 이성적 논의가 선행되어야 한다는 것이다. 이런 논의에 학자, 지식인, 전문가들께서 먼저 동참하여 찬성론이든 반대론이든, 이성적이고 논리적인 대토론(Great Debate)이 일어나길 희망한다. 어떤 통일방안이든 그에 대한 국민적 합의를 형성하는 것이 중요하다.

(3) 중립(정도)화에 앞서서 강대국으로부터 불가침 약속을 받을 것이라고 하는데, 강대국이 우리에게 그런 약속을 해 줄 유인이 있는가? 만약 불가침의 약속에도 불구하고 강대국이 우리에게 군사적 위협을 가하거나 침공하는 경우에는 어떻게 할 것인가? 역사적으로 강대국이 불가침조약이나 안전보장공약을 지키지 않은 경우들이 발견되기 때문에 이는 무시할 수 없는 가능성이다.

중립(정도)화되는 국가와 중립(정도)을 보장하는 주변 강대국이 공식적으로 조약을 맺을 때 "중립(정도)화조약이 언제나 지켜진다는 보장이 있는가?"라는 질문에 대한 대답은 당연히 "아니다(No)"일 수밖에 없다. 국제정치에서 전쟁의 가능성(Possibility)은 언제나 있는 것이다. 하지만, 전쟁의 개연성(Probability)은 구체적인 전략적 상황에 따라서 다르다. 따라서 본인은 당연히 코스타리카의 경우와 같은 비무장 중립(정도)화를 주장하지 않는다. '남한만의 중립(정도)화'든 '남북한 동시중립(정도)화'든 스위스나 오스트리아의 경우처럼 강력한 군사력을 유지할 것을 상정한다. 오히려 필요에 따라서는 중립(정도)화 후에 군사력은 현재의 수준보다 더욱 강화될 수도 있다.

주변 강대국의 세력균형이 현저하게 어느 한쪽으로 기울어 강력한 패권국이 등장한다면 당연히 중립(정도)화의 지위는 훼손될 가능성이 있다. 하지만 국내정치에서도 법이 존재함에도 불구하고 언제나 범법자는 있게 마련이라는 사실이 법이 아무런 효과도 없는 것을 의미하지는 않는 것처럼, 중립(정도)화조약이 수반하는 불가침조약, 안전보장공약 등이 훼손될 가능성이 있다는 것 자체가 조약, 공약 등이 모두 무용지물이라는 것을 뜻하는 것은 아니다. 중립(정도)화조약도 일종의 안보 레짐으로서 일정하게 국가들의 행위를 규율하는 효과가 있다.

국제정치에서 자국을 지키는 최후의 수단은 군사력이고, 그 밖에 타국의 자국에 대한 안보 공약, 혹은 다자간 안보 레짐의 형성, 국제법 등은 보조적 수단이라고 볼 수 있다. 2가지 이상의 수단을 모두 갖는 것이 군사력 하나만 갖는 것보다는 나은 것 아닌가?

(4) 만약 남한이 먼저 중립(정도)화를 선택한다고 가정할 경우, 중립(정도)화된 남한을 어떻게 북한의 위협으로부터 보호할 수 있는가?

우선 '남한만의 중립(정도)화'를 남한의 무장해제로 오해하지 말 것을 강조하고 싶다. 중립(정도)화 후에 남한이 지금보다도 더 강력한 방어적 군사력을 갖추는 것에 대해 본인은 반대하지 않는다. 미군이 철수하더라도 보장국(Guarantor)으로 참여하는 미국, 중국, 러시아는 만일 북한이 남한에 대해 핵공격을 포함한 군사적 공격을 할 경우, 이러한 선제공격에 대해 보복공격을 할 조약상의 정당한 권리를 갖게 된다.

본인이 '남한만의 중립(정도)화'를 주장하는 것은 그 자체를 궁극적 목표로 삼고 있기 때문이 아니라, 1단계에서의 그러한 중립(정도)화가 남북관계에 있어 긴장 완화 효과를 유발하여 2단계의 '북한만의 중립(정도)화'를 유도할 가능성을 증가시킬 것이고, 더 나아가 최종 3단계의 '남북한 동시중립(정도)화통일'로 귀착할 가능성을 늘릴 것으로 판단하기 때문이다.[로드맵: (준비단계) 남북대화/긴장완화 → (1단계) 남한만의 중립(정도)화 → (2단계) 북한만의 중립(정도)화 → (3단계) 남북한 동시중립(정도)화]

현재의 북한은 늘 남한과 미국이 북한 정권을 무너뜨리려 한다고 생각하고 있다. 실제로, 김일성 사후에 남한과 미국은 그런 모습을 자주 보여 온 것이 사실이다. 그러니 북한은 고양이에게 몰리는 쥐와 같은 신세에서 극단적인 핵정책을 펴온 것이다. 기존과는 달리, 남한만의 중립(정도)화로 시작하는 통일을 위한 로드맵 구상은 긴장완화 효과를 가질 것으로 희망한다.

남한의 중립(정도)화는 장기적으로 북한에게 남한으로부터의 위협을 크게 낮추는 효과가 있을 것이고, 그로 인해 꽤 시간이 걸리겠지만 궁극적으로 북한의 민주화로까지 연결될 공산이 크다. 외부위협을 빙자하여 독재체제를 강화해온 북한이 핑계로 삼을 외부위협이 크게 줄어든다면, 3대 세습의 독재체제는 최소한 중국식의 집단지도체제로 변경될 것이다. 북한이 외부의 위협을 덜 느끼게 되면, 좀 더 경제발전에 집중할 수 있을 것이고 북한 주민들의 생활수준이 높아지며 북한과 미국 혹은 일본과의 관계도 정상화되어 '불량국가'에서 '정상국가'로 변한다면 북한은 결국 민주화 될 것이다.

우리는 북한에게 통일을 강요할 것이 아니라, 남북한 관계가 통일이 되든 말든 별 차이가 없을 정도로 될 때까지 꾸준히 기다려야 한다. 통일 이후에 정치적으로 매우 불안한 '나쁜 통일'이 되는 것보다는 아무리 길더라도 '좋은 분단' 상태를 유지하는 게 낫다.

(5) 남한이 단독으로 중립(정도)화를 시도할 수 있을 정도로 남북한 관계가 개선되면 남한의 안전은 문제가 되지 않을 것이라는 주장과 관련하여, 어떻게 하면 그럴 정도로 남북 관계가 개선될 수 있는가? 북한의 비핵화는 어떻게 달성할 것인가?

지금처럼 북한에 대해서 양보적 조치를 먼저 취하라고만 계속 주장하기보다는 우리가 먼저 궁극적으로 북한을 집어삼키는 것이 목적이 아니라는 것을 명시적으로 보여주는 효과가 있는 단계적 중립(정도)화통일론 추진 자체가 긴장 완화 효과가 있을 것으로 기대한다. 사실, 단계적으로 "나쁜 분단 → 좋은 분단 → 좋은 통일"로 가야 할 텐데, '남한만의 중립(정도)화' 추진은 "좋은 분단"으로 가는 길이라는 게 제 생각이다. 현재의 "나쁜 분단" 상태를 변화시키는 데 도움이 된다면 '남한만의 중립(정도)화'를 추진할 이유는 충분하다고 주장하는 것이다. 다시 말해, '남한만의 중립(정도)화'와 '남북한 관계의 개선'은 일방향적이 아니라, 쌍방향적 인과관계를 혹은 서로를 강화하는(Mutually Reinforcing) 관계를 갖고 있다고 볼 수 있다. 그리고 사실 굳이 통일이 필요하지 않을 정도로 관계가 개선되었을 때 통일하는 것이 가장 이상적일 것이다.

북한이 이미 사실상 핵국가인 상태에서 비핵화는 그 어떠한 제재에 의해서도 실현되기 힘들 것이다. 북한이 안보상의 위협을 느끼는 한 핵무기를 절대로 포기하지 않을 것이므로 북핵 문제의 해결을 위해서도 크게 긴장 완화 효과를 갖게 될 '남한만의 중립(정도)화'를 먼저 추진하자는 것이 저의 핵심 주장이다. 최근에 미국이 사드(고고도미사일방어체계, THAAD) 배치와 관련하여 우리를 중국과의 대결상태로 몰아가는 것에 대해 깊은 생각 없이 한미 관계의 강화라는 측면에서 말려들어가는 것은 우리의 국익에 부합하지 않는다. 우리는 미국과 중국이 화해, 타협하는 방향으로 나아갈 수 있도록 우리의 독자적 목소리를 이제는 내야 한다. 물론 미국을 배신한다는 인상을 주지 않도록 해야 할 것이고, 남북 관계 개선을 향해 적극적으로 노력해야 할 뿐만이 아니라, 미중 관계의 개선을 위해서도 노력해야 한다.

"전략적 모호성"이라는 임시방편적 정책이 아니라, 좀 더 일관성 있는 우리 나름의 외교정책 방향을 설정해야 한다. 주변에서 서로 싸우는 자들이 있으면, 누구 편인지 모호하게 행동할 것이 아니라, 누구 편도 들지 않을 것임을 명시적으로 밝히고, 화해하도록 돕는 것이 바람직한 방향이다. 그러기 위해서도, 한민족(남북한) 스스로 먼저 화해하는 방향을 취해야 한다. 그게 가장 기본이다. 남북한이 자신들끼리도 스스로 화해하지 못하면서, 남더러 화해하라는 것도 어불성설이다. 그래서 제일 먼저 강조한 것이 준비단계로서 남북한의 대화 시작과 화해이다. 그게 모든 논의의 시초이고, 그게 안 되면 모든 게 공염불이라는 걸 인식해야 한다. 동시에, 남한이 북한의 붕괴나 흡수통일을 추진하지 않음을 명백히 보여줄 수 있는 평화통일의 확실한 비전을 제시하고 꾸준히 실천해 나아가는 모습을 보여주는 것 자체가 남북한 대화 시작과 화해의 물꼬를 트는 것이기도 하다.

그런 의미에서, 본인은 한국 정부가 인권 문제와 관련하여 북한을 국제사회에서 공공연히 몰아붙이고 유엔인권사무소를 한국에 유치한 것이 한민족의 장기적 이익에 배치하는 정책이라고 본다. 덧붙여, 그동안 너무 미국에 의존하는 것이 일상화되다 보니(심지어 주권의 핵심 중의 핵심인 전시작전통제권까지 내어줄 정도가 되다 보니) 미국이 한국의 주권을 대놓고 무시하는(탄저균의 불법적 한국 반입과 같은) 현상이 종종 발생하는 것이다. 미중 간의 경쟁구도가 그 누구에게도 이득이 되지 않는다는 것은 양국이 다 잘 알고 있다고 본다. 문제는 양국이 전형적인 안보딜레마(Security Dilemma)에 빠져서 벗어나지 못하고 군비경쟁에 몰입되어 있다는 것이다. 이 악순환의 틀에서 벗어나지 못하는 가장 큰 이유는 사드논쟁에서 볼 수 있듯이 미국 내 군산복합체의 막강한 세력 때문이라고 생각된다. 한국이 거기에 휩쓸리는 것은 우리를 위해서도, 동북아의 평화를 위해서도, 그 누구를 위해서도 바람직하지 못하다.

한국은 누구에게도 도움이 되지 않는 미중 간의 군사적 대결구도에 대해서만큼은 독자적인 목소리를 내고, 중재 역할을 적극적으로 해야 한다. 현재 핵무기를 제외한 한국의 화력(Firepower)은 세계 7위에 달한다. 경제력도 G20에 들어갈 만큼 커졌다. 이제

한국은 더 이상 과거와 같은 약소국이 아니다. 중견국으로서 좀 더 적극적으로 동북아의 평화체제가 정착될 수 있도록 적극적인 외교정책을 구사할 때가 되었다. 한국은 미국의 눈치를 보며 질질 끌려다니는 패턴에서 벗어나야 한다. 무엇보다도 한국은 한반도의 중립(정도)화가 미국의 이익에도 부합한다는 것을 설득해야 한다. 우선 학계에서 이런 방향의 논의가 있어야 한다.

(6) 마지막으로 추가하고 싶은 말씀이 있다면?

하나 지적하고 싶은 것은, 중립(정도)화에 대한 소극적, 부정적, 수동적 이미지에 관한 것이다. 그동안 중립(정도)화는 대개 지정학적으로 강대국들의 세력 다툼의 중심에 놓여있는 약소국에 대해서 강대국들이 일종의 완충지대 설정의 필요성을 인정하여 일방적으로 강제하는 성격이 짙었다. 하지만, 좀 더 상상력을 발휘하여 과거의 경험을 뛰어넘는 역발상의 가능성을 타진할 필요가 있다. 다시 말해, 한국과 같은 중견국은 최근 미중 간의 갈등 사이에서 "전략적 모호성"이라는 명칭의 애매모호하고 양쪽으로부터 오해받기 쉬운 정책보다는 보다 적극적, 긍정적, 능동적 정책으로 '남한만의 중립(정도)화'를 고려할 필요가 있다. 사실 국제정치에서 중립(정도)화(Neutralization)란 국제법적으로 영세중립(정도)(Permanent Neutrality)을 의미하는 것이지만 그 중립(정도)국의 국민들 다수가 원한다면 국민투표나 국회의 의결 등을 통해서 그 지위를 해소하고 일반국가로 돌아갈 수도 있는 것이다. 말하자면, 강을 건넌 후에는 배를 버릴 수도 있고, 금방 또 다른 강을 만날 것으로 판단한다면 그 배를 들어 운반하며 상비수단으로 늘 갖고 다닐 수도 있는 것이다.

결국, 우리에게 있어서 중립(정도)화라는 수단은 한반도가 또다시 강대국들의 세력다툼에 의해 원치 않는 전쟁터가 되는 것을 막고, 분단을 극복하려는 민족적 염원을 달성하는 데 도움이 된다고 판단될 때 사용될 수 있는 수단인 것이지 중립(정도)화 자체가 목적이 될 수는 없다. 본인은 중립(정도)화는 매우 세련된 방식으로 잘 이용되면 그런 수단이 될 수 있다는 입장이다. 물론 주도면밀한 계획이 없이 오용하면 역효과가 날 수도 있지만, 구더기 무서워서 장조차 담그지 못해서야 되겠느냐는 입장이다. 구더기가 생기지 않도록 잘 관리하며 장을 담가야 할 것 아닌가!

제한된 지면에서 상세히 논할 수 없었으므로, 관심 있으신 분들은 다음을 참조하시기 바란다.

Tae-Ryong Yoon, "Neutralize or Die: Reshuffling South Korea's Grand Strategy Cards and the Neutralization of South Korea Alone" Pacific Focus, Vol.30, No.2(August 2015) 윤태룡, "국내외 한반도중립(정도)화 논쟁의 비교분석: 찬반논쟁을 넘어서" 평화학 연구, 14권 3호(2013).

2) 창조적 비판

위와 같은 윤태룡 교수의 한반도의 중립(정도)통일화 방안에 대해 필자는 보기 드문 매우 고무적인 통일의 방법론이며 외교의 다양성에 대한 윤 교수의 연구는 훌륭하다고 하겠다. 단지 윤 교수의 중립(정도)통일 방안은 단순한 당위론, 즉 상징성을 넘지 못하고 있어서 중립(정도)통일에 필요한 보다 더 근원적인 본질의 문제들이 간과되고 있는 것 같아서 조금은 아쉽다고 할 것이다. 다시 말해 윤 교수는 필자가 앞의 '1. 이끄는 글'에서 논한 바와 같이 세계사 및 한반도사와 관련된 심오한 역사철학의 내밀한 전개와 관련된 형이상학적인 내용은 깊이 보지 못하고, 외형적으로 드러난 한반도 정치사의 일면을 학자적인 관점에서만 – 학문적 관점의 한계가 있음을 부정하지는 않지만 – 보고 있는 듯하다는 것이다.

예를 들어 창조적 중립(정도)국의 정책을 수립하기 위해서 첫째, 국가체제와 정치이념에 있어서 북한은 전체주의 체제이기 때문에 지도자 한 사람의 의지가 중요하지만, 남한은 민주주의 체제이기 때문에 다수의 국민들의 의지를 이끌어 내기 위해서는 모든 영세중립(정도)국 체제가 그러하듯이 중립(정도)을 위한 새 가치관 정도(正道), 즉 2분법적 사고에 의한 좌와 우, 보수와 진보 그리고 양비론적 중도(중간)을 뛰어넘는 '정도론'과 '양미론'에 의한 '새 가치관'이 있어야 철학적 본질의 제시를 통해 국민을 논리적으로 교육시킬 수가 있는데 한쪽에 치우치지 않고 상대를 포용해 통합의 길로 엮어낼 수 있는 근본적인 대안 문제는 지적하지 못했다는 것이다.
둘째, 경제가 정치의 수단적 존재라는 범주에 한해서 남북통일의 체제적 통일을 위해서는 경제제도에 있어서도 사회주의 계획경제와 자본주의 시장경제를 하나로 통합할 수 있어야 한다. 이를 실현시켜 주는 혼합경제·공생경제(인간적 자본주의·정의로운 경제·자본주의 4.0)를 위해서는 생산수단에 있어서 생산과 유통의 50%를 북한은 사유화해야 하며, 남한도 각각 50%를 공영화해야 중립(정도)국이 가능하다는 것에 대한 내용이 언급되지 않았다는 사실은 심히 유감이다. 또한 북한은 경제 관리 방식에 관해서만큼은 이미 중립(정도)화를 위해 생산과 유통의 50% 사유화(5천 명 이상의 1급기업소와 1만 명 이상의 특급기업소를 제외한 모든 기업소를 사유화함. 유통의 50% 사유화로 장마당이 들어섬)를 구축했다는 것도 간과하고 있다.

셋째, 통일의 주도세력에 있어서도 '평화재단'의 법륜(法輪) 이사장의 날카로운 지적에서 보듯이 4대 열강이 아닌 한반도가, 북한이 아닌 남한이, 국가가 아닌 민간이, 젠더(Gender)에 있어서는 남성이 아닌 여성이, 세대에 있어서는 30~50대가, 대기업이 아닌 중소기업과 자영업자가 그 중심에 서야 한다는 것과 필자의 역할분담 경제론에서 논한 바와 같이 생산부분의 기업이 아닌 유통부분의 마트가 중심이 되어야 한다는 것이다.

넷째, 이해관계에 있어서도 "화해의 주도권자는 피해자다."라고 설파한 앤드류 성 박(Andrew Sung Park)의 언명처럼 남침을 일으킨 북쪽이 아니라 피해자의 용서를 통해 남쪽이 중심이 되어야 하며, 지역에 있어서도 영남이 아닌 호남이 그 중심에 서야 한다는 본질적인 문제들을 간과하고 있다는 것이다.

위의 글이 무릇 비판은 비평이어야지 비방이 되어서는 안 된다는 필자의 지론을 벗어나지는 않았는지 모르겠다. 존재하는 모든 것은 가치적 존재이기에 창조적 비판은 감정적, 또는 2분법적 사고에 의한 옳고 그름의 판단이 아니기 때문에 이 비판으로 인하여 일희일비할 일은 아니다. 이것을 계기로 보다 더 깊은 통일에 대한 연구가 천착되기를 희망한다.

아무튼 한반도는 21세기 새 역사의 중심이며 세계사의 축소판이기에 한반도는 모든 세계사적 갈등과 미래의 비전이 동시에 다층적으로 혼재하고 있다. 따라서 공생을 위한 인류 역사의 제2의 축이 될 우리 한반도에서 모든 갈등, 즉 생태계의 파괴와 경제의 위기, 정치적 혼란, 종교적 가치의 문제 등에 대해서 시대정신에 맞게 전체성과 부분성을 동시에 포괄적으로 해결해야 하는 역사적인 사명이 있다는 것이다. 그러므로 창조적 중립(정도)통일에 의한 평화적 한반도 통일의 성취로부터 동아시아의 공존·공영, 나아가 세계평화를 위한 새 역사를 재창조하여야 한다.

2. 백낙청 교수의 저서 『한반도식 통일, 현재진행형』에 대한 창비의 서평&창조적 비판

1) 창비의 서평

'한민족의 염원'이자 한반도 남북에서 발생하는 주요 문제들의 구조적인 해결방향은 '평화적 통일'이다. 한반도의 통일은 독일식도 아니고 베트남식도 아닌 '한반도식'일 수밖에 없다. 그리고 '한반도식 통일'은 '현재진행형'이다. 이것이 저자인 백낙청 교수의 지론이자 전략이자 사상이다. 이 책은 통일담론과 관련한 그의 사회평론집이다.

백낙청은 1980년대 말부터 줄기차게 분단체제론을 전개해 왔고, 1998년 '흔들리는 분단체제'라는 제목으로 분단체제의 구조가 흔들리고 있다고 주장했다. 그는 "한반도의 분단체제는 남쪽에서 그것을 받쳐주던 군사독재가 결정적인 타격을 입은

1987년 6월부터 이미 동요하기 시작"했다고 밝혔다.

이 책은 1999년 이후 저자가 '창비' 등에 발표한 글 중에서 주제에 어울린다고 생각되는 것들을 추려서 연대순으로 배열한 것이다. 2000년 '6·15 공동선언'으로 대표되는 참여정부 중반기의 남북 분단 상황을 점검하고, 이후 남북 관계를 조망하는 글들을 다수 실었다. 그는 이 책에서 2000년 6·15 남북공동선언은 '6·15시대'를 가져왔고 '흔들리고 있던' 분단체제가 드디어 허물어지기 시작했다고 진단한다. 또한 백낙청은 이 책을 통해 한반도식 통일이 이미 현재진행형 상황에 들어섰음을 주장한다. 통일은 지금의 분단체제보다 국민들이 더 나은 체제에서 살게 만드는 작업이라는 인식하에서, 국가연합 형태의 점진적인 분단체제 극복을 가장 현실적인 방안으로 보는 저자는 이른바 '6·15시대'의 중요성을 다시금 강조한다. 전쟁 같은 불가피한 파국을 전제로 하는 일회성 사건으로의 통일이 아니라면, 통일은 어느 순간 '도둑 같이' 찾아올 것이라는 시각이다.

이러한 시각을 바탕으로 저자는 남북의 점진적 통합과 연계된 총체적 개혁을 6·15 시대의 목표로 제시하는 등 보다 확장된 주장을 내놓기도 한다. NL(민족해방파, 자주파), PD(민중민주파, 평등파), BD(부르조아 민주주의, 온건개혁세력)의 3자 결합을 제안하고, 『민주화 이후의 민주주의』에서 나타난 최장집 교수의 시각을 분단시대에 대한 고려가 간과되었다는 점에서 비판하는 것이 그 예이다. 그 외에 다국적 민족공동체이자 네트워크로서의 한인공동체 건설에 대한 주장, 지속가능한 발전을 대체할 '생명지속적 발전'의 제안 등을 담았다.

이 책에서 크게 공감한 대목은 남한 - 분단체제 - 세계체제로 이어지는 구조적 연관성과 '한반도식 통일'이라는 개념 그리고 그런 한반도식 통일이 '현재진행형'이라는 분석 결과, 마지막으로 6·15 남북공동선언문 제2항의 중요성이다. 여기서 백낙청의 '분단체제론'은 "태생적으로 반민주적이며 비자주적인 분단체제가 지속되는 한 남북 어느 한쪽에서도 온전한 민주주의가 불가능하다."는 입장이다. 따라서 "분단시대에 대한 모든 인식을 낡은 민족주의라고 배제한 채, 대한민국을 '하나의 자족적인 국가'로 설정하여 북유럽 또는 서유럽의 선진 민주사회의 척도로 재단할 때, 분단시대와 그에 앞선 식민지시대의 억눌리고 찌든 삶을 딛고 이룩해온 한국 민주주의의 눈물겨운 성취를 제대로 평가하기 어려워지는 것"은 당연한 일이다. 특히 분단체제의 고착기를 특징지은 "군부독재의 유산을 청산하는 작업이 명쾌하지 못하여 3당합당, DJP연합, 노무현정권의 '변형' 등을 수반하며 구질구질하게 진행되어 온 현실은 분단체제의 속성상 당연한 것이고, 여기에 굳이 변형주의라는 외국 문자를 갖다 댈 필요도 없다."(65쪽)

그래서 첫 번째로 볼 때 '세계체제의 하위체제로서의 한반도 분단체제' 그리고 '분단체제의 하위 구조로서의 남북의 체제'라는 백낙청의 체계 구성은 한반도의 역사적인 과정과 현재 실제로 구성되어 있는 역학구조를 반영했다는 점에서 한국인들의 관점을 확대시킨다고 생각한다.
남북의 정치체제와 한반도 분단체제가 세계체제의 하위체계라 함은, 한반도의 분단과 남북 양쪽에서 '결손국가' - 이 개념은 '정상국가'와 반대되는 개념으로서, 외세에 의해 분단이 강제된 상태, 즉 독립과 통일이 완성되지 않은 상태의 사회에선 자유롭고 자주적인 분위기 및 평화와 복지가 구조적으로 어렵다는 측면을 강조한 개념이다 - 가 탄생되고 유지된 이유가 자본주의와 사회주의의 체제 간 경쟁과 제국주의(패권주의)와 제3세계 식민지의 저항이라는 세계적인 차원에서의 대결구도 속에서 외세에 의해 분단이 강제되었음을 의미한다. 그리고 한반도를 둘러싼 세계열강과의 협의와 협조, 관계 개선 없이 남북 간의 노력과 합의만으로 분단체제의 해소가 쉽지 않다는 것이고, 분단체제의 해소 없이 남북 각 정치경제 체제가 자율적이고 자주적으로 대다수 민중의 행복한 삶과 자유, 평등, 평화를 이룩하기 어렵다는 것을 의미한다.

둘째, '한반도식 통일'이라 함은, 한반도 분단의 주체와 형성, 그리고 고착화 과정으로 인하여 한반도에서의 통일은 독일이나 베트남, 예멘식으로는 가능하지 않다는 것을 전제한다. 하나의 체제가 붕괴하면서 다른 체제로 흡수되는 독일식 통일은, 독일이 제2차 세계대전의 전범국가라는 전제와 그에 따라 분단에 이르는 과정에서 독일 민중의 명시적, 묵시적 동의가 있었다는 점 그리고 서독과 동독 사이에 내전이 발생하지 않았다는 점에서 한반도의 분단 과정과는 크게 다르고 고착화 과정 또한 전혀 다르기 때문에 한반도에 적합한 방식이 되기 어렵다. 내전을 통해 일방 체제로의 통일을 이룩한 베트남의 통일

방안 역시 한국전쟁을 치른 경험이 있는 한민족에게는 절대로 받아들일 수 없는 방안이며, 양쪽 정부의 상층부끼리의 담합에 의한 통일 후 합의가 불발되어 다시금 몇 년간의 전쟁을 거쳐 통일을 이룩한 예멘의 통일 방식도 절대 다수의 민중의 동의와 참여 과정이 없었다는 점에서 한반도식 통일의 사례라 할 수 없다.

백낙청이 주장하는 '한반도식 통일'은 '6·15시대'와 같은 남북 화해와 교류, 경제협력이 지속적으로 이루어지는 가운데, 다수의 민중들이 적극적으로 참여하는 통일 과정을 의미한다. 전쟁을 통하지 않는 통일, 일방의 이념이나 체제를 강요하지 않는 통일, 최종 목표로서의 통일이 아니라 과정으로서의 통일, 남북의 정부와 정치권뿐 아니라 다수 민중과 한민족 전체가 통일 과정에 주체로 참여하는 통일을 의미한다. 세계 역사상 유례없는 전인미답의 길이 바로 '한반도식 통일'이 될 것이다. 또한 '한반도식 통일'은 한반도가 통일되더라도 국가주의와 민족주의를 앞세운 또 하나의 강국으로 탄생할 경우, 설혹 통일 한반도가 자본주의 사회라 한들 미국, 일본, 중국, 러시아 등 주변국들의 불안감을 덜어줄 수 있을까라는 점에 대해서도 충분히 고려한 통일이 될 것이다.

셋째, 통일이 '현재진행형'이라는 뜻은, 동서 냉전체제의 붕괴와 1987년 6월 항쟁으로 인한 남한의 군사독재 체제의 극복이 분단체제를 '흔들게' 만들었으며 6·15 공동선언을 통해 분단체제가 허물어지기 시작했다는 것 역시 곧 통일이 시작되었다는 의미를 넘어선다는 것이다. 즉 "분단이 극복되지 않은 상황에서도 우리가 각기 사는 곳에서 그날그날 수행하는 크고 작은 싸움이 모두 분단 체제 극복운동의 내용을 이룬다. 통일작업과 직결된 교류 확대라든가 민주적 권리의 확보, 대외적 자주성의 신장 등만이 아니라, 생활현장에서의 성차별이나 인권침해, 환경파괴 등을 제거하고 자기 자신부터 그러한 습성에서 벗어나는 갖가지 실천이 곧바로 '과정으로서의 통일'로 이어진다."는 것이다.

우리의 목표는 '일회적 사건으로 이룩되는 분단 극복이 아니라 우리 사회의 구석구석에, 그리고 우리들 하나하나의 마음속에 온갖 형태로 뿌리내린 분단 체제의 극복'이기 때문이다.(84쪽)

마지막으로, 백낙청은 6·15 공동선언의 '남다른 의미'를 강조하는데, 그것은 "남북 정상이 직접 만나 합의하고 서명한 문건"이라는 사실이기 때문이다. 그러나 그것보다 더 중요한 부분은 선언문 제2항이다. "남측의 연합제 안과 북측의 낮은 단계의 연방제 안이 서로 공통성이 있다고 인정하고 앞으로 이 방향에서 통일을 지향시켜 나가기로 하였다."는 대목에 대해 백낙청은 내용이 두루뭉술할 뿐더러, 남북 각자가 이제까지 배격해온 상대방 제안에 끌려갔다는 비난에도 불구하고, "이 조항의 애매모호한 표현이야말로 6·15공동선언을 빛내는 대화와 타협의 정신, 실현 가능한 방안을 찾아내는 실천적 자세를 단적으로 보여주는 사례"라고 평가한다.

그는 제2항의 합의정신을 "통일을 하기는 하되 너무 서두르지 않는다."는 것과 "어떤 형태의 통일인지를 미리 못 박지 말고 지금 가능한 통일작업부터 진행한다."는 것으로 풀이한다. 그리하여 실질적인 신뢰구축 작업을 명기한 공동선언 제4항이 비로소 힘을 받게 되었다는 것이다. 남북의 신뢰구축은 통일을 하지 말자고 해도 불가능하고 덮어놓고 통일하자고 외쳐대도 어려워지기 때문이다.

백낙청은 '통일에 대한 개념'을 바꾸자고 제창한다. "단일형 국민국가로서의 '완전한 통일'이라는 고정관념을 버리고, 연합제와 낮은 단계의 연방제 사이 어느 지점에서 남북 간의 통합작업이 일차적인 완성에 이르렀음을 쌍방이 확인할 때 '1단계 통일'이 이룩되는 것이라는 새로운 발상이 필요하다."는 것이다. 말하자면 "무엇이 통일이며 언제 통일할거냐를 두고 다툴 것 없이 남북 간의 교류와 실질적 통합을 다각적으로 진행해 나가다가 어느 날 문득, '어 통일이 꽤 됐네, 우리나라 만나서 통일 됐다고 선포해버리세'하고 합의하면 그게 우리식 통일이라는 겁니다."(21쪽)

이 책『한반도식 통일, 현재진행형』은 백낙청 교수의 2015년 신작『백낙청이 대전환의 길을 묻다』(2015. 창비)를 읽고서 통일담론과 한국사회 변혁에 대한 그의 담론의 궤적을 알기 위해 읽은 것이다. 거의 10년 전 저서임에도 남북의 민중 모두의 아픔과 고통을 껴안고 통일담론과 한국사회 변혁담론을 이끌어 가는 백낙청 교수의 열정과 의지가 대단하다. 그리고 고맙다. 평론집 중 통일담론과 관련된 대부분의 내용에 공감도 되었고 배운 점도 많았다.

다만, 제3부 '14. 박정희 시대를 어떻게 생각할까'에서 '지속불가능한 발전의 유공자'로서 박정희를 평가한 부분에 대해서는 동의하기 어려웠다. '결과만 좋다면 과정이 어떻게 하더라도 괜찮다.'는 관점이 지난 100년간 한국사를 망쳐왔기 때문이고, 인간의 본성에도, 한국 민중의 성과와 고통에도 맞지 않다고 생각하기 때문이다.

• 남기고 싶은 문장

"선진국이라면 PD와 NL만의 '변증법적 결합'을 꿈꾸어봄직하지만, 분단국가에서 분단시대에 대한 인식, 그런 의미에서 'NL적 시각'이 빠진 상태로는 탁상공론에 가까운 사민주의 이외의 '결합'을 생각하기 힘들다. 다른 한편 PD를 배제한 NL과 BD만의 결합은 민족주의 과잉의 통일 이외의 어떠한 변혁전망도 제거된 반민중적 노선이 되기 십상이며, 그렇다고 NL과 PD의 '재결합' 또한 당위론에 불과함은 민주노동당 및 민주노총 내 양 정파의 '내분에 시달리는 동거'가 잘 보여준다. 내분의 '재봉합'이야 물론 가능하겠지만, 국민의 신뢰를 얻고 한국 민주주의의 발달에 주도적으로 참여하려면 개혁정권 및 온건개혁세력과의 좀 더 확실한 공감대를 바탕으로 정책적으로 연합하면서도 자신을 차별화하는 전략이 필요하며, 이런 과정을 통해서만 '내분'이 '건강한 의견차이'로 진화할 수 있을 것이다.

그것을 가능케 해줄 공감대가 바로 분단체제 극복이 현 시기

최대의 변혁과제인 동시에 남한사회의 구체적 개혁 작업이기도 하다는 인식이다. 자본주의 세계체제가 한반도를 중심으로 작동하는 장치가 곧 분단체제이고 남북 각기 상대적인 독자성을 갖는 사회이긴 하지만 분단체제의 매개 작용을 통해 세계체제의 규정력을 반영하고 있다는 인식을 갖는다면, 자주통일론과 세계적 시각을 지닌 계급운동은 한국사회의 구체적 개혁과정에 초점을 둔 시민운동 및 개혁정당(들)과도 자연스럽게 연대할 수 있게 되는 것이다."(68쪽)

"북핵문제 자체에 관해서는 우리가 정부 차원이건 시민사회에서건 할 수 있는 일이 엄연히 한정되어 있다. 핵무기를 배반할지 말지를 결정하는 것은 북이며, 이러한 북을 공격해서 파멸시킬 수도 있는 무력을 보유하고 그 사용 여부를 결정하는 건 미국이기 때문이다. 두 당사자 모두에게 한국의 입장은 절대적인 변수가 못 된다.
그 점에서 '민족공조'든 '한미동맹'이든 모두 상대적인 의미밖에 없다. 한국과 미국이 대등한 맹방이 아님은 너무나 뻔한 사실인데다 오늘날 미국과 대등한 동맹관계에 있는 나라는 지구상 어디에도 없는 마당에, '한미동맹'을 절대시한다는 것은 미국에 대한 맹종을 서약하는 행위밖에 안 된다. 다른 한편 북측이 핵개발문제를 한국정부와 협의해서 결정하는 것도 아니고 한국이 북의 안전을 담보해줄 능력도 없는 마당에 '민족공조'를 절대시하는 일 또한 허황되고 무책임한 처사가 되기 쉽다. 우리가 그나마 할 수 있는 일을 단호하고 지혜롭게 해나가야 한다."(238쪽)

– 다른 책에 대한 리뷰가 궁금하신 분은 블로그 http://book.interpark.com/blog/connan 를 찾아가시면 됩니다.

2) 창조적 비판

공동체주의자인 마이클 샌델(M. Sandel) 교수는 『정의론』의 저자 존 롤스(J. Rawls)가 주창한 '자유주의적 평등이념'을 향해 "인간이 갖는 공동선과 공동체주의적 측면을 간과함으로써 추상적 보편주의에 빠졌다."라고 비판했다. 물론 샌델 교수도 그의 저서 『정의란 무엇인가?』에서 정의(正義)의 정확한 의의에 대하여는 답을 내어놓지 않고 있는 것은 마찬가지지만 말이다.

정의란? 가치(價値)이고 정도(正道)이다. 옳고 그름을 차별하는 선·악이 아니라 몇 점, 몇 원인가의 비율과 값을 분별하는 가치이며, 미완성되고 부족하여 한편으로 치우치고 서로를 가르는 좌/우, 보/진, 양비론적 중도(중간)가 아니라 하나로 조화시키고 질서정연하게 만들며, 언어 표현의 한계를 뛰어넘은 '초월적 정도(正道)', 즉 중용, 중생, 깨달음, 경계, 완성을 의미하는 4차원의 개념이다. 다시 말해 선·악과 좌/우의 흑백 이데올로기로 나누는 분별심은 가정(假定), 즉 인간 상호 간의 약속의 산물이며 무지(어리석음)에 의한 천박한 지식의 산물이다.

따라서 선·악은 존재의 본질이 아니라 인간에 의하여 재창조된 '제2의 피조물'인 법(法)과 윤리, 즉 가정에 의한 '거짓의 존재'이자 임시적·방편에 의하여 만들게 된 '과정적 허상(虛像)'이다. 그리고 너와 나로 가르는 좌/우의 분별심(分別心) 또한 미완성되어 부족한 상태에 있는 인간의 무지와 이기심이 더불어 존재하는 공생적 이타심의 높은 가치에 대하여 역지사지(易地思之)하지 않고, 오직 자신의 입장에서만 판단하는 욕심과 치기가 만들어 낸 저속한 사유의 산물이다.

백낙청 교수의 저서『한반도식 통일, 현재진행형』은 분단체제하의 통일담론이라 할 수 있으며 수많은 통일과 관련된 저작들과 비교하게 될 때 가히 비교우위를 점하고 있다고 해도 과언이 아닐 것이다. 통일에 대한 한반도 역사의 총론에 대한 포괄적 접근은 물론이요, 각론에 대한 디테일한 부분에 있어서도 타의 추종을 불허하는 심오한 분석과 궁극적 본질을 꿰뚫어보는 혜안이 아니고서야 어떻게 이런 명저를 창작할 수 있었겠는가?

그리고 백낙청 교수는 최근 4·13 총선을 앞두고 김종인 대표의 '북한 궤멸' 발언과 국민의당 이상돈 최고위원의 '햇볕정책이 북의 핵무장을 초래했기 때문에 실패했다는 단정'에 대해 "원점을 잘못 잡은 것"이라며 "야당의 지도 인사라면 그간의 남북관계 진행에 대해 좀 더 정확하게 인지하는 자세가 필요하다."고 비판한 바 있다. 왜냐하면 햇볕정책은 관점과 차원에 따라 다양한 해석이 가능하기 때문이다. 참으로 지당한 논평이다. 역시 탁월한 능력을 겸비한 역사해석임이 분명하다.

하지만 일부분에 있어서 개념의 선정과 언어의 표현 방법, 그리고 절대가치 부재가 불러오는 역사에 대한 삐뚤어진 가치관과 앞선 평가에 대해서는 보다 더 심도 있는 연구가 있어야 한 점도 부족함이 없는 불후의 명저가 될 수 있겠다는 생각에 조금은 아쉬움이 남는다. 예를 들어 "군부독재의 유산을 청산하는 작업이 명쾌

하지 못하여"라는 부분과 창비의 서평에서의 '지속불가능한 발전의 유공자'로서 박정희를 평가한 부분에 대해서는 동의하기 어려웠다. 특히 '유공자'라는 개념을 사용하면서도 '군사독재'라는 개념을 동시에 사용했는데, 차라리 '군사독재'를 '군부통치'로, '유산청산'을 '마무리하고'로 표기했더라면 한결 이데올로기적 편협성으로부터 탈피하여 좌우를 아우를 수 있는 정도, 즉 중용적 가치로 승화될 수 있지 않겠냐는 것이다. 중도(中道)는 중간(中間)이라는 개념을 내포하고 있어서 가급적 생략키로 한다.

한 인간의 성장과도 같이 역사도 성장발전이라는 메커니즘을 갖는 법이다. 역사가 카(E. H. Carr)는 "역사는 기록자의 관점에 따라 달라진다."고 했었다. 차원과 관점에 따라 달라지는 역사 해석을 지금 여기(시험/수험생/인간)에서 과정적으로 판결해서는 안 된다. 왜냐하면 "역사는 과거와 현재와의 대화"일뿐만이 아니라 현재와 미래와의 대화이기도 하기 때문이다. 영(靈)철학은 역사의 성장메커니즘에 있어서 재창조의 창조법칙(미완성기의 신의 관여/이끌음)을 주창한다. 따라서 역사의 궁극적 판결은 완성된 세계인 미래의 거기(답안지/스승/창조자)에서 이뤄져야 하며 또한 그분에게 맡겨야 할 것이다. 아름다운 꽃의 향기도 결국 과정적 존재이다. 열매를 보지 않고 어떻게 그 나무의 진가를 알겠는가?

성 어거스틴은 그의 저서 '천상의 도상(The City of God)'과 '지상의 도상'에서 '국가의 개념'에 대하여 "본성과 의지의 한계로 스스로 최종 목적에 도달할 수 없는 인간은 지상 여정 안에서 제도와 정치를 수단으로 이용할 필요가 있다."고 하였다. 그리고 "인간의 본성이 죄(罪)로 기울어지는 경향 때문에 국가와 제도를 통한 권위와 제재의 필요성"을 주장했으며, 또한 "평화를 위해 더 큰 악을 제어하기 위한 수단으로서의 전쟁"을 필요악으로 인정했다.

독재는 선인가? 아니면 악인가? 허락을 받지 않고 부모의 의지에 의해 일방적으로 자녀를 탄생시키듯이, 모든 창조는 선의 독재성을 갖는 법이다. 그렇다면 우리가 독재자의 자식들인가? 정치는 종교가 아니며, 경제 또한 정치가 아니다. 철학이 신학과 과학의 교량이듯이, 정치 또한 경제와 종교의 사이에서 교량과 역할을 담당한다. 따라서 종교는 천상의 도상과도 같아서 '절대 선'을 지향하지만 정치는 '지상의 도상'과 '천상의 도상'의 사이를 연결하는 통로여서 '상대적 선'을 지향하는 법이다. 그러므로 종교적 행위는 '절대적 심판'의 대상이지만 정치는 그렇지 않다. '상대적 심판'의 대상이다. 정치를 절대적 가치에 의한 심판대상에 올려놓고 심판(판결)하는 것은 어린아이에게 죄를 묻는 것과도 같다.

인류의 문화사도 모든 미완성기는 선의 독재, 즉 힘에 의한 절대적 독재의 시기(원시시대/지배/무력)요, 중간기는 타협적 독재의 시기(근대시대/법치/협력)이며, 완성기만이 사랑에 의한 수평적 협력의 시기(21세기/자립/인격)이다. 민주주의란? 수평적 협력이라는 개념의 다른 이름이다. 일제식민에 연이은 6·25동란의 폐허 속에서 원시적인 미개수준에 머물러 몰(沒)인격적이었던 국민의 정치의식 수준을 간과해서는 안 된다. 마치 부모를 잃은 고아와 부모의 도움이 절대적으로 필요한 어린아이와도 같았던 국가의 참상을 부정할 수 있겠는가? 고려대학교의 교수이자 시인이었던 승무의 조지훈 선생은 4·19와 5·16이 일어났던 그 시절의 시대정신을 14살 1/4이라고 규정했었다. 사춘기에 막 접어든 시기이자 부모의 관심과 따뜻한 보호가 필요한 시기임을 두말해서 무엇하겠는가?

나이 값이라는 것이 있듯이 시대정신이 있는 법이다. 성년이 된 현재의 잣대로 어린 시절의 과거를 재단하지 말라! 우리의 법도 소급하여 적용하지 않으며, 공소시효가 있는 법이다. 따라서 역사의 평가는 옳고 그름과 선·악이 아니라 오직 공과(功過)만 있게 되는 것이다. 누군가가 '공칠과삼(功七過三)'이라고 말하지 않았던가? 그러므로 창비의 서평 또한 어설픈 잣대로 재단하는 누(累)를 범했음을 부정할 수 없을 것이다. 크로체(B. Croce)는 "모든 역사는 현대사"라고 했다. 과거에 일어난 일도 현재 상황과 관련해 재해석되며, 미래의 목적과 이어져 서술된다는 얘기다.

원인 없는 결과가 없다는 뜻이다. 결과가 좋은데 과정에 큰 문제가 있겠는가? 따라서 독재니, 청산이니, 동의하기 어렵다니, 망쳤니 하는 개념의 선택은 참으로 어리고, 코미디 같은 두 지성인의 단어 선택이다. 자충수를 둬도 유분수지 그렇게도 심오한 역사 해석의 높은 차원의 소유자이면서. 정신세계의 최고봉이라 할 수 있는 창비출판사가 심성이 꼬였어도 보통 꼬인 것이 아닌가 보다. 아니면 흔히 말하는 붉은 색깔에 빙의되어 잠시 영혼이 이탈되었으리라. 새천년의 밀레니엄을 맞이하여 해가 중천에 떠올랐는데 아직도 정처 없이 배회하는 붉은 유령을 위로하는 씻김굿이라도 두 지성에게 한판 거나하게 벌여 줘야 할 일이다.

제5부

공존주의·공생경제(혼합경제 통일경제)론

공존주의 · 공생경제학(통일경제학)의 철학적 본질은 '복잡계 이론'과 '시스템철학'인 '영(靈)철학(정도론 · 양미론)'이다. 따라서 사회주의 계획경제와 자본주의 시장경제의 장점을 결합한 '제3의 길'을 넘어선 '제4의 길'로서 일명 혼합경제 · 통일경제 · 인간적 자본주의 경제이다. 그동안의 모든 경제학은 이론경제, 즉 학습경제 · 지식경제에 불과했을 뿐이다. 21세기 성장의 성숙기를 맞이한 인격적 글로벌 시대는 지성경제 · 영성경제의 4차원 경제학을 창출하지 못하면 덜떨어진 존재로 남게 될 뿐이다.

• • •

생산과 유통 및 금융개혁

좌장. 박근령: 다음은 본 대담의 마지막 장인 공존주의 · 공생경제에 관한 장입니다. 20세기 말인가요? 소련의 전 서기장 미하일 고르바초프에 의해 개혁 · 개방을 뜻하는 페레스트로이카와 글라스노스트의 시행 이후 사회주의가 몰락하였습니다. 그리고 뒤이어 2008년 미국발 금융 사태로 인한 그 여파가 순식간에 EU까지 번졌습니다. 그러니까 21세기 들어와 세계의 경제는 글로벌 경제위기로까지 번져 자본주의 시장경제의 수정을 넘어 경제패러다임의 대전환이 불가피한 상황이라고 할 것입니다. 따라서 세계의 저명한 경제학자들은 이구동성(異口同聲)으로 그 대안으로서 따뜻한 자본주의와 인간적 자본주의 및 정의로운 자본주의를 표방하였으며 이에 따른 각종 경제서적들이 국내외에서 쏟아져 나와 새로운 경제 질서를 창출하기 위해 정보공간을 수놓고 있습니다.

자본주의 신자유주의의 본고장인 미국에서는 '혼합경제'를 뜻하는 '자본주의 4.0'을 비롯해 수많은 방법론들이 거론되고 있으며, 일명 브렉시트(Brexit)라는 신조어를 탄생시키면서 영국은 EU의

탈퇴를 경험했습니다. 국내에서는 18대 박근혜 정부에 들어와 '창조경제론'이 경제위기를 타개하기 위한 국정의 어젠다가 되었으며, 북한의 김정은 제1비서도 경제 부분의 '생산수단'과 '자원 배분 방식'에 있어서 부분적 '사유재산제도'와 자본주의 '시장경제제도(생산과 유통의 50% 사유화)'를 도입하여 '장마당'을 들여오는 등 대대적인 경제혁신을 시작했습니다. 그런데 장마당의 파급효과가 무려 90%까지 확산되면서 오히려 정부가 규제를 단행해야 한다는 상황까지 이르렀답니다. 이처럼 21세기를 전후하여 철석같이 믿었던 사회주의 계획경제체제의 급속한 변화가 이루어졌으며, 자본주의 시장경제의 사회체제 또한 세계 곳곳에서 파열음을 내며 경제 위기가 계속되고 있음은 과연 우리에게 무엇을 암시하고 있는 것일까요?

오늘의 주제가 '창조적 통합과 통일에 대한 대담'인데 통합과 통일이라는 개념은 분열과 분단의 산물이지 않습니까? 따라서 글로벌 경제위기로 인한 지구촌의 분열과 우리나라의 분열과는 무관한 것인지, 아니면 불가분의 관계에 놓여 있는 것은 아닌지를 살펴보고, 그리고 우리나라 국정의 어젠다였던 국민통합과 창조적 평화통일에 대한 대안이 나올 수 있다면, 이로써 나아가 세계 경제 위기까지도 해결해 인류의 대통합이라 할 수 있는 세계평화를 이 땅에 가져올 수는 없는 것인지에 대하여 다각도로 논의하여 그 대안을 제시하는 역사적인 일이 이 대담에서 심도 있게 논의되어지리라 믿습니다. 위기를 기회로 전환시킬 수 있는 유일한 해법이 오직 권 소장께서 창도한 '공존주의 공생경제(혼합경제 · 통일경제)론'

이 분명하다면 '공생경제론(정부와 시장/공유와 사유의 조화)'의 구체적인 의의와 개념 정의, 그리고 경제 정책에 있어서는 어떤 내용이 구체적으로 창출될 수 있는 것인가(?)와 제도적 접근 방법론에 대해서 일반 독자들께서도 쉽게 이해할 수 있게 참신한 질의와 응답이 있기를 바랍니다.

• 참고자료

아래의 글은 필자의 졸저 『영(靈)철학』의 '공생경제론'에 관한 부분을 발췌해 옮긴 내용이다. Q&A에 들어가기 전 공생주의와 공생경제에 대한 대강의 개념 정의가 필요할 것 같아서 먼저 수록하고자 한다. 독자 여러분의 이해를 위한 좋은 자료가 되었으면 하는 바람이다. 이 부분 또한 필자의 또 다른 졸저 『영(靈)철학(정도론 · 양미론)』에 수록되어 있기에 간략하게 소개만 하기로 한다.

CHAPTER 01

제10장. 공존주의 · 공생경제(혼합경제 · 통일경제)론

제1절. 공존주의 · 공생경제론의 정의&신자유주의의 종언(終焉)

1. 공존주의 · 공생경제(혼합경제 · 통일경제)론의 정의

- 자유시장경제학의 근저를 이루는 이론적, 경험적 가정은 의문의 여지가 많다. 따라서 우리가 그동안 경제와 사회를 조직해 온 방식을 그냥 수정하는 정도가 아니라 완전히 새롭게 재구성하지 않으면 안 된다. -장하준-

• 미완성에서 완성을 지향한 '창조(父)와 재창조(母)를 통한 성장(子女: 진화)'의 인류 역사에 있어서 사회주의와 자본주의는 과정주의이다. 따라서 사회주의와 자본주의라는 반쪽의 제도하에서 창출된 모든 경제 이론과 정책은 결국 절름발이("종교 없는 과학, 과학 없는 종교는 절름발이"라고 말한 아인슈타인의 명언처럼)다. 왜냐하면 생산양식의 국유화와 사유화라는 자본 소유 그리고 시장 경제와 계획 경제라는 자원 분배 방식의 적절한 조화를 바탕으로 구축된 이론이나 제도가 아니라 편향된 양 체제가 잉태한 부분적 사유의 산물이기 때문이다. 이는 밤과 낮을 분리해서 연구한 것과도 같고, 동양 철학과 서양 철학의 수많은 철학적 파편들이 다양하게 창출되었지만 결국 양비론적 사유의 카테고리를 벗어나지 못한 것과도 같은 것이다.

• 시대에 따라 경제의 패러다임이 단계별로 가변성을 갖게 되는 이유는 역사가 3단계 3급으로 발전하는 성장 변화의 법칙을 갖기 때문이다. 따라서 경제의 형태도 원시공동체 경제시대와 수많은 학파주의 경제이론 시대를 거쳐 인격과 영성공동체 경제법칙 시대로 변화하게 되는 법이다. - 권추호 -

• 자본주의와 시장경제는 같은 것이 아니다.
- 페르낭 브로델(Fernand Braudel) -

• 자본주의/사회주의: 생산양식(수단)의 소유의 사유화와 국유화의 여부에 따름.
시장경제/계획경제/전통경제-자원 배분 방식의 차이에 따름.

• 공존주의는 사회주의와 자본주의의 장점을 창조적으로 결

합한 체제이며, 공생경제는 시장과 정부, 국유와 사유의 비율 (50% : 50%)을 균형 있게 조화시킨 제도를 뜻한다. -권추호-

- 전문가란 새로운 것은 아무것도 더 배우려 하지 않는 사람을 말한다. 뭘 더 배워야 한다면 그것은 자신이 전문가가 아니라는 걸 인정하는 것이기 때문이다. -해리 S. 트루먼(Harry S. Truman)-

공존주의·공생경제는 인류역사의 완성기를 맞이한 시대정신에 맞추어 새로운 패러다임, 즉 생산수단의 제4의 방법론인 사회주의와 자본주의의 장점을 결합해 만든 새로운 창조적 체제의 모델이며 공생경제론(Symbiosis Economics)은 시장과 국가개입의 미묘한 경계선을 창조적으로 조화시킨 새 경제론이다. 이것은 아나톨 칼레츠키(Anatole Kaletsky, 1950.6.1~)의 주저『자본주의 4.0』에서 밝힌 '혼합경제론'과『시장의 착각, 경제의 방향』의 저자 한배선 한국개발연구원(KDI) 주임연구원이 설파한 '공동체 자본주의', 즉 '맞춤형 자본주의' 경제론에 가까운 경제 모델이라고 할 수 있을 것이다.(다만 이는 아직 더 보완해야 할 일이 남아 있다. 특히 소유의 양식에 대한 사유와 공유의 비율 문제를 구체적으로 언급하고 있지 않다)

한편 케인스는 투기의 힘으로 돌아가는 금융 시스템의 위험을 경고했다. "기업이 큰 물줄기를 이루고 투기가 그 위를 떠다니는 거품일 때는 투기도 별다른 해가 없다. 그러나 기업이 투기라는 소용돌이 위에 떠다니는 거품이 된다면 상황은 심각해진다."고 강조한 것을 장하준 교수는 그의 저서『장하준의 경제학

강의』에서 논했다.

한편 2009년 세계의 경제학계는 노벨경제학상 수상자인 조지프 스티글리츠를 주축으로 새 경제학의 틀을 모색하고자 영국 런던에서 '새로운 경제적 사고를 위한 연구소(The Institue for New Economic Thinking)'를 출범시켰다. 영(靈)철학, 즉 창조적 성장론에 의한 3단계 성장의 역사는 성장 단계별 다양한 형태를 갖게 되는 존재 법칙을 다룬다. 시장과 국가의 역할 또한 시대마다, 처한 환경마다 달라야 하는 법이다. 분명한 것은 금융과 국가재정 위기 이후 지금 세계는 국가의 역할에 대한 필요성을 절대적으로 요청하고 있다는 것이다.

2. 신자유주의의 종언(終焉)

1) 로버트 하일브로너와 윌리엄 밀버그의 공저『자본주의 어디서 와서 어디로 가는가』에서 "대부분의 경제학자는 시장체제와 자본주의를 동의어로 사용한다. 특히 신자유주의 사고에서는 자본주의가 곧 시장경제체제다. 하지만 자본주의와 시장경제는 결코 같은 의미가 아니다. 자본주의는 생산양식의 특징을 나타내는 것이라면 시장경제는 자원배분의 특징을 표현하는 용어다. 경제사의 구분에 따르면 생산양식의 차이를 결정하는 생산수단의 사적 소유 여부에 의해 자본주의와 사회주의가 나뉘고, 자원 배분 방식에 의해서 시장경제체제와 계획경제체제, 그리고 명령에 의한 전통 경제체제로 나뉜다."라고 했다.

2)『시장의 착각, 경제의 방향』의 저자 한배선 KDI 주임 연구원

은 "자본주의는 자본을 축적하기 위해 시장을 하나의 제도와 수단으로 채택해왔다. 이 과정에서 자본주의는 끊임없이 궤도 수정을 거듭해왔고 시장은 그때마다 국가설계의 대상이었다. 시장이 시대와 여건에 따라 설계를 달리해야 했던 까닭은 자본 축적을 위한 수단으로서 불완전했을 뿐 아니라 시장의 역할로 기대했던 효율, 정의, 분배 등 다양한 기능의 작동을 위해 시장 외적인 힘이 필요했기 때문이다.
시장의 한계점은 두 가지로 요약된다. 첫째 시장은 스스로 존재하기 힘들고 안정성을 확보하기 힘든 제도라는 점이다. 둘째 시장이 완전한 모습으로 존재한다 해도 성장·분배·윤리·공동체·가격 신호등에서의 역할은 충분하지 못하다는 점이다. 이러한 시장의 한계점 때문에 시장은 또 다른 제도와 힘이 필요하다. 시장경제는 자본주의의 형식이자 필요조건이지, 충분조건이 아니다. 자본주의의 위기는 시장과 국가를 대립관계 내지는 대체관계로 보는 시장만능주의에 뿌리를 두고 있다. 시장과 국가는 결코 대체 관계가 아니라 보완 관계다."라고 했다.

3) 장하준 교수는 그의 저서 『국가의 역할』에서 '제도주의'를 강조하며, "자본주의 체제는 교환 제도로서의 시장과 생산 제도로서의 기업 그리고 이 관계를 지배하는 제도를 창출하고 조정하는 국가까지 포함된 일련의 제도(制度)로 구성된다고 본다."고 했다. 그래서 그는 시장을 국가나 권력의 산물로 여긴다. 규제가 없으면 시장이 존재하기 힘들다고 보기 때문이다. 이것은 스미스가 『도덕 감정론』에서 동정심을 중요하게 여기

는 이유이기도 하다.

4) 앨런 그린스펀(Aian Greenspan) 전 연방준비제도이사회(FRB) 의장은 "믿었던 자유 시장 모델에 회의를 느낀다."며 신자유주의자로서 금융의 탈규제를 주도했던 자신의 행적에 대해 심각한 착오가 있었음을 미국 의회 청문회에 참석해 공식적으로 시인했다. 잭 웰치(Jack Welch) 전 제너럴 일렉트릭(GE)의 회장도 "주주 가치 극대화가 세상에서 가장 멍청한 생각이었다."며 시장을 절대적으로 신뢰했던 자신의 경영 철학에 회의를 드러냈다. 컬럼비아 대 교수이자 미 연방준비제도이사회 임원이었으며 금융세계화이론을 주장했던 프레드릭 미쉬킨(Frederick Mishkin) 또한 시장경제시스템에 대한 패러다임의 대전환을 요구하며 "우리는 지금 경제학 패러다임의 변동기를 목도하고 있다."고 설파했다.

(이하 생략)

2절. 공생경제론

1) 창조적 성장론(成長論)에 의한 공생경제학에 있어서 경제학은 종교적, 즉 창조적 결정론적 목적이 아니라 수단이요, 과정적 산물이기 때문에 시대정신을 반영하는 재창조적 자유의지의 비율이 높은 법이다. 따라서 경제이론과 정책 및 제도의 변화는 종교적 목적과 정치의 필요에 따라 경제학자와 정치인에 의해 '창조'되어져 비로소 현실적인 '재창조'의 과정을 밟게 되

는 것이다.

- 케인스: "경제학은 사람들이 정확한 답을 찾도록 돕는 도구일 뿐이며 그 안에 미리 정해진 정책적 결론은 없다."

- 그레고리 맨큐(Gregory Mankiw): "경제학이 과학이 되는 것은 불가능하다. 분자나 물체와 달리 인간은 자유의지를 가진 존재이기 때문이다."

2) 자립은 완성의 산물이다. 21C 인류의 시대정신은 아직 홀로 자립할 수 있는 장년기가 아니라 청년기에 도달했기 때문에 주체자에 의한 어느 정도의 보호가 필요한 법이다. 자립과 자유시장은 아직은 환상에 지나지 않는다. 따라서 시장도 국가도 미완성기의 자립 요구는 시기상조일 뿐이다. 따라서 '공존주의 공생경제론'은 소유의 국유화와 사유화 및 자유시장과 국가 개입의 적절한 조화, 그리고 생산(기업)과 유통(마트)의 역할 분담과 비율 배분(각각 50% 국유와 사유)를 통해 민영과 국영의 경계선을 중시하는 창조적 혼합경제학이다. - 더글러스 노스(Douglas North)는 "비시장 제도가 시장을 위한 법칙을 제공한다."고 했으며, 조지프 스티글리츠, 마이클 스펜스, 조지 애커로프 교수 등 3인은 2001년 그동안 경제학계를 지배해오던 자유 시장 가설의 오류를 증명함으로써 노벨 경제학상을 수상했다. 이들은 '정보 비대칭'으로 인한 시장의 불완전한 모델을 정립하는 데 기여함으로써 효율적 시장가설을 무력화시켰다.(예: 중고 자동차, 보험) -

(이하 생략)

• • •

제4의 길
(국가복지, 체제복지)

문77. 박: 본격적으로 '공생경제론'에 들어가기 앞의 제1부에서 국가복지, 체제복지라는 '제4의 길'에 대해 간략하게 언급했었는데 이 장에서는 조금 더 구체적으로 말씀해주시면 좋겠습니다.

답77. 권: 네, 그런데 이 부분은 준비된 도표를 참고해서 설명하는 방법이 어울릴 것 같네요. 조금 복잡하니까요.(보기-3 참조)

〈보기-3〉

1. 박정희 체제 – 국가형태: 전체주의/경제형태: 통제된 자본주의
2. 경제민주화 – 국가형태: 민주주의/경제형태: 자유시장 자본주의
3. 복지국가소사이어티 – 국가형태: 민주공화국/경제형태: 복지 자본주의
4. 제4의 길(민주주의 4.0 · 공존주의 1.0) – 국가형태: 공존주의/경제형태: 공생주의 * 공존주의(왕정 대 민주론 『노자철학 이것이다』 도올 김용옥 교수) * 공생주의(혼합경제 · 통일경제 · 중립(정도)경제)

위의 도표의 내용 중 '4. 제4의 길' 부분은 필자의 의견을 덧붙인 부분이지만, 다른 1. 2. 3. 부분은『무엇을 선택할 것인가/장하준, 정승일, 이종태의 쾌도난마 한국경제』라는 저서에서 분류한 것으로 해방 이후부터 우리나라에서 진행되어온 국가체제와 경제제도의 방식을 나름대로 심도 있게 분석한 내용입니다. 이 책은 한국이 낳은 세계적인 젊은 경제학자 장하준 교수를 주축으로 정승일 박사, 이종태 저널리스트 셋이서 나눈 경제 관련 고담준론이 매우 깊이 있게 수록되어 있어요. 그들이 '복지사회소사이어티'라는 사회단체를 운영하면서 한국의 경제가 앞으로 어떻게 나아가야 하는가에 대한 고민과 함께, 나름대로 일가견을 이루고 있는 흔적들이 역력해요. 다만 제가 보기에 조금 아쉬운 것이 있다면 존재의 본질에 대한 철학적 연구가 부족해서인지, 아니면 이데올로기라는 색깔논쟁이 두려워 표현의 강도를 지혜롭게 제어하고 있는지는 알 수 없지만, 용어의 창조적 응용에 관심을 두었더라면 하는 조심스러운 바람이 들었어요. 예를 들어 복지국가는 그렇다고 하더라도, 민주공화국과 복지자본주의라는 용어의 선택에 있어서 새로운 정치제도와 시장경제를 원하면서도 왜 눈을 조금 멀리 두어 남북의 통일에까지 맞춰 보지 않는지 이해가 되지 않는 것은 아니지만 조금 아쉬워요.

세모 안의 모든 세포는 세모라는 조직으로 구성되어 있기에 네모가 될 수 없고, 네모 안의 모든 세포는 또한 동그라미가 될 수 없듯이, 남북통일을 통해 완성되지 못하고 아직 미완성으로 남아있는 반쪽의 국가체제 내에서 갖은 방법을 다 동원한다고 할지라도 조금은 달라질 수 있겠지만 근원적인 문제는 해결할 수 없어요. 민주는 결국 민주요, 자본은 또한 자본일 수밖에 없어요. 새로운 세계는 새 개념을 수반하는 법이에요. 이처럼 민주주의는 사회주의가 될 수 없고 사회주의 또한 민주주의가 될 수도, 되어서도 안 돼요. 만약 그것이 가능하다면 그것은 결국 억지로 끼워 맞춘 중도(中途)일 뿐이에요. 따라서 새로운 세계는(민주주의 4.0 or 제4의 길) 새로운 용어와 개념을 필요로 하는 법이랍니다.

내친김에 복지에 대한 개념도 복지를 실천하게 될 방법론에 따라 그 해석이 달라질 수도 있다는 것을 알았으면 좋겠네요. '복지국가'는 '국가복지'와 같은가 아니면 다른가? 두말할 필요가 없어요. 다릅니다. 왜 다른가? 복지국가는 개체성을 향한 복지지만, 국가복지는 전체성을 향한 복지이기 때문입니다. 그런데 제4의 길의 복지는 달라요. 이를테면 국가복지와 복지국가의 장점을 결합한 제4의 복지입니다. 제4의 복지란? 정책과 제도만으로 할 수 없는 기부에 의한 '인격적 복지'에요. 다시 말해 국가의 예산만으로 집행하는 복지가 아니라 전혀 새로운 방식의 '자율적 기부'와 '의무구매기부복지'라는 창조적 복지라고요. 새로운 합(Synthesis)은 새로운 이름이어야 해요. 그러니까 그것은 전혀 새로운 정치체제와 경제제도여야 해요. 발상을 전환해야 한다고요.

지금 기회가 오고 있어요. 국운 융성의 기회가 말입니다. 주어진 기회를 놓치면 그 기회는 다시 오지 않아요. 6·25 동란 이전의 역사를 보세요! 흉측한 총칼을 높이 치켜들고 마치 제집인양 당당하게 들어와 유린하던 이 국토에 전대(錢臺)에 금은보화를 꼭꼭 숨기고 들어와 전국의 관광지를 찾는 일이 MB 대통령께서 "국운상승"을 외치기 훨씬 전의 일임을 국민들이 먼저 인식했어야 했듯이, 정치도 좋고 경제도 좋지만 역사철학에 대한 관심을 보다 더 많이 가져야 미래를 명확하게 선견(先見)할 수 있다고요.

• • •

공생경제론(역할분담/비율배분 경제론)과 경제의 민주화

문78. 박: 18대 대선을 앞두고 새누리당에서 창조경제론을 외쳤는데 소장님의 저서들을 보게 되면 그보다 훨씬 전에 '공존주의'·'공생경제'라는 개념이 언급되어 있었어요. '창조경제론'과는 어떤 차이가 있는지에 대해 먼저 이론적 배경과 그 내용부터 말씀해 주시겠습니까?

답78. 권: 역사는 미완성에서 완성이라는 궁극의 목적을 향해 끊임없이 발전한다고 하지 않았습니까? 성장할수록 책임이 늘어나듯이 경제학 또한 복잡다단한 과정을 통과하지 않으면 안 돼요. 따라서 제가 말하는 공생경제론(주석1)은 차원이 다른 존재론적 본질에 기반한 '제4의 경제론'이에요. 정치권에서 말하는 '창조경제'는 실물 부분, 즉 기업을 위시해 "모든 산업을 아우르는 개념"이라고 창조경제연구회의 창립자인 이민화 카이스트대 교수가 말하지 않나요? 1990년대에 일본의 노무라연구소가 최초로 창조경제라는 개념을 사용했고, 뒤이어 영국은 호킨스 교수가 "문화산업

중심의 창조산업"이라고 했던 것 같습니다만.

그러니까 공생경제론은 창조 역할(남성성: 정부, 생산)과 재창조 역할(여성성: 시장, 유통, 금융)에 의한 역할분담 경제론이에요. 역할분담 경제론을 더욱더 세분화하게 되면 '비율배분 경제론'이 되지요. 그리고 공생경제론은 생산에 국한된 창조경제와는 달리 유통과 금융은 물론 종교적 부분까지 포함하는 입체적인 경제학이에요. 사회주의와 자본주의의 장점을 결합한 경제학으로서 국유화와 사유화의 비율을 50%:50%로 균형 있게 조화시킨 일명 혼합경제학이라고 해야겠지요. 물론 혼합경제는 정부와 시장의 조화는 설명하면서 소유, 즉 생산수단의 균형에 대해서는 말하지 않고 있지만 말입니다.

- 역할분담이란? 부(父:창조)와 모(母:재창조)라는 인격적 관계를 정부와 시장, 생산과 유통, 대기업과 중소기업에 비유한 개념
- 비율배분이란? 성장단계별 보호와 책임의 법칙과 같이 생산과 유통에 있어서의 사유화와 공유화의 비율, 정부와 시장의 역할에 있어서의 비율, 내수와 수출에 있어서의 대기업과 중소기업, 도시와 농촌 등의 지분 비율 배분 등을 어떻게 얼마만큼 나눌 것인가를 규정한 개념이다. 생산은 사유 중심성을 갖고, 유통과 금융은 공유 중심성을 갖기 때문에 생산에 있어서의 사유와 공유의 비율은 6:4 or 7:3, 유통에 있어서의 사유와 공유의 비율은 4:6 or 3:7로 정하게 된다.

공생경제학의 철학적 본질은 '영(靈)철학(정도론 · 양미론)'이에요. '창조와 재창조에 의한 성장론(3단계론)'인데, 경제의 법칙도 한 가

정에서 벌어지는 가족관계와도 같아서 한 인간의 성장변화에 따라 부모(정부)의 보호와 자녀(시장)의 책임이 바뀐다는 것이죠. 쉽게 말해 부모와 자녀의 관계처럼 정부와 시장의 관계도 성장 발전에 따라 변화하는(시계의 시침처럼 12시 방향에서 3시 방향으로 바뀌는) 역학 관계를 고려해 경제정책과 제도가 가변성을 갖게 된다는 뜻이에요. 자녀가 어릴 때는 부모의 보호가 절대적이어야 하듯이 그 나라의 경제수준이 개발도상국일 때는 정부의 개입 비중이 높지 않으면 안되는 셈이죠. 이것을 확대해서 대입하면 국가 시대를 넘어선 세계화(Global)시대에는 선진국(부모)이 후진국(자녀)을 보호하는 정책을 펼쳐야 한다는 뜻이 되겠지요~? 따라서 '공생경제론'은 철학, 즉 보호와 책임으로 꾸려가는 가족관계학을 기반으로 하는 새로운 '철학 기반 가족경제학'이 될 것입니다. 그리고 '공생경제론'은 유사 이래 그 어떤 경제학자도 창출할 수 없었던 완벽한 존재론적 본질의 경제 이론으로서 새로운 '소통·인격 경제론'이 될 거구요.

미완성기의 소통은 설득이에요. 자본주의 시장경제와 민주주의라는 토대에서 정부가 경제정책을 시행할 때, 그 주체인 국민에 대한 설득은 매우 중요해요. 왜냐하면 국민과 정부 정책과의 소통은 경제 정책 설정을 위한 바로미터가 아닙니까?

장하준 교수는 그의 저서 『장하준의 경제학 강의』에서 그레고리 맨큐 하버드대 경제학 교수의 글을 인용하며 "경제학이 과학이 되는 것은 불가능하다. 분자나 물체와 달리 인간은 자유의지를 가진 존재이기 때문이다."라고 했지만 그것은 경제의 본질을 정치경제에 한해서 본 경제관에 불과해요. 다시 말해 미시경제는 인간의 의지에 따라서 가변성을 갖지만 거시경제는 창조적 결정성을 갖기 때문에 과학이 될 수 있다고요! 부언한다면 사회주의 계획경제와 자본주의 시장경제는 인간의 의지가 만들어 낸 경제이기 때문에 과학이 될 수가 없었지만 공생경제는 창조적 본질의 법칙경제이기 때문에 과학, 즉 종교과학경제학이 되는 것이에요.

이와 같이 그동안의 모든 경제 이론은 완전한 철학적 바탕 위에서 영원히 고정적이고 불변하는 절대적인 경제 이론을 이끌어 내지 못했어요. 그러나 공생경제학은 '창조적 성장이론'을 바탕으로 21C의 시대정신(인류의 의식을 21세로 가정)은 물론 모든 것을 상황에 맞게 조화시키는 지식을 넘어선 지혜에서만 샘솟는 배려, 나눔, 헌신, 사랑 등등을 추구하게 되는 성장의 법칙을 발견하게 된 겁니다. 종교의 본질도, 정치의 본질도, 경제의 본질도, 보다 더 성숙된 궁극의 완성 세계에서는 편향된 이론을 초월한 사랑의 과학이 그 본질이라고요. 그동안의 경제학은 경쟁이라는 도식이 그 밑바탕이 되었기에 과학적 경제학이 불가능했지만 미래의 경제학은 이기심을 중심한 '불완전 지식'이 아니라 4차원의 '완전한 지성 or 영성 경제학', 즉 이타성을 중심한 '인격 경제학'이기 때문에 인격, 즉 '사랑 과학 경제학'인 것입니다.

미완성의 인간은 합리성을 갖기 힘든 법이잖아요. "사랑으로 풀면 해결되지 않는 게 없는 법"이라고 저의 『영철학』 격언록에 기록되어 있잖아요? 사랑은 불완전 지식과 비합리성을 완전하게, 그리고 합리적으로 만드는 신비로운 비법을 소유하고 있다고요. 한마디로 경제정책을 주도하는 주체가 그 대상을 위해 안정성을 확인하고 철저한 검증을 통해 타인에게 피해가 갈 수 있는 어떤 상품이나 경제 정책은 강력하게 규제해, 나보다 '자식' 같은 타인을 먼저 생각하고, 타인이 잘살아야 나도 잘살게 된다는 헌신적 자기희생을 유도할 수 있는 그런 경제학, 즉 '부모경제학'이지요. 미완성과 갈등은 비례하는 법이지만 완성과 갈등은 반비례하는 법이지 않은 가요? 조금 어렵나요? 아니면 너무 이상적인가요~^^!

문79. 박: 글로벌 경제위기를 맞이해 경제체제의 패러다임을 전환해야 한다는 목소리가 높아지고 있는데 '공생경제론'을 창도한 분으로서 권 소장님은 어떻게 생각하시는지요?

답79. 권: 바로 앞의 질문과 크게 다르지 않은 것 같습니다. 21C는 인류문화의 청년기이자 상속기요, 결혼의 시기이므로 모든 분야에 있어서 대전환의 시대입니다. 2008년 미국과 유럽(EU)의 잇따른 금융대란과 재정(디폴트)위기로 자본주의 신자유주의 시장경제체제 또한 심각하게 표류하고 있습니다. 따라서 세계는 지금 구(舊)시대적 냉전 이데올로기(Ideology)를 넘어, '평화공존과 상생'(相生: 結婚)에 의한 새로운 국가체제를 수립하지 않으면 안 되는 절체절명의 시대를 맞이했어요.

2012년 다보스포럼(WEF)은 "소득 분배 불공평으로 인해 현재의 자본주의 체제가 위기에 처해 있다."라고 설파하면서 "자본주의 위기의 새 모델을 만들자!"라고 주장했지요. 세계사회포럼(WSF)도 브라질의 포르투알레그레에서 "자본주의의 위기: 사회·경제적 정의"를 동시에 선언했어요. 경제와 관련된 서적도 봇물을 이룹니다. 정부와 시장 기능의 조화, 즉 혼합경제를 다룬 아나톨 칼레츠키(Anatole Kaletsky)의 『자본주의 4.0』, 공동체 자본주의, 맞춤형 자본주의를 지향한 한배선의 『시장의 착각, 경제의 방향』, 자유시장경제가 실패한 게 분명한 이 시점에 정부가 경제를 위해서 뭘 할 수 있는가?에 대한 답인 이언 브레머(Ian Bremmer)의 『자유시장의 종말: 국가는 무엇을 해야 하는가』(한국판), 자유 시장모델의 '이기적 본성'의 폐해를 낱낱이 파헤친 라즈 파텔(Raj Patel)의 『경제학의 배신』, 장하준 교수의 『사다리 걷어차기』, 『개혁의 덫』, 『쾌도난마 한국경제』, 『나쁜 사마리아인들』, 『그들이 말하지 않는 23가지』, 『국가의 역할』, 최근에 나온 『경제학의 강의』, 장하준 교수의 4촌인 장하성 교수의 인간적 자본주의, 정의로운 경제를 표방한 『한국 자본주의』 등……

우리나라의 대표적 두 여·야 정당도 양극화 해결을 위한 '창조경제론'과 '경제의 민주화'를 정강정책으로 채택하고 있고요, 3대 언론사인 동아일보는 "공존의 자본주의에서 길을 찾다."라는 제목으로 12회에 걸쳐 특집을 연재했는데 '유통 공용화의 폐해'를 다루는 건 물론이요, 특히 그중 마지막 12회는 "대기업의 윽박지르기로는 상생 어려워…… 제도 먼저 갖추자."라고 했어요. 이렇듯 경제 분야에 대한 학자들의 목소리가 높아지는 이유가 무엇이겠습니까?

문80. 박: '국가대개조'는 국가운영의 새로운 국가제도를 찾아야

한다는 뜻으로 들립니다. "새 술은 새 부대에 넣어야 한다."고 했듯이 말입니다. 그것이 가능하다면 어떤 내용이 있을 수 있을까요?

답80. 권: 사회주의 경제도 자본주의 경제도 궁극에 있어서는 과정주의일 뿐 결코 궁극에 있어서 완성된 경제제도는 아니에요. 왜냐하면 사회주의적 계획경제는 마치 부모가 모든 권한을 움켜지고 좌지우지하듯이 '생산의 공유화(共有化: Commoing)'로 인하여, 사유화(私有化)할 때에만 발생될 수 있는 개인의 창조력을 차단시켰어요. 또한 자본주의적 시장경제도 부모가 없이 형제들만 있는 가정처럼 규제와 약자에 대한 부모의 사랑, 즉 따뜻한 보호가 없이 '생산과 '유통(流通) 그리고 금융을 사유화' 함으로 인하여 생산과 유통 비용이 비합리적이 되어 고스란히 소비자가 떠안게 되는 문제를 안고 있고요. 따라서 양자(兩者) 모두 창의적 경제에 의한 '생활공동체경제(Oikonomia)'요, '완성된 경제체제(양(兩)체제의 장점을 결합한 공생경제)'를 아직도 창출하지 못했기 때문이지요.

따라서 우리 대한민국은 사회주의 체제의 장점이었던 유통의 국유화(배급제)를 자본주의 시장경제에 '공영 개념'(국유화는 공영, 또는 준공영 개념으로 전환해야 함)으로 도입하여 경제의 관리방식, 즉 생산수단을 새롭게 창출하는 방법론이 필요해요. 물론 현재 생산의 약 20%인 공영제의 비율을 50%까지 올리는 문제도 간과해서는 안 되지만 말이에요.

생산과 유통·금융의 역할을 구분하여, 유통·금융부분에 있어서의 50% 공영(국영 기업이나 공(公)과 사(私)의 혼합)화 개혁으로 기존의 경제제도를 혁신하여 새로운 신성장동력을 창출하는 것이지요. 이것은 정치권에서 제기한 창조경제처럼 "과학기술과 IT를 활용해 양질의 일자리를 만들고 소프트산업 등 신성장산업을 육성하는" 그런 기존의 단순한 요소 투입에 의한 구태적인 방법이 아니라 차원을 달리하는 창의적 발상으로 새로운 제4의 창조적 공생경제론이에요. 이것은 류상영 연세대 교수가 강조한 일명 '땀과 장시간 노동'이 아니라 '영감에 의존한 경제'와 '요소 투입 이외의 정치사회적 변수가 갖는 의미'를 갖는 차원이 다른 방법론입니다.

유통, 즉 마트와 금융의 50% 공유제도의 시행은 새로운 경제의 모델이며 '경제력 집중 완화와 부문 간의 균형성장'의 화두이자 '(성장을 촉진시키는)창조적 분배론'이며, 새로운 차원의 '융합적 혁신경제'의 단초에요. 그 외의 수많은 방법론들은 각론들이며, 지엽적인 사안들임을 깊이 인식해야 해요. 또한 자본주의 시장경제체제에서 유통 · 금융의 혁신이 이뤄져야 비로소 '양극화 해결'과 평화적 남북통일의 '제도적 기초'가 놓이게 될 것임을 간파해야 한다고요.

– 정부와 시장의 조화를 뜻하는 '혼합경제'와 공동체자본주의를 훌쩍 뛰어넘어, '생산과 유통 · 금융'과 '대기업(수출중심)과 중소기업(내수중심)의 역할분담'에 의한 '성장과 복지'의 동시추구를 입체적인 경제의 한 축 삼아 '새 경제체제'를 창출해야 양극화 문제를 해결할 수 있다 –

– 38선은 궁극에 있어서 지나친 사유와 국유라는 경제체제의 상이성이 만들어 낸 설익은 이념의 철조망이다. 따라서 '혁신경제의 창출'만이 오랜 기간 굳건히 걸어 놓았던 질긴 빗장을 걷히게 할 유일한 방법론이다 –

…

북한의 생산 수단과 관리방식 개혁

문81. 박: 최근 북한이 경제개혁을 획기적으로 단행한다는 소식을 접하면서 의외라는 생각을 했습니다. 소장님의 입장에서 본다면 감회가 남다를 것 같은데 북한의 경제 개혁을 어떻게 생각하십니까?

답81. 권: 네~ 물론입니다. 2012년 4월 17일자 동아일보는 "일본 마이니치신문이 4·16일 1면 톱기사로 북한의 김정은 노동당 제1비서가 2012년 1월 28일 발언록에서 자본주의 방식을 포함한 경제개혁 방안을 논의할 것을 노동당 관부들에게 촉구"했다고 보도한 바 있습니다. 보도에 따르면 김정은은 "경제 분야 일꾼과 경제학자가 '경제 관리를 이런 방법으로 하면 어떻겠느냐'고 제안하면 색안경을 끼고 '자본주의 방식을 도입하려 한다'고 비판하는 사람이 있다."고 지적했다고 합니다. 김정은은 또 "이런 사람 때문에 경제 관리에 대한 방법을 갖고 있어도 말하려 하지 않는다."고 말하기도 했습니다. 즉 경제 개혁 전문가들이 그동안 색깔 논란을 우려해 위축돼 왔다는 지적이라는 것입니다. 그리고 동아일보는 "북한 최고지도자가 그동안 금기시돼 온 자본주의 방식을 직접 언급한 만큼 북한이 대대적인 경제개혁을 실시할 가능성이 높아졌다고 마이니치신문은 분석했다."라고 했으며, 2012년 6월 26일에는 "협동농장의 사유화 선언"기사를 내기에까지 이르렀어요.

그뿐만이 아니에요. 동아일보에서는 "김정은 정권은 2012년 6월 말 노두철 부총리 조장으로 '경제관리방식 개선노조'를 올 초 발족시켜 '농지소유 협동농장 사유화 개혁'을 선언했어요. 그리고 지난해 김정일 국방위원장 사망 이후 나흘밖에 되지 않은 국상(國喪)기간이었던 12월 21일 무려 7개의 경제법령을 개정했는데, 이 법령이 외국인 투자유치 정책에 관한 내용이기에 이변 중의 이변이라 아니 할 수 없다."라고 보도하기도 했어요.

문82. 박: 북한의 최고 지도자인 김정은이 중립(정도)국(中立國)인 유럽의 스위스에서 공부한 것으로 보아 사회주의 계획경제의 모순을 누구보다도 잘 알고 있다고 할지라도 반세기를 넘게 이어온 북한체제의 현실에서 과연 실제로 자본주의 제도를 받아들일 수 있을까요?

답82. 권: 북한이 자본주의를 받아들인다고 했을 때 자본주의를 100% 받아들인다는 뜻이 아니에요. 50%만 채택하겠다는 것이죠. 사회주의의 50% 전면 국유화는 그대로 남겨두고 말입니다. 그런데 그 힘든 일을 지금은 구축하지 않았습니까? 참으로 놀라운 일이에요. 김정은은 내부에서 고립된 생활만 하지 않고 중립(정도)국인 스위스에서 유학을 하면서 경제체제에 대한 많은 충격을 받았을 겁니다. 저도 대학시절 같은 자본주의 체제 속에 있으면서도 미국 연수를 통해 충격을 받고 생각이 크게 바뀌는 것을 경험한 사실이 있거든요? 다음 내용을 한번 보세요.

> 김정은은 또 "비판만으로는 경제관리 방법을 현실 발전의 요구에 맞게 개선해 나갈 수 없다. (북한)경제 관리의 최대 문제는 이론과 과학적 계산에 근거하지 않은 점이다."라고 발언했다. 이와 함께 "공장과 기업이 충분히 가동되지 않아 생활에 불편을 주고 있다. 어려운 생활 속에서도 변함없이 노동당을 따르고 있는 훌륭한 인민에게 더 우수한 물질과 문화생활을 보장해 인민이 언제나 노동당 만세를 해야 한다."고 말했다고 신문은 전했다. 신문은 "김정은 동지가 최근 당 간부들에게 중국이든 러시아든 일본이든 활용할 만한 경제개혁 방안이 있다면 도입하도록 지시했다."는 노동당 관계자의 말도 인용했다. 그러면서 "북한 최고지도자가 그동안 금기시돼 온 자본주의 방식을 직접 언급한 만큼 북한이 대대적인 경제개혁을 실시할 가능성이 높아졌다."고 분석했다.

김정은 특별지시로 추진(생산과 유통의 50% 사유화)

북한 김정은 정권이 경제개혁을 위해 내각에 특별조직을 신설하고, 부총리급 인사를 책임자로 임명한 것으로 밝혀졌어요. 김정은 정권이 2000년대 초 '경제관리 개선 조치'와 같은 비중 있는 경제개혁을 시행할 것이라는 관측이 나오고 있어요. 그리고 뒤이어

곡물 생산량의 50%를 시장에 내다 팔 수 있게 자유조치를 내렸으며, 근로자 1만 명 이상의 특급 기업소와 5천 명 이상의 1급 기업소를 제외한 모든 기업들에 대한 사유화 조치를 단행했어요.

사회주의 계획경제체제에 자본주의 시장경제의 장점을 결합한 새로운 체제의 실험은 실로 놀라운 국가체제의 대전환이 아닐 수 없어요. 생산부분에 있어서 특급 기업소(1만 명 이상)와 1급 기업소(5천 명 이상)를 제외한 나머지 기업들에 대한 사유화와 협동농장의 70%의 사유화 조치는 물론이요, 곡물 생산의 50%를 시장에 내다 팔 수 있게 배급제를 1/2로 줄이고 유통부분의 50%를 장마당이라는 공간을 허용해 시장의 논리에 맡기는 획기적인 경제체제의 변신입니다. 이를 통해 '자본주의 4.0에 딱 맞는 한국(윤영신 동아일보 사회정책부장)'이라는 칼럼보다 북한이 앞서 자본주의 4.0인 혼합경제의 이상적 모델인 '제4의 길'을 시도하게 되는 첫 국가가 될지도 모를 일이에요. 우리 국민들과 정치 지도자들이 적극적으로 노력하지 않는다면 말입니다. 전체주의 국가는 국민들의 여론과 상관없이 지도자 1인의 의지로 제도를 변모시킬 수 있지 않아요?

이제 남은 것은 우리에요. 생산부분은 이미 각종 공사와 공단을 통하여 22.6%는 공유화되어있어요. 물론 22.6%에 달하던 생산부분의 공기업도 지금은 여러 분야를 민영화시켜 버린 안타까운 현실이지만 말입니다. 그런데 중요한 건 거의 100%가 사유화되어 있는 유통부분의 50%를 어떻게 공유화 하는가 입니다.

북한이 자본주의 방식을 언급했다는 사실은 단순한 이변이 아니라 무섭고 두려운 사변에 가까운 일입니다. 북한의 자본주의 방식의 도입과 협동농장의 사유화 선언 및 외국인 투자유치 정책에 관한 법령 개정은 개혁이 아니라 개벽에 가까운 사건이에요. 물론 북한의 경제력과 그 지배력이 너무 미미한 관계로 그 영향력은 미약하겠지만 말입니다. 그러나 이론적으로는 이것은 세계의 경제적 위기와 함께 향후 한반도 변혁의 대폭발(Big Bang)로 나타나게 될, 아니 이 나라는 물론이요 전 세계의 경제체제의 변혁을 선도하게 될 웅장한 서곡이 되리라는 것쯤은 쉽게 예측할 수 있지 않을까요?

문83. 박: 북한은 김정일의 사망을 전후해서 인민들을 대상으로 경제개혁에 대한 학습도 병행한다는 소식도 들었습니다만 사실입니까?

답83. 권: 중국의 정통한 대북 소식통들은 "북한 김정은(노동당 제1비서)의 특별지시에 따라 집권 초 내각 산하에 '경제 관리방식 개선을 준비하는 소조(개선소조 · 추정 명칭)가 꾸려졌고, 노두철 부총리가 조장"이라며 "북한 내부에서는 이르면 8, 9월에 경제개혁 방안이 나온다는 기대가 높다."고 밝혔어요. 또 다른 대북 소식통에 따르면 "김정은은 경제문제 해결에 적극적 자세를 갖고 있다."며 "경제와 관련해 내각의 권한과 책임이 대폭 강화되고 있다."고 말했어요.

주중 한국대사관의 분석 결과 올해(2011) 1~5월 5개월 동안 최영림 내각 총리는 41회의 경제 관련 시찰을 다녔다고 해요. 지난해 같은 기간(9회)에 비해 폭발적으로 증가한 것이죠. 이에 앞서

13일 조선중앙TV는 평양에 있는 인민 대학습당에서 26일 오후 4시 '사회주의 경제관리 방법을 개선하는 데서 나오는 몇 가지 문제'라는 주제로 김일성종합대 염병호 박사의 강의가 열린다고 보도했답니다.

• • •

공생경제론은
비율배분 · 역할분담 경제론

문84. 박: 제가 경제학을 전공하지 않아서인지는 모르겠습니다만 역할분담 경제론이라는 경제용어는 처음 듣는 것 같습니다. 역할분담 경제론이란 구체적으로 어떤 내용입니까?

답84. 권: 예를 들어 정부와 시장의 역할이 다르듯이 생산과 유통의 역할 또한 다르다는 것입니다. 생산은 남성성을 갖고, 유통은 여성성을 갖는다고 하겠죠. 따라서 생산은 창출기능이지만 유통과 금융은 나눔의 기능이에요.

경제의 본질적 3요소는 생산·유통·소비에요. 생산(生産: Production)은 선의 경쟁성을 갖기에 보편적인 '사유화'의 비율이 조금은 높아야 해요. – 물론 공공성이 큰 것은 공유(공사)성을 가져야 하지만 – 그러나 유통(流通: Distribution)은 전달과 조절기능을 갖기에 보편적으로 '공유화'(주석2)의 비율이 높아야 정석이에요. 왜냐하면 유통의 사유화 비율이 높으면 유통의 단계가 복잡(3~4단계)하게 분화되면서 중간 마진이 눈덩이처럼 불어나게 되는데, 그 피해는 결국 소비자인 시민의 몫으로 남게 돼요.

그리고 나중에 구체적으로 다루겠지만 금융은 피와 같아서 실물의 지원과 보조의 역할이 본래의 기능인데도 불구하고 규제를 마구잡이로 풀고 금융의 자유화(주석3)를 통해 복잡한 파생상품을 만들어 '생산적 투자'로 내어몰리게 되면, 금융의 공공성을 심각하게 해치게 돼요. 미국의 금융 규제 완화(그램리치 블라일리 법)로 자금의 유동성이 지나치게 빨라져 통제가 불가능해지니까 결국 실물경제에서 탈선하게 되어 2008년 미국발 금융 위기와 유럽의 재정위기(디폴트)를 몰고 온 것이 이를 잘 증명하지 않나요? 장하준 교수도 "금융은 너무도 중요하다. 바로 그 때문에 엄격하게 규제할 필요가 있다."라고 강조해요.

...

사회주의의 장단점과 자본주의의 장단점

문85. 박: 사회주의의 장단점과 자본주의의 장단점을 말씀하셨는데 그것을 정확하게 구분을 할 수 있습니까? 간략하게 요점만 말씀해주십시오.

답85. 권: 미완성기, 즉 부족한 존재가 많은 비중을 차지하고 있는 우리 인류 역사의 현 상황에서 자본주의의 장점은 생산의 '사유화'인 개인의 '선의 경쟁'이었으며, 사회주의의 장점은 유통의 '공유화', 즉 '국가로부터의 분배'(생산에 참여하는 분배, 배급-분배, 배급은 유통의 다른 이름)였습니다. 그리고 자본주의의 단점은 '유통의 지나친 사유화'이며, 사회주의의 단점은 '생산의 지나친 공유화'이고요. 따라서 두 체제의 장·단점의 구체적 분석에 대한 부재(不在)가 결국 사회주의를 해체하게 만들었으며, 또한 자본주의를 작금의 위기로 내어 몰게 된 근본 원인이지요.(생산의 사유와 공유는 7:3~6:4, 유통(금융)의 사유와 공유는 6:4~3:7)

…

북한은 생산과 유통의 50% 사유화, 남한도 각각 50% 공영화해야

문86. 박: 남북통일을 위해서는 북한은 생산 수단에 있어서 생산과 유통의 50% 사유화가 이뤄졌으니 그러면 우리 남한도 생산과 유통부분에 있어서 각각 50%의 공영화가 이뤄져야 하겠군요. 그러면 북한은 이미 완료했는데 남한에 대한 혁신이 문제입니다. 현재 우리의 상태는 어떤 상태입니까?

답86. 권: 네! 북한은 이미 이루어져 있어요. 남한은 생산과 유통부분이 동시에 50% 공영화를 이뤄야 하겠지만 우선 급한 부분이 유통분야라고요. MB 정부는 2011년 7월 20일 물가관계 장관회의를 열어 "발상을 전환하여 유통구조의 제도적인 부분까지 연구하고 그 대안을 제시하라."고 지시했었어요. 김정식 연세대 경제학부 교수도 '다보스 포럼의 경고'라는 동아일보 칼럼에서 "먼저 양극화를 해소하려면 현행 경제체제를 보완할 필요가 있으며, 우리가 소비하는 제품의 상당수는 독과점 업체가 공급하고 있다."고 유통부분의 폐해를 역설했고요.

따라서 경제의 한 축인 '유통'과 '금융'의 구조를 시급히 개선해야 합니다. 그러기 위해서는 과감히 유통과 금융의 지나친 '사유화' 및 '자유화' 구조를 조정하고 공공성, 즉 '유통과 금융의 공영비율'을 높이기 위한 '마트 공사' 창설과 기업의 필요에 맞는 '금융시스템'을 새롭게 구축해야 해요. 그렇게 하려면 유통 부문은 기존의 농수산유통공사(aT)를 '재창조'하여 물류시스템을 보완해서 직거래 중심의 통로를 획기적으로 개선해야 합니다. 금융 또한 2008년 금융 위기를 심각하게 겪은 것이 분명한 이상, 브레턴우즈 기관들(IMF와 세계은행)의 권고안인 '민간 경제 부문의 자유화와 공기업의 민영화, 사기업의 합리화, 외국인 직접투자의 촉진'에 대해 다시 생각하지 않으면 안 된다고요. 뿐만 아니라 주류 경제학자들과 신자유주자들의 탐욕이 가져온 금융 위기, 즉 '시장의 실패'에 대한 책임을 엄중하게 물어 이미 민영화된 것들을 사안별로 분류해서 공공성이 큰 부분은 다시 '공영화'하고 무분별하게 풀어헤쳐진 '금융 자유화 규제' 조치는 다시 재정비해야 한다고요.

'유통의 50% 공영화'와 '금융의 공공성'을 예전처럼 회복하지 못하면 신시장경제인 '창조적 시장경제'와 '윤리경영'은 결코 불가능해요. 그리고 '유통과 금융의 50% 이상 공영화'를 이뤄내지 못하면 양극화 및 사회갈등의 해결은 결코 힘들어요. 지금 손쓰지 않으면 자본주의의 위기를 더 키워 결국 민주주의와 모든 구성원의 공멸을 초래하게 된다 그 말입니다.

그러므로 '유통의 1/2 공영화' 정책으로의 대전환은 북한이 생산의 50%의 사유화라는 사상 초유의, 아니 실로 경이로운 새로운 방식의 '경제체제'를 선택하게 될 수밖에 없듯이, 우리 남한도 모든 '유통의 50% 공영화'를 먼저 현실적으로 실현해야 합니다. 그 다음 생산부분의 공영화 비율도 50%까지 높여야 한다고요.(우리나라의 각종 공사들은 생산부분에 있어서의 공유성은 1/4 정도 갖추고 있음. 중앙공기업 286개, 지방공기업 137개)

이창양 KAIST 교수는 "경제는 민주화의 대상이 아니라 공정한 경쟁의 영역이다. 따라서 소위 경제민주화의 핵심은 공정한 경쟁 기회의 보장과 경제적 차별의 해소다."라고 했어요. 맞는 말이에요. '유통의 50% 공영화'는 대·중소기업의 역할분담론과 함께 자본주의 시장경제에 놀라운 결과를 가져오게 할 거예요. 먼저 유통의 96% 사유화로 인해 생산과 유통의 두 축을 한꺼번에 거머쥐고 시장 질서를 정글로 만들어버릴 수밖에 없었던 불공정의 경영방식이 사라질 것에요. 그리고 주주가치 극대화를 넘어선 진정한 윤리경영이 새롭게 살아나 대·중소기업과의 사이에서 발생되는 모든 불협화음(납품, 하도급관행, 노조, 비정규직문제 등)을 한꺼번에 해결하게 될 겁니다. 이것이 서로 다투지 않고 오히려 공생하게 되는 공정한 경쟁 기회의 보장을 구축할 수 있는 유통의 50% 공영화가 아니겠어요? 유통도 중간 플랫폼이 아니라 마지막 역(驛), 즉 '라스트 스테이션'인 마트(Mart)에요.

한-EU, 한-미 FTA, 한-중, TPP라는 유통의 고속도로가 새롭게 뚫렸어요. 걸음마를 겨우 졸업한 우리 경제가 건장한 청년인 선진국들과 경쟁하기 위해서는 '유통구조 개선'이라는 강력한 새 자동차를 이제는 준비하지 않으면 안 돼요. 재래식 지게나 달구지로 굽은 오솔길을 낑낑거리며 걸어서 다닐 때가 아니지요. 미래의 운명은 유통에 달려있다 그 말입니다.

문87. 박: 권 소장님 생산과 유통의 공공성과 함께 '금융의 공공성'도 같은 차원에서 보면 되는 것입니까? 우리나라는 1993년 이후 금융자유화로 몇몇의 국영은행들이 민영화로 전환된 것으로 아는데 다시 피드백을 시켜야 한다는 것인지요?

답87. 권: 네, 금융은 그보다 더하죠. 다른 부문과는 비교해서도 안 돼요. 금융은 그 자체만으로도 공공성의 성격이 매우 강한 특별한 '공공자체'예요. '금융의 위기'(주석4)를 불러온 근본 원인은 미국발 금융시장 규제완화를 통한 '지나친 금융의 자유화'에요. 여기에 대해 『경제학의 배신』의 저자 라즈 파텔(Raj Patel)은 "이번 금융위기의 경우, 일반 대중과 일부 정치인은 위기가 자유시장적 사고방식의 결과라는 것을 받아들이지 않았다. 하지만 결국 대중의 원성이 높아지자 세계 각국의 정치인들은 시장을 어떻게 규제하고 억제할지 토론하려는 것 같다."라고 했어요.

'금융 위기'를 타개할 수 있는 대안은 '금융 시스템의 단순화'와 '강력한 규제' 그리고 '금융의 공공성 강화', 즉 정책금융의 유무에 있어요. 금융 자유화를 요구하지만 우리나라는 동아시아와 유럽의 은행 중심의 금융 시스템이어서 미국이나 영국처럼 자본 시장 중심의 금융 제도와는 다르잖아요? 우리가 앵글로색슨 식의 금융 시스템을 흉내 낼 수는 없어요. 장하성 교수는 그의 저서 『한국 자본주의』에서 "산업은행이 있기 때문에 우리 은행도 민영화해야 한다."라는 걸 '자본주의를 고쳐서 써야 한다'라는 근시안적인 단순 논리로 강조하지만 금융의 공공성의 강도를 다시 더 높여야 해요.

우리는 1993년 이후 금융 자유화로 인한 민영화를 일부 단행했지만, 아직도 프랑스나 대만에서는 여전히 대부분의 은행이 정책금융, 즉 국가 소유라고요. "노르웨이는 한때 국영은행이 은행 대출의 50% 이상을 통제했다."라고 장하준 교수는 그의 저서 『국가의 역할』에서 강조하지 않았는지요? 따라서 절대기준은 없지만(사회주의 체제에서는 거의 99.99%이었지만) 제 생각으로는 50%는 되어야 합니다. 신자유주의의 주주자본주의에 의해 민영화된 은행들도 경영자에 대한 보너스와 스톡옵션에 대한 강력한 규제가 있어야 해요. 결코 사설 금융의 비율이 지금보다 더 늘어나서는 안 되며 지하 금융 또한 존재해서는 안 돼요. 무엇보다도 금융 거래는 투명해야 합니다. 앞에서 논했잖아요? 금융은 실물에 대한 지원과 보조라는 조절기능일 뿐, 생산기능이 아님에도 불구하고 신자유주의라는 기치 아래 선진국의 글로벌 투자금융은 지나친 이윤 추구를 위한 '생산적 투자(이윤추구)'를 일삼으며 자유시장경제의 이기심을 부추기는 전 세계 기업의 식민화('먹튀'의 가능성을 경계하자는 의미에서)를 위해 아직도 개발도상국의 투자처를 찾아 배회하고 있어요.~^^!

말이 조금 심한 것이 아닌지는 모르겠지만 크라이슬러와 포드, 제너럴 모터스(GM)가 자동차 품질 개선보다 돈놀이에 정신이 팔린 결과 결국 파산 직전의 상태로 몰렸으며 정부의 보조금으로 겨우 목숨을 연명하지 않았습니까? 왜 자본주의 시장경제를 채택하고 있는 나라에서 개인 기업의 부도를 국가에서 구제해 줍니까. 미국은 독일처럼 사회민주적 혼합경제체제가 아니라 신자유주의 경제체제인데 말입니다. 미국이 자유시장 경제제도를 시행하는 나라가 맞는지 의문입니다. 그런 의미에서 미국과 영국 등 몇 몇 선진 자본주의는 '구제금융'이라는 제도에 의해 버티는 일명 '목발경제 자본주의'인 셈이지요. 그러면서도 신자유주의에 도취해 아직도 헤어 나오지 못하고 미로를 헤매고 있는 현실이 참으로 웃기지 않나요? 미국을 비롯한 선진국들이 하루바삐 정신을 차리지 않으면 안 된다고요.

...

전통시장 백화점화를 위해 생필품 마트(Mart)공사 창설

문88. 박: 전통시장의 현대화를 넘어 초현대화, 즉 백화점화를 위해 마트(Mart)공사를 창설해야 한다고 하셨는데 새누리당의 대선 공약인 전통시장 시설 현대화와 어떤 차이점이 있습니까?

답88. 권: 우리 경제구조에 있어서 지나친 유통구조의 사유화는 생산자와 소비자의 의사를 반영할 수 없는 일방적 가격결정의 구조를 갖고 있어서 유통의 독점에 의한 소비자의 피해가 불가피합니다. 따라서 유통의 독점 구조를 혁신할 수 있기 위해서는 시장경제제도를 적절하게 유지하면서도 제어할 수 있는 기구를 설치하지 않으면 안 돼요. 따라서 공(公)과 사(私)의 협력에 의한 유통의 50% 공유화 제도인 '마트(Mart)공사'를 창설해야 해요. 민영과 공영이 적절히 조화될 수 있게 말입니다.

마트(시장)공사 창설을 통한 유통혁신(50% 공유화)은 중소기업과 벤처기업에서 생산한 제품의 판로에 대한 생산자의 절대적 부담으로부터 탈피할 수 있어서 생산과 분배, 즉 '성장과 복지'를 동시에 플러스시킬 수 있어요. 특히 생산 환경이 확충되기 때문에 일자리를 획기적으로 늘릴 수 있고요. 따라서 본질을 간과한 시설만의 전통시장 현대화는 별 효과도 없을 뿐만 아니라 유통공사처럼 사업추진을 위한 강력한 주체도 세우지 않고 자본금 확보는 어떻게 할지 자못 궁금합니다.

•••

유통산업발전법(유통법) 폐기

문89. 박: FTA 협정문과 대치되는 유통산업발전법(유통법) 폐기를 주장하셨는데 무슨 뜻인지요? 그리고 대안이 마련되어 있습니까?

답89. 권: 유통산업발전법(유통법)의 목적은 전통시장의 보호에 있기 때문에 전통시장으로부터 500m 내에 SSM 및 대형마트를 설치할 수 없는 진입규제로 귀결됩니다. 그런데 FTA협정문은 외국의 유통회사에 대해서는 자유롭게 진입해도 무방한 계약을 맺음으로 인하여 유통법과는 정면으로 상충돼요. 따라서 FTA협정문과 유통법의 상충문제를 해결하기 위해서는 전통시장 보호를 위한 새로운 방법론을 찾지 않으면 안 돼요. 그 대안은 전통시장의 현대화에요.

소비자들이 전통시장을 기피하는 근본 이유는 쇼핑 환경의 절대적 열악함에 있습니다. 주차시설의 턱없는 미비, 미팅과 화장실 사용의 불편, 거래의 공정성과 품질의 불신 그리고 품목의 구색부족 등이 그 이유고요. 화장실에 비유하면 대형마트는 수세식인데 비하여 전통시장은 재래식인 푸세식과도 같아서 대형마트와는 상대도 안 돼요. 이런 열악한 환경은 쇼핑 시간을 더 소비하게 되며 또한 쇼핑의 품격마저 떨어트려 소비자의 가치추구 욕구를 저하시키는 근본 요인입니다.

따라서 전통시장을 살리기 위한 진정한 방법은 '재래시장을 초현대화(종합쇼핑몰–직거래 중개소(Network Marketing)'하는 것입니다. 그런데 '전통시장 시설 현대화'만으로는 완전할 수 없어요. 그렇게 하기 위해서는 '마트(Mart)공사의 창설'로 자본금 마련을 위한 기구를 설치해야합니다. 새로운 유통의 주체를 만들어 '직거래도 활성화'시키고, '물류시스템도 개혁'해야 유통비용을 줄여 물가안정을 이룰 수 있어요. 따라서 '마트(Mart)공사의 창설'로 전통시장 시설 현대화를 이루면 FTA협정으로 인한 외국의 유통업체들이 우리의 유통시장을 넘보지 못하게 할뿐만 아니라 전통시장을 보호하기 위해 제정했던 유통산업발전법(유통법)은 더 이상 필요치 않기 때문에 유통법은 폐기해야 해요.

• • •

양극화 문제 해결은 생산과 유통 및 금융의 50% 공영화로부터

문90. 박: 미국의 신자유주의 경제정책의 영향력이 아직도 줄어들지 않고 있으며 그 위세에 짓눌려 민영화의 요구가 갈수록 커지고 있는 현실에서 양극화 문제 해결을 위한 '생산과 유통 및 금융의 50% 공영화'로 '공생경제체제'를 창출해야 한다고 하셨는데 그 의의에 대해서 간략하게 요약하실 수 있겠습니까?

답90. 권: 먼저 장하준 교수의 저서 『국가의 역할』 9장, '2.1 경제 발전에서 공기업의 역할'에서 "국영기업의 존재 근거는 '시장 실패'를 비롯한 다양한 이유로 설명됩니다. 투자 규모가 너무 커서 민간 부문이 참여할 수 없는 경우가 있어요. 이때 불완전하고 미성숙한 자본 시장을 고려하면 민간 부문의 투자는 더욱 기대하기 어렵게 된다."라고 했으며, 공기업 연구의 저명한 학자들(커크패트릭(Kirkpatrick), 존스(Jones), 메이슨(Mason), 칼도(Kaldor), 허시먼(Hirshman), 거쉔크론(Gerschenkron) 등)도 공기업의 효율성을 과소평가해서는 안 되며, 공기업 반대론은 설득력이 없다는 것을 강조하였음에도 우리나라의 경제 구조에 있어서 유통 부문의 '국영 기업'은 생산 부문(450여 공기업)에 비해 거의 전무해요.

따라서 생산도 금융도 중요하지만 '창조적 유통', 즉 직거래 중심 유통으로 마진율을 줄이게 될 '유동의 50% 공영화'는 창조적 소비주권의 회복을 위한 유일한 대안이지요. 이것을 정책화, 제도화의 과정을 통해 '공생경제제도'로 창출하게 된다면, 소득 불평등과 양극화 문제의 해결은 물론이며 경제제도의 차이로 갈라진 남북한 국가체제의 극한 대립을 바로잡을 수 있어요.

그리고 금융도 정책금융으로의 비율을 50% 정도로 높이고 공영유통의 범위를 우리의 주도하에 초국가적으로 확대해 글로벌화하게 되면 경제위기 문제의 한 축인 무역불균형을 해결해 새로운 세계 경제 질서를 구축시킬 수 있어요. 그러니까 '공생경제론'에 의한 '마트(Mart)의 공영 기업 창설'은 '한반도 통일'의 근본 기재(器材)로 기능하게 될 뿐만 아니라 나아가 세계 경제위기의 해결과 영구적 세계평화를 위한 새로운 경제의 패러다임이 될 수 있어요. – 전쟁으로 인한 갈등을 용서라는 헌신적 가치관에 의해 해소시킴 – (보기–4 참조)

〈보기–4〉

MB대통령은 지난 7월 20일 물가 관계 장관회의와 8·15 광복절 경축사에서 "이전에 물가 당국이 했던 것처럼 단속, 점검 등 통상적인 방법이 아니라 발상의 전환을 해 기본적으로 물가 구조체계를 개선할 수 있는 방안을 발굴, 검토하고, 민간의 자율적인 경쟁이나 유통구조 면에서, 또는 지금까지 있었던 제도적인 방안에서 개선점은 없는지 찾아보고 관습과 제도를 바꾸는 방안을 알아보라."고 지시했다. 또한 8·15 광복절 기념사에서 "기존의 시장경제가 새로운 단계로 진화(탐욕경영에서 윤리경영으로, 자본의 자유에서 자본의 책임으로, 빈익빈 부익부에서 상생번영으로, 이념의 정치에서 생활의 정치로 변화)해야 한다."라고 설파했다.

복지국가 건설의 지도적 이론가이며 복지경제학자인 G. 뮈르달은 그의 저서 『복지국가를 넘어서』에서 "역사(歷史)는 맹목적인 숙명이 아니라 우리들의 책임이다. 복지국가정책은 오히려 훨씬 사회주의적이며, 훨씬 마르크스적이라고 말할 수조차 있다."라고 했다. 또한 선진 자본주의 정책의 형성과 집행의 기본 준칙으로 존 힉스는 "보상의 원칙"을, 존 롤스는 "최약자 보호의 원칙"을 말하였으며, "시장경제 원리는 천민(후진)자본주의의 원형이다."라고 지적하였다. 한편 워렌 버핏은 "자본주의는 빈곤문제를 해결할 수 없으며, 가난한 자의 입장에서 보면 시장경제는 제대로 굴러가지 않는다."라고 했으며 라즈 파텔은 그의 저서 『경제학의 배신에서』를 통해 "더 정의롭고 지속 가능한 세계로 가려면, 전 지구적 정의의 이름으로 사유재산의 경계에 도전하는 직접적 행동이 필요하다는 점에 의문의 여지가 없다. 이 역시 그리 급진적인 것은 아니다."라고 했다.

- 어떤 부분에서 자본주의는 자기 파괴적이며, (개혁 없이)이런 상황이 계속된다면 두 번째 대공황이 발생할 수도 있다 – 누리엘 루비니(뉴욕대 교수)
- 은행들의 탐욕이 지금 겪고 있는 끔찍한 경제 상황의 원인 – 애써 에덜먼(전 기업사냥꾼)
- 미국의 실업문제를 해결하기 위해서는 고루한 정치적 이념이나 과거 통설을 잊어버리고 세계경제환경 변화에 대응한 보다 창조적이고 유연하며 실용적인 대안들을 찾아야 한다 – 마이클 스펜스(2001 노벨경제학상 수상자)

문91. 박: 앞에서 생산수단의 혁신이 얼마나 중요한가를 논했습니다만 북한은 생산과 유통(50%)의 사유화, 남한은 생산과 유통(50%)의 공영화를 제도적으로 실천해야 평화적 통일이 가능하다고 하셨는데 그 근본 이유가 무엇인지에 대해서 영철학의 창도자로서 철학적인 입장에서 조금 쉽게 설명해 줄 수 있겠는지요?

답91. 권: 경제는 경세제민(經世濟民)(주석5)의 준말입니다. 이는 경제의 성장만을 뜻하지 않고 모든 분야에 대한 조화로움을 내포하고 있어요. 경제에 있어서 사회체제를 깊이 관조해 보면, 장점 못지않게 문제점 또한 수없이 안고 있음을 볼 수 있잖아요? 자본주의의 사유화는 생산(生産)에 있어서 생산의욕을 극대화시켜 시장의 성장을 활성화시키는 큰 장점이 있지만, 유통(流通)에 있어서 지나친 이윤 추구는 비(非) 윤리를 양산하고 결국 인간성을 황폐화시켜 비극적인 양극화를 심화시키게 돼요.

그리고 사회주의의 생산수단의 '국유화'는 생산의욕을 감퇴시키는 큰 단점 때문에 빈곤의 악순환으로 결국 붕괴될 수밖에 없지만, 유통(분배-국가가 유통을 담당하게 되어 주민들은 그 비용을 물지 않음)에 있어서는 치열한 다툼이 발생되지 않기 때문에 인간적 윤리가 살아있는 장점이 있어요. 최근 종북주의자로 몰려 미국으로 내몰림 당한 신은미 교수의 큰 실수가 사회주의 체제의 큰 단점은 살짝 빼 버리고 작은 장점만 침소봉대한 것이었어요. 더 깊은 연구를 했었어야 했는데 말입니다. 참으로 안타까운 일이죠!

앞에서 말했듯이 생산(生産)은 창조성, 즉 남성성, 투쟁성을 갖기에 '자본주의 시장경제'의 '선의 경쟁(7:3~6:4)'이 이상적이며, 유통(流通)은 재창조성, 즉 여성성, 분배성을 갖기에 조절기능으로 작용해야 효과적이에요. 유통이 기업의 생산처럼 무한경쟁의 대상이 되고 유통과정이 복잡하게 되면 '유통비용'으로 인해 결국 소비자들에 대한 유통업자의 횡포가 늘어나 건전한 유통질서를 형성할 수 없게 돼요. 그 결과 국가 경제의 한 축이 뒤틀려 결국 민심이 흉흉하게 되는 것이죠. 따라서 자본주의 자유 시장경제에 있어서 생산부분도 예외는 아니지만 '유통'의 지나친 '사유화 구조'는 이기심을 극대화(대형마트, SSM)하여 유통의 새로운 대안인(7:3~6:4) '유통의 공유(共有)'(주석6)를 절박하게 요구하고 있어요.

연세대학교의 김정식 교수는 "소비제품의 상당수는 독과점 업체가 공급하고 있으며, 경쟁시장을 유지하고 있는 업종도(이익집단을 구성해) 독과점과 같이 가격을 책정하고 있다."라고 말해 우리나라 유통의 폐해를 지적했어요. 그러므로 인구의 절반이 넘는 일반 서민들의 기본 생명권을 보호할 수 있는 '생필품 마트공사의 창설'은 궁극적으로 효율적 물가관리는 물론 양극화 치유 및 사회혼돈을 바로잡는 효과가 있으며 마케팅(Marketing)의 부담을 획기적으로 줄여 중소기업과 새 창업자들이 지속가능한 창조 의지를 발휘할 수 있는 '제4의 방법론'으로 기능하게 된다고요. (보기-5 참조)

〈보기-5〉

1. 유통산업 발전법(유통법)

- 한-EU FTA발효를 앞두고 재래시장 1Km 이내에 기업형 슈퍼마켓(SSM)의 입점을 제한하는 유통산업 발전법을 2011년 7월 국회가 처리했다.

2. FTA 협정문 12.4조(시장접근 보장의 의무)

• 경제적 수효심사에 따라 특정지역에서 대형마트, SSM 등 서비스 공급자의 수를 제한하는 것을 금지하고 있다

• 외국인 투자자가 상대방 국가의 서비스 시장에 접근할 수 있도록 보장해야 할 의무가 있다.

3. 외교통상부

• SSM규제법이 FTA와 충돌할 가능성을 인정함.

4. 대안

• 생필품 유통공사 창설로 전통시장을 초현대화(종합쇼핑센터-직거래-윤리경영)하여 전국, 전 세계로 진출해야 함.(조선일보 A7면 전면광고-SSM, 대형마트 등 500만 가족은 전통시장의 현대화를 통한 정부의 실질적인 방법의 시행과 유통법의 규제를 철폐해줄 것을 요구함)

• • •

창조적 복지정책

문92. 박: 창조적 복지정책은 정치인들이 외치는 포퓰리즘 복지와는 그 근본부터 차이가 나는 것 같습니다. 어떤 큰 차이가 있습니까?

답92. 권: 복지 포퓰리즘처럼 한정된 국가예산을 통한 비생산적 복지가 아니라, 생산의 공유성을 확대하고 유통구조를 개선함으로 인하여 발생하는 편익은 물론이요, 소비자들에게 돌아가는 그 이익(利益)을 적절하게 활용하여, '의무구매기부제(구매자의 의무적 기부)'를 통해 소외계층을 도와 불균형을 바로잡아줌으로써 차별을 해소하는 '창조적 복지'를 말해요. 구체적인 내용은 다음에 다루게 될 창조적 H-Mart를 통한 제4의 유통 부분을 참조하시면 됩니다.

...

기업의 역할분담경영

문93. 박: 우리나라의 유통은 대기업 계열사가 주도하는 체계로 조직되어 있다는 정보를 얼마 전에 접하고 참으로 놀랬습니다. 저도 『패러다임의 변화와 경영의 혁신』이라는 단행본을 출간하기도 했었는데 역할분담경영이라는 워딩은 생소한 것 같습니다. 따라서 소장님께서 말씀하시는 유통구조의 불합리가 갖는 폐해와 기업의 역할분담경영에 대해 알고 싶습니다.

답93. 권: 대부분의 재벌은 생산과 유통(주석7)은 물론이요, 대·중소기업의 납품과 하도급 관행(주석8)에 있어서도 막강한 힘과 시장경제체제라는 제도를 등에 업고, 상대적으로 힘이 약한 중소기업과 자영업자 및 일반 소비자들을 교모하게 수탈하게 되어있어요. 이에 대해 무지한 대부분의 약자들은 제대로 한번 힘써보지 못하고 마냥 당할 수밖에 없는 게 현실이고요. 그리고 대기업과 중소기업의 관계처럼, 중소기업과 관련된 골목상권의 자영업자 또한 마찬가지입니다. 이는 자영업자와 소비자와의 관계에서도 그대로 적용된다고 하겠지요. 왜냐하면 서로 속이기는 매일반이기 때문이죠. 그 결과 결국 약자로서의 신세타령과 사회에 대한 불평, 불만으로 가득 차게 돼요. 그리고 그것의 본질에 대한 무지는 재벌과 유통업(SSM), 중소기업, 자영업 종사자도 마지막 종착역인 소비자도 또한 마찬가지지만 말입니다. 따라서 이와 같은 부정적 관행을 개선하기 위해서는 새 가치관과 함께 새로운 방법론의 창출이 시급한데, 새로운 방법론으로서 기업의 '역할 분담 경영론'을 제시합니다.

대기업은 건장한 장수(將首)나 특공대와도 같기 때문에 내수와 중소기업을 상대로 경쟁(경쟁은 체급이 같아야 진정한 대상이 될 수 있음)할 것이 아니라, 해외시장 개척을 통해 글로벌 기업을 상대로 횡(橫: 수평)적인 선의의 경쟁을 치열하게 전개해야 흥미로운 게임을 펼칠 수가 있게 될 것이며, 그래야 영혼이 있는 진정한 기업이라 할 것입니다. 물론 형님 기업으로서 때로는 내수시장의 위계질서와 품질의 질적 업그레이드를 위해 부분적인 관여(30%-중소기업 부재 제품 예외)는 필수적이어야 종(縱: 수직)적인 선의 경쟁(보호)을 통해 입체적인 시장을 형성하여 다양하면서도 풍성한 시장이 될 것임은 자명합니다.

…

유통개혁 그리고 소비자주권

문94. 박: FTA·TPP 협정과 유통개혁 그리고 소비자주권은 어떤 관계에 있습니까?

답94. 권: FTA의 체결과 발효로 인한 유통의 필요성은 절대성을 갖는다고 할 수 있어요. 자원의 원만한 수급조절을 위한 모든 분야의 유통구조 개선은 물론이요, FTA·TPP라는 '유통의 새 고속도로'를 힘차게 달리기 위해서라도 새 자동차격인 유통개혁은 시급해요. 따라서 '제4의 길'로서의 유통구조 개선 없이는 양극화 문제의 해결과 FTA에 대한 국내 유통의 원활한 대처, 경제적 자립기반의 구축을 위한 지방분권, 그리고 정신적인 국민통합과 선진화와 남북통일은 요원할 것입니다. 김흥종 대외경제정책연구원 연구조정실장은 매일경제 경제부가 발간한 『근혜노믹스』를 통해 다음과 같이 말한 바 있습니다.

"지난 10여 년간 우리는 다자간 무역협상의 부진 속에서도 양자간 FTA를 적극적으로 추진해 글로벌 통상국가로서의 면모를 확립하기 위해 노력해 왔다. 이제 동아시아에서 새로운 통상 네트워크를 구축하기 위해 힘쓰는 것과 동시에 개방의 국내 전달효과를 극대화할 수 있는 경제구조를 만드는 데 힘을 기울여야 한다. 과거 수출을 통한 경제성장에 주력했던 시기부터 지속되어 온, 수출보다 상대적으로 덜 선진화된 수입구조를 뜯어 고쳐 투명성 제고 및 경쟁을 통한 효율성 제고가 절실하게 필요한 시점이다. 경쟁의 룰을 보다 엄격하게 적용하고 소비자주권도 더 강화해야 개방의 혜택이 더 널리 확산된다."

자유시장경제에 있어서 모든 새로운 길은 유통의 혁신에 있어요. 중소기업과 지방경제 자립을 위해 마케팅의 안정성을 보장하게 될 '유통의 공유화'는 시장경제의 자율성도 보장함과 동시에 지나친 독과점을 적절히 조절할 수 있어요. 그리고 유통의 공유화는 중간과정을 크게 줄여 물가 안정을 이루고 구매비용을 크게 줄이게 되어 '소비자주권'을 동시에 찾을 수 있는 유일한 방법론이라 생각해요.

• • •

생필품마트공사 창설로
전통시장 백화점화

문95. 박: 마트공사 창설로 전통시장 현대화와 물류시스템 정비를 통한 골목상권 보호를 할 수 있다고 했는데 그 방법론을 알고 싶습니다.

답95. 권: 정부의 대형유통업체에 대한 의무휴일 규제를 골자로 하는 유통법 개정에 대한 대형마트 500만 가족들의 반발이 예상보다 심각해요. 홍익대 김종석 교수는 『근혜노믹스』의 〈고비용, 저효율 불량규제 철폐해 예측가능성 높여야〉라는 제하의 글에서 다음과 같이 설파했지요.

"정부규제는 '감추어진 세금(Hidden Tax)'이다. 어떤 규제든지 규제는 비용을 유발한다. 정부에는 집행비용, 국민에게는 준수비용, 그 외에 각종 부작용과 왜곡이 초래된다. ~ 복잡하고 모호한 정부 규제는 부정과 비리의 온상이 되며, 정직하고 성실한 사회기풍의 조성에도 장애가 된다. ~ 규제개혁의 기본원칙은 공정한 경쟁을 촉진하는 것이다. ~ 경쟁력은 경쟁을 통해서만 향상될 수 있다. 많은 규제가 경쟁을 제약하고 기존 기업들의 수익성 확보를 위한 보호장치화되어 있다. 이는 동시에 국민들의 경제적 자유와 직업선택의 자유를 제약하는 결과도 초래한다. 그러므로 경쟁 제한적 규제를 폐지해 창업을 활성화하고 일자리 창출에 기여해야 한다. 이런 점에서 골목상권 보호를 위해 도입된 대형 유통점포에 대한 각종 영업 규제는 그 득과 실을 따져 비규제적 수단으로 접근하는 것이 더 바람직하다."

그런데 SSM과 대형마트보다 대기업 자회사에 의한 편의점의 골목 잠식으로 낡은 슈퍼의 위기가 더 심각해요. 따라서 강제적 규제가 아니라 대응이라는 새로운 방법론이 나와야 합니다. 민주당이 18대 대선 공약으로 제시한 "필수 생필품 반값시대"와 앞에서 얘기했습니다만 새누리당이 제시한 "골목가게와 전통시장의 시설 현대화"로는 너무 미약해서 유통대란의 본질 문제에 접근할 수가 없어요. 생필품 반값시대를 열기 위해서는 단순히 전통시장 시설 현대화를 넘어 유통구조의 현대화가 이뤄져야 해요.

물류시스템을 전면적으로 개선해야 합니다. 기존 유통의 복잡성을 단순화(직거래)시키고, 낡은 슈퍼를 프랜차이즈 방식으로 편입해 규모를 일정 범위 이상 확장시켜 제품에 대한 구색을 소비자의 요구에 맞춰야 해요. 그래야 30%~40%의 유통가격을 획기적으로 줄일 수 있기에 전통시장과 골목상권을 가격경쟁에서 실질적으로 보호할 수 있는 겁니다. 그리고 소비자에게 소비가 더 이상 소비가 아닌 '유통소득'으로 되돌아가게 해야 해요. 뿐만 아니라 이중, 삼중의, 시너지효과와 함께 놀라운 '유통구조 개선편익'을 발생시켜야 한다고요.

그리고 그 힘은 21세기 서비스산업의 패러다임을 새롭게 바꿀 거예요. 더군다나 FTA 발효로 인하여, 지금 당장 농, 수, 축, 제약업계는 큰 타격을 피해갈 수 없어요. 그 대안으로서 마트공사의 창설은 시급해요. '글로벌마트공사'는 특히 우리 한반도의 특성, 즉 4계절의 영향과 토양의 게르마늄화로 이 땅에 서식하는 모든 생물은 품질(약효)이 높다는 점을 이용해 그 우수한 재료를 첨단기술과 융합하여 새로운 제품으로 탈바꿈시킬 것입니다. 이렇게 해외 시장을 공략하게 되면 FTA로 인한 유통의 위기가 기회가 되어 오히려 새 무역 강국으로 발돋움할 수 있어요. 다시 말해 '유통의 50% 공영화'로 유통의 체질을 대규모로 업그레이드시키면 세계시장을 우리의 무대로 삼을 수 있다고요. 그렇게 된다면 자유무역으로 피해를 보는 업종들의 걱정이 기우일 수도 있겠죠?

내친김에 자본주의 생산수단의 문제점에 대해 짚고 넘어가지 않으면 안 될 일이 하나 있어요. 물론 생산과 유통에 관한 부분이죠. 생산과 유통의 역할은 위에서 논했지만, 이해를 돕기 위해 좀 더 구체적인 분석이 필요해요. 생산의 사유화와 유통의 공유화의 문제가 아니라 역할분담 부분이죠. 이것은 생산과 유통의 사유와 공유의 문제처럼 중요한 부분이에요.

존재의 궁극 법칙은 창조와 재창조에 의한 성장이라고 했어요. 이것은 이 법칙을 기초로 성립하는 것이고요. 남성의 씨(창조)를 여성이 받아 키우(재창조)며, 농부는 씨를 뿌리고 가꾸지만 그 씨를 받아 키우는 일은 전적으로 밭(田)의 몫이에요. 이와 같이 기업은 제품을 생산(창조)하고 유통업은 그 제품의 판매를(재창조) 도맡아 처리해야 하는 것이 가장 이상적이에요. 그런데 왜 사회주의의 계획경제는 모든 기능을 국가가 다 합니까? 자본주의 시장경제는 왜 생산자가 유통까지 이중 일을 또한 동시에 합니까? 사회주의 체제의 국민인 각각의 개인은 무엇이며, 자본주의 체제의 국가는 과연 그 무엇인가요?

이는 여성이 남성의 일까지 다 하는 것과도 같고, 남성이 여성의 몫까지 다 하는 것 같아서 비효율적이고 비능률적이며, 더군다나 보기에도 썩 좋지 않아요. 이것은 잡탕이며, 중성처럼 보여 심한 울렁증이 일어나요. 토할 것만 같다고요. 분명 문제가 있어요. 사회주의가 그 종언을 선언하고 뒤이어 '자본주의의 종언'을 선언하지 않을 수 없는 사건들이 글로벌 경제위기라는 이름으로 나부끼고 있지 않습니까? 이제 '무엇을 선택할 것인가?'가 아니라 '무엇을 해야 하는가?'가 문제라고요.

...

대체산업을 통한 신성장동력 발굴

문96. 박: 제4차 산업이 아니라 대체 산업을 통해 신성장동력을 발굴해야 한다고 하셨는데 어떤 내용을 말하는지요?

답96. 권: 제4차 산업에 대한 내용은 프롤로그에서 언급했기 때문에 여기서는 생략하여 말씀드리기로 하겠습니다. 우리나라는 70%가 산(山)이에요. 산업화 시절을 지나면서 한때 우리는 산 때문에 경작지가 줄어들 수밖에 없다고 산의 많음을 한탄했어요. 산이 미웠던 것이죠. 산의 위기였어요. 그런데 위기에 놓인 산을 기회로 바꾸는 발상의 대전환을 시도해 보자는 것이죠!

이상하게도 21세기 초엽부터 우리 동양의 의학인 한방이 서구 유럽의 중요한 치료분야로 자리를 잡기 시작해 지금은 세계화가 되었어요. 그리고 유통의 체질을 개선해서 그 범위를 넓힌다면 산에서 생산되는 고품질의 약초들로 세계시장에 진출해 세계인의 건강 증진을 돕고 우리의 시장도 늘리는 일석이조를 동시에 거둘 수 있습니다. 이러한 건강(Health Care)산업은 보조산업이 아니라 6

차 산업입니다. 하지만 좋은 약초를 캐어낸다고 할지라도 판로를 개척할 수 없는 환경 때문에 미래의 특화산업이 될 수 있는 약초산업이 활성화되지 못하고 중국의 저급하고 값싼 약초의 도전으로 고사 위기에 놓여 있어요. 하지만 유통의 50% 공영화를 통해서 농·수·축산은 물론이요, 우리나라만의 특화 전략이라 할 수 있는 약초산업을 21세기의 새로운 산업으로 각광받는 항노화산업, 즉 '신(新)생약산업 전략'으로 수립해 규모 있게 시행한다면, 엄청난 인력의 수요가 발생하게 될 거에요. 이것은 대도시의 인구과밀 현상을 대대적으로 지방에 분산시키는 효과를 유발시킬 수 있어요. 유통의 공유화는 유통경영뿐만 아니라 21C 미래 경제의 블루오션이죠.

문97. 박: 글로벌마트공사의 창설로 대기업과 중소기업의 상생, 그리고 지방산업의 활성화가 가능하다고 하셨는데 유통의 공유화가 중소기업과 농·수·축산업 생산물의 마케팅까지 대신하게 되는 것을 의미하는 것은 아닌지요?

답97. 권: 맞습니다. 유통의 공영화를 통한 글로벌 유통은 대기업과 중소기업을 동시에 살리는 새로운 경영전략이죠. 중소기업은 유통망의 확보로 인해 내수를 중심으로 하는 생산의 활력을 갖게 될 것입니다. 그리고 대기업은 세계시장으로의 원활한 진출은 물론이요, 해외자산의 투자를 늘려 외환시장을 안정시킬 수 있으며 해외자본에 의존하지 않고 외환을 확보할 수 있어 경상수지 흑자를 지속적으로 유지할 수 있는 차원이 다른 창조적 공생경제론이 될 수가 있어요.

그뿐만 아니에요. 유통의 공영화로 인해 국가기준의 검증을 통과한 모든 생산품에 대해 – 일정부분에 대한 책임과 함께 – 마트공사가 마케팅을 대신해 준다면, 그 판로에 대한 부담이 줄어들게 되면서, 지방경제의 활성화는 놀랍게 이뤄지게 돼요. 왜냐하면 판로에 대한 부담이 획기적으로 줄면서, 대도시 중심의 생산방식에 변화가 일어나 지방으로의 생산설비와 인구이동이 급격히 진행되겠기 때문이지요. 이렇게 되면 이제 더 이상 '지방분권'과 '국가 균형 발전법'을 크게 걱정하지 않아도 된다고요. 최근 귀농인구가 많이 늘어났지만 적응에 실패한 결과 역귀성이 제기돼 문제잖아요? 이 모든 것이 생산에 대한 유통 문제의 어려움이 빚어낸 결과라고요. 그러니까 유통혁신은 경제적 제도에 의한 자연스러운 지방분권전략인 셈이죠. 물론 이것만이 유일한 것은 아니지만 말입니다. '민주주의 4.0(공존주의 1.0)'이 말하는 '국가복지'도 가능하게 되겠지요.

마트공사를 통한 유통의 50% 공영화는 화이트칼라와 블루칼라까지도 공생할 수 있으며 생산과 유통, 대기업과 중소기업, 국가와 시장의 역할분담론까지 조화시킬 수 있는 새로운 경제정책의 한 방법론이며, 우리가 세계사를 주도하는 데 빼놓을 수 없는 수레의 한 바퀴가 될 거에요. 따라서 이것은 『자본주의 4.0』에서도 제시되지 않은, 아니 꿈조차도 꾸지 못한 새로운 경제학의 한 방법론인 셈이죠. 그리고 이것은 한반도라는 특수한 상황에서 몸부림쳐보지 않고서는 도저히 만들어 낼 수 없는 그런 '복잡계 시스템이론'이라 할 수 있지 않겠어요? 왜냐하면 우리처럼 국유화와 사유화의 문제를 두고 고민하고 있는 국가는 없으니까 말입니다.

• • •

마트공사 창설과 창조적 기부

문98. 박: 생필품마트공사 창설을 위한 재원 마련이 문제로 보입니다. 어떻게 마련할 방법이 있습니까?

답98. 권: 박근혜 정부의 국민행복기금 18조 원 마련 전략은 한국자산관리공사 고유계정에서의 차입금 7천억, 신용회복기금 잔여재원 8천 7백억, 부실채권정리기금 잉여금 배당액 출자 3천억을 합한 1조 8천 7백억을 기반으로 10배의 채권발행으로 18조 7천억의 자본금을 마련하는 전략이에요. 그런데 저는 국가기관의 자금이 아니라 해외자금을 자본금으로 마련할 수 있다고 생각해요. 마트공사 말이에요. DJ정부 시절 재일동포은행(평화은행) 설립을 시도했었다가 실패했었잖아요? 그 실패의 원인을 두고 일본에 파견됐던 김민하 전 민주평화통일협의회 수석 부의장은 "거류민단과 조총련을 하나로 통합시킬 수가 없었기 때문"이라고 했어요. 그땐 때가 아니었었어요. 그런데 이젠 그 환경이 왔다고요. 그때를 확인하기 위해서 제가 직접 일본으로 갔었어요. 2001년 7월에 경남은행 민영화 문제가 제기되었을 때 직접 재일동포들을 상대로 자본금 문제를 논의했었어요. 그런데 동포회장도 경남도지사도 처음에는 난색을 표했어요. 뒤에 도지사의 적극적 노력으로 결국 3천억이라는 자금 유치는 성공했지만요.

따라서 세계평화를 위한 원대한 계획을 세워 공영기구를 창설해서 공채를 발행해 해외동포는 물론 외국인 자금도 유치하고, 국민 참여를 통한 애국적 투자를 이끌어 내면 얼마든지 세계 최대의 마트공사 창설이 가능하다고요. 비전과 대의명분과 굳은 의지가 문제지요. 성공한 해외동포의 자금력이 상당해요. 생필품마트공사의 목표를 국내를 넘어 국제적으로 세워 세계 유통질서를 바로잡아야 해요. 국제 무역질서를 재편할 수 있는 세계 최고의 '마트공사'를 창설해서 말이에요. 그래야 글로벌마트공사가 가능하다고요. 막대한 통일자금·세계평화자금도 필요하잖아요? 꿈을 원대하게 가져야 해요.

문99. 박: 생산이 아니라 공영유통을 통한 창조적 기부운동을 말씀하셨는데 어떤 내용인지요? 혹시 소비자들의 물품 구매과정에 어떤 특별한 창의적 방법론이 있는 것인지요?

답99. 권: 부족한 자에게는 도움이 필요한 법이잖아요? 그러나 자본주의는 개인주의이기 때문에 사회주의처럼 국가가 사회의 전부분을 아우를 수 없어요. 따라서 부족하고 소외받는 계층에 대한 관심은 원래 종교의 사명이었는데 종교는 이미 사회적 기능을 거의 잃어버렸잖아요? 봉사단체 또한 능력에 한계가 있고요. 국가도 예산 문제에 걸려 힘들어요. 그래서 새로운 방법을 창출해 내는 겁니다. 민간의, 민간에 의한, 민간을 위한 사회복지의 방법을 말이에요. 마트공사 창설로 전국 전통시장을 초현대화(백화점화)하고, 그리고 전 세계로 확산시켜야 해요. (도표-4 참조)

〈도표-4〉

전통시장의 초 현대화(H-Mart) 및 운영 방법

윤리적 유통 법인
Network 마케팅
(창조적 기부)

→

30~40% – 유통 이익
30~40% – 소비자 소득
3~4% – 소비자 기부(적립)

↓

장학사업(창조적 기부)
불우이웃 돕기

←

[기부 10%]
생산자(판매촉진비)

↑

가. 생필품 마트공사를 창설하여 소비의 50% 공영화를 하여 직거래를 하게 되면 일반 마트(E-마트, 홈플러스 등)에서 남기는 유통의 경영 이익 30%~40%를 소비자들에게 소득으로 돌려주게 됩니다. 그 대신 소비자가 얻게 되는 그 소득의 10%를 적립하여 소비자의 이름으로 직접 불우이웃을 돕는 새로운 기부운동을 펼치면 전 국민이 소비자(최소 1,000만 명)이기 때문에 제도에 의해 모든 소비자의 의무적 기부문화가 이 땅에 뿌리내려지게 되는 '제4의 방법론'이에요.

헝가리 태생의 영국 경제학자 칼 폴라니(Karl Polanyi)가 "시장과 시장을 둘러싼 사회가 서로 결부되어 있다."고 한 주장에서 보듯이, 차원은 다르지만 경제활동 과정에 있어서도 '이기적 이윤추구'와 '이타적 기부행위'는 동전의 앞뒷면, 우리 몸의 자율성과 타율성, 물체의 구심력과 원심력이 조화를 이루는 것과 같아서 서로 밀고 당기는 과정을 통해 적절한 균형을 이루어야 하는 법이에요. 그렇지 않은 일방적인 시스템의 작동은 결코 모든 구조의 붕괴를 방지할 수 없어요. 따라서 유통의 구조개혁은 그 어떤 경제방식보다도 더 완벽하게 경제활동을 통한 이타적 기부의 이상적 모델을 만들어 내는 데 적격성을 갖게 돼요. – 생산자로부터도 '유통의 편익'에 대한 기부를 의무화할 수 있다 –

나. '생산은 창조적 남성성'을 갖지만 '유통은 재창조적 여성성'을 가져요. 따라서 대부분의 여성회원을 상대로 '제4의 경영방식'을 통한 새 가치관 교육과 여성의 사회적 역할의 확대로 새로운 문화운동을 일으켜 그 역량을 업그레이드하게 되면 기부는 모성본능과 함께 엔돌핀보다 높은 다이돌핀을 유발시켜 사회를 밝게 함은 물론이며 새로운 기부문화가 뿌리내리게 될 것입니다. 그리고 이것을 디자인해 전 세계로 수출하게 되면 요원의 불길처럼 번져 세계평화를 위한 기초가 되게 될 것입니다. 더불어 이것은 생산수단의 새로운 방법론과 형식 그리고 제3의 제도가 되어 세계경제위기를 바로잡을 수가 있을 것입니다.

...

자본주의 4.0에 딱 맞는 한국

문100. 박: 아나톨 칼레츠키의 저서『자본주의 4.0』에 딱 맞는 한국이라는 내용과 '공동체 자본주의'가 소장님께서 주창하는 '제4의 길'인 공생경제(통일경제)와 혹시 같은 개념은 아닙니까? 아니라면 어떤 차이점이 있으며 또한 '자본주의 4.0'은 무엇을 의미하는지 구체적으로 알고 싶은데요?

답100. 권:『자본주의 4.0』은 러시아 출신 미국인 A. 칼레츠키의 저작입니다. 저자는 이 책에서 이제는 자본주의 4.0의 시대이며, 자본주의 4.0은 신자유주의를 대체할 새로운 경제 패러다임이 될 것임을 설파했어요.

> "2008년 9월 15일에 발생한 금융위기로 무너진 것은 단지 하나의 투자은행이나 금융시스템이 아니다. 그날 무너진 것은 정치철학과 경제 시스템 전체이며, 이 세상을 바라보는 방식이다. 2007~2009년 금융위기는 정치와 경제학을 지배했던 시장

근본주의 이데올로기 때문에 나타났다. 이제 더 자유로운 시장과 더 작은 정부가 필요하다고 생각하는 시대는 끝났다. 자본주의는 위기를 통해 진화하는 적응력 있는 사회 시스템이다. 자본주의 1.0은 자유방임의 시기였다. 자본주의 2.0은 정부가 주도한 수정자본주의의 시대였다. 자본주의 3.0은 시장이 주도한 신자유주의 시대였다. 자본주의의 각 단계는 구조적 위기가 발생하면 환경에 더 적합한 새로운 버전으로 진화해 왔다. 2008년 금융위기로 마침내 자본주의의 네 번째 시스템 전환이 시작되었다. 바로 자본주의 4.0이다.

자본주의 4.0은 유능하고 적극적인 정부가 있어야만 시장 경제가 존재할 수 있다는 인식에 기초한다. 자본주의 4.0은 정부와 시장이 모두 불완전하며, 오류를 저지르기 쉽다는 인식에 기초한다. 자본주의 4.0은 세계사는 예측하기 어려운 복잡성과 불확실성을 본질로 하고 있다는 인식에 기초한다.

따라서 자본주의 4.0으로의 구조적 전환은 정치와 경제, 정부와 시장의 관계를 새롭게 정의한다. 자본주의 4.0은 적응성 혼합경제를 특징으로 한다. 자본주의 4.0에서는 정부와 시장의 상호 의존적 관계가 의식적으로 인식된다. 자본주의 4.0에서는 회의주의, 실험정신, 유연성이 강조되며, 제도적 적응력과 이데올로기적 유연성이 특징으로 나타난다. 어떤 종류의 자본주의가 보편화 될 것인가에 대해서는 2010년 중반까지는 아무도 확실히 대답할 수 없을 것"(도표-5 참조)

〈도표-5〉

자본주의 4.0에 딱 맞는 한국
1. 미국: 탐욕과 잔혹한 경쟁이 지나쳐 글로벌 경제위기를 불렀고, 시장의 힘이 너무 비대해져 있다.(정부는 강력하지만 인류 역사상 가장 강력한 파워를 구축한 시장을 관리하기엔 버겁다)
2. 중국 – 정부와 지배세력의 힘이 거의 절대적이다.(시장이 경쟁과 자율 인권의 목마름이 사회통합에 균열을 내면서 성장의 브레이크를 걸 가능성이 있다)
3. 일본 – 중앙정부와 지방정부의 관료주의가 화석화 되어 있다.(거대한 관료집단과 나약한 국가 지배구조가 성장과 사회통합의 적이 된지 오래다)
4. 한국 – 정부조직엔 관료주의가 남아 있지만 아직 화석화 전 단계이고 시장은 불공정이 있지만 정부의 관리를 무력화 시킬 만큼 오만하지도 비대하지도 않다.(정부와 시장은 짧은 기간 안에 민주화와 산업화를 잘 이뤘으며 견제와 협력의 시스템이 다른 나라에 비해 잘 가동되고 있는 편이다)

– 윤영신 동아일보 사회정책부장 칼럼 –

도표의 내용은 동아일보사 윤영신 정책부장의 칼럼입니다. 이것은 세계적 경제위기에 대한 대안서가 될 것을 자처한 『자본주의 4.0』에서 언급한 A. 칼레츠키의 탁월한 분석과 비평이 현실 세계에 구체화되기 위해서는 어떤 과정과 어떤 대상을 상대로 해야 그 가능성의 여부를 헤아릴 수 있을까?에 대해 선진 경제강국들이 처한 정치·경제적 상황을 매우 예리하게, 그리고 아주 심도 있게 연구했다고 할 수 있어요.

그런데 더 놀라운 것은 '자본주의 4.0'라는 새로운 경제의 패러다임을 시험한다고 가정했을 때, 그 최적지가 4대 열강이라는 가깝고 먼 이웃의 부자나라가 아니라 이제 막 개발도상국의 딱지를 뗀 대한민국이라는 사실이죠. 참으로 놀라운 일이에요. 다만 필자가 볼 때 조금 아쉬운 것은 『자본주의 4.0』에서 지적한 훌륭한 내용들이 정치경제에만 국한되어 있다는 것이에요. 즉 경제이론의 큰 축이라 할 수 있는 정부와 시장이라는 외적인 틀에서만 볼 것이 아니라, 내적인 틀이라 할 수 있으며 자본주의 시장경제와 사회주의 계획경제에서 오래토록 시행해온 생산과 유통의 역할분담이라는 차원에서 보면 생산은 창조 기능이며 선의 경쟁이 장점이지만, 유통은 재창조 기능이자 조절 작용이라서 경쟁은 단점이라는 것이지요. 자본주의 생산의 사유화의 장점과 사회주의 유통의 공유화(분배: 생산에 참여한 분배임이 강조되어야 함)의 장점이라는 거시적 경제법칙의 한 축에 대해서까지도 심도 있게 연구해『자본주의 4.0』에서 갈파한 탁월한 내용과 함께 철학적 확신과 비전까지 가미되어 비교될 수 있었더라면 금상첨화였을 텐데 하는 것이었어요.

이렇게 볼 때 아직 '자본주의 4.0'은 4.0이라는 목표를 향해 나아가고 있는 과정일 뿐, 완전한 4.0에 도달하지 못한 3.5, 즉 자본주의 3.5인 것이죠. 그것도 '시작이 반'이라는 한국의 속담 덕택일 테지만 말이에요. 그래서인지 '4.0'의 저자도 어떤 자본주의가 보편화될지는 아무도 확실히 대답할 수 없다고 했음은 높게 평가해야 해요.

시장은 사유성을 갖고 정부는 공영성을 갖습니다. 공영성과 국유화는 다른 개념이에요. 자본주의 4.0이 그동안 시행된 자유 시장경제라는 환경을 기반으로 연구되고 분석되어 보다 더 새로운 과정으로 나아가기 위한 진지한 연구의 결과는 결국 사유와 공유의 적절한 믹싱에 대한 것이에요. 여기에 더해 '생산은 사유성'을 갖고 '유통은 공영성'을 갖기에 생산과 유통의 적절한 역할분담에 의한 원활한 교류가 있어야 하며, 여기에 더하여 대기업은 '해외업무'를 맡고, 중소기업은 '내수업무'를 주로 관장하는 임무를 각각 수행하는 시스템으로 전환하게 된다면 이상적일 수 있을 것이다. 이것이 '제4의 길'이에요.

더불어 '자본주의 4.0'이 제대로 기능하기 위해서는 경제의 심장과도 같은 '금융체계'가 '공영체제'로의 대전환이 일어나지 않으면 안 돼요. 왜냐하면 금융은 앞에서도 언급했듯이 궁극적으로 볼 때 엄연히 실물의 지원과 보조의 역할이기 때문이죠. 공영성을 갖는 금융이 규제 개혁으로 '금융파생상품'을 생산하여 자본자유화라는 미명하에 민간시장으로 내려와 투기를 일삼다가 금융버블을 일으켜 건전한 시장 질서를 유린한 결과 끝내 공동체까지 파괴하는 현실을 무엇으로 설명할 수 있을지 걱정이 앞섭니다.

뉴욕대학의 닥터 둠 누리엘 루비니도 "지금 세계는 금융위기로 불거진 불평등의 심화가 정치·사회적인 위기로 옮아가는 단계에 놓여있다."라고 말해 금융의 중요성을 강조했어요. 따라서 금융은 생산성을 갖는 본질적 기능이 아니라 조절기능을 갖는 에너지원소일 뿐임을 깊이 인식해야 해요. 존재에 대한 정학한 연구와 역할 규명, 이것이 철학입니다.

또한 노벨경제학 수상자 조세프 스티글리츠(Joseph E. Stiglitz)는 "민간 시장이 언제나 자신의 이익을 사회의 이익과 일치시키려고 노력할 것으로 기대할 수는 없으며. 특히 기술적으로나 정치적으로 급변하는 상황에서는 더욱 그렇다."라고 해 '사유화'의 놀이터인 시장만능주의의 위험성을 경고하고 있어요. 다음은 A. 칼레츠키의 『자본주의 4.0』 16장인 '자본주의 4.0의 경제정책'에 대한 의견입니다. 이 탁월한 분석의 의미와 금융의 공유화의 개념은 어떤 차이점과 그리고 어떤 유사성이 있는지를 심도 있게 분석해 보기를 바랍니다.

"리먼브라더스가 파산할 때까지 30년 동안 대부분의 정부와 중앙은행들은 거시경제정책에서 한 가지 공식적인 목표만 인정했다. 바로 인플레이션만 통제하는 것이었다. 통화량과 인플레이션의 관계는 공식적인 슬로건보다 훨씬 더 미묘하고 섬세하다는 것을 늘 알고 있었지만, 중앙은행들은 한결같이 오로지 인플레이션에만 초점을 맞추었다. 통화주의 경제정책 때문에 총수요 관리정책을 펼칠 수 없는 가운데 거시경제정책의 성공 여부를 판단하는 데에는 오직 한 가지 기준만 남아 있는 것 같았다. 바로 물가 안정이었다. 재무장관과 중앙은행들은 완전고용 달성·생산성장 극대화·무역수지와 재정수지의 균형 유지 등을 무역 정책 산업·정부 예산 편성과 같은 미시경제를 담당하는 하급 책임자에게 위임했다.

자본주의 4.0에서는 통화주의와 실물경제, 인플레이션에 대한 책임과 실업에 대한 책임, 거시경제 목표와 미시경제 목표 사이의 이런 극단적인 구분은 더 이상 의미가 없다. 정치인과 국민들이 정책 목표의 모든 측면들은 상호작용한다는 것을 깨달았으므로 모든 경제 목표들은 더 복잡한 방식으로 다루어져야 한다.

중앙은행이 금융위기 이전의 경제사상의 관점에서 대답한다면, 그것은 시장근본주의자들이 일관성·투명성·공무원들의 재량권을 제한하기 위해 만든 준(準)계약적 규칙에 집착했다. 그러나 자본주의 4.0은 이런 순진한 추상적 사고방식에서 벗어날 것이다. 그리고 중앙은행들도 경제활동의 복잡성과 애매모호함을 받아들이게 될 것이다.

인플레이션과 명목 GDP, 혹은 다른 어떤 한 가지 경제 목표만 통제하는 대신에 중앙은행은 여러 가지 경제 목표를 추구해야 한다. 최소한 전 세계의 중앙은행들은 적정한 수준의 경제성장률과 고용만이 아니라 낮은 물가 상승률이라는 목표도 달성해야 한다. 중앙은행들은 또한 신용을 적절히 확대시키고, 다른 주요 경제국의 책임 있는 기관과 협력해서 환율과 무역불균형을 적정선에서 조율해야 한다.

한편 정부는 국제적으로 경제성장의 균형을 유지하는 역할을 해야 한다. 정부는 미국과 영국·유럽 주변국들에 대한 수출을 늘리고 중국과 독일·일본의 소비를 늘리도록 해야 한다. 또한 정치인들은 금융시스템을 안정시킬 책임이 전적으로 정치인들 자신에게 있다는 것을 인정하고, 금융규제의 궁극적 책임을 시장이나 민간 신용평가사·국제 관료들에게 맡겨서는 안 된다. 게다가 정부는 공공지출과 부채를 빠른 속도로 줄이면서 새로 맡은 이런 포괄적 경제 관리의 책임을 져야 한다. 더 복잡하고 더 폭넓은 정치적 책임과 더 엄격한 제약은 자본주의 4.0 시대 경제정책의 전형적인 특징이 될 것이다.”

이렇듯 유통성을 갖는 모든 분야는 '1/2 공영화체계'로의 일대 변신을 시도해야 해요. 이것이 정치가 해야 할 중요한 역할, 즉 정치경제인 것이지요. 그런데 자본주의 4.0 못지않게 중요한 4.0이 하나 또 있습니다. 일명 새로운 '제4의 길'로 불리는 '민주주의 4.0·공존주의 1.0'이 그것이에요. 그동안의 민주주의는 1.0, 2.0, 3.0의 민주주의, 즉 인물 중심과 중앙집권, 연고, 혈연, 학연 등의 패거리주의에 의한 청사진 부재의 정치 일색이라 해도 과언이 아니에요. 자본주의 4.0에 못지않은 민주주의 4.0은 정책 중심, 지방분권, 능력, 배려, 소통, 공감 등을 통해 국민이 국가의 주인의식으로 거듭나 미래를 걱정하는 책임민주주의인 '제4의 길(민주주의 4.0 · 공존주의 1.0)'을 이제는 이 땅에 화려하게 피게 해야 하는 것입니다.

창의성 문제의 해결을 위한 TRIZ이론에 입각해『패러다임의 변화와 경영의 혁신』을 저술한 부산대학교 생명자원과학대학 생명산업융합연구원 교수인 박대영 질문자와 고(故) 박정희 대통령과 육영수 여사의 사이에서 태어난 둘째 딸이자 육영재단 전 이사장이었으며 평화통일연구원 명예 이사장인 박근령 좌장 그리고 철학과 신학, 동·서양의 사상을 통폐합한 새 가치관인 영(靈)철학(정도론 · 양미론)의 저자이자 언론인이며 (사)국민통합의 블루오션정책연구소장인 권추호 답변자의 조합(Trio)은 뭔가 조금은 남다른 그런 특이한 만남이라고 할 수 있을 것이다.

21세기는 유비쿼터스의 시대이자 지구촌의 시대이며, 또한 '성장이론'에 의해 부자관계인 수직(垂直)에서 부부관계인 수평(水平)으로 패러다임이 변화하는 새로운 융합의 시대이다. 고정불변성을 가졌던 과거와 미래가 만나고, 동양과 서양이 소통하며, 과학과 신학, 그리고 종교와 정치가 조우하고, 사회주의와 자본주의가 조화하며, 이상과 현실이 통일되는 꿈과 같은 일들이 지금 여기에서 융합이라는 이름으로 그 기지개를 펴고 있는 것이다.

세 공동저자는 각자 전공과 역할은 완전히 다르다. 그러나 이들에게는 하나의 공통된 가치관이 내재하고 있다고 할 것이다. 한

분은 과학자요, 한 분은 육영재단 이사장으로서 자라나는 새싹들을 위한 일과 평화통일을 꿈꾸는 연구가이며, 한 분은 사상가이자 정책연구가임이 분명한데 새로운 변화를 통해 보다 발전적이면서도 도전적인 것을 꿈꾸고 그 꿈의 크기와 범위가 나라의 미래와 글로벌화에 맞는 가치를 추구한다는 점에서 공통성을 발견할 수 있다. 가히 융합이라는 4차원적 시스템인 셈이다. 왜냐하면 좌장인 박근령 이사장님은 상생이라는 국민통합·통일을 넘어 지구촌의 새 시대를 위해 사고와 행동의 폭을 넓혀야 한다는 주장에 있어서, 질문자인 박대영 교수님은 경영의 혁신을 위한 패러다임의 변화를 주장한다는 점에서, 답변자인 권추호 소장님은 21세기의 새로운 공존·공생을 위해 사고의 방식과 제도적 패러다임의 대전환을 주장함에 있어서 공통성을 갖기 때문이다.

패러다임의 변화와 대전환이라는 개념을 달리 표현한다면 새로운 사고(思考)의 다른 이름이 아닌가 한다. 왜냐하면 변화를 통한 대전환은 새로운 사유에 의해 탄생되기 때문이다. 그들은 사고의 변화와 대전환을 통한 『창조적 통합·통일대담』이라는 대담집의 집필을 위해 백두대간의 끝자락이자, 삼신산(三神山)이요, 방장산(方丈山)이며 지혜가 남달라서 지리산(智異山)이라고 부른다는 산자수려(山紫水麗)한 경남 산청의 신원재(神原齋: '영(靈)철학'의 탄생지이자 본 저서의 답변자의 연구소)와 대기(大氣)의 관문이자 세계지도의 축소판이며 남녀의 형상을 닮은 남해의 그랜드 오션(Grand Ocean) 펜션에서 회동의 시간을 가졌다. 마치 산모의 모진 진통 후 하나의 생명이 이 세상에 탄생되듯이 그렇게 길고 긴 담론의 과정이 없었더라면 아마도 이 책의 탈고는 불가능했을 것이다.

"방성우가(放聲牛歌) 호남진인(湖南眞人)이며, 청의자(靑衣者) 남래(南來)한다."(주석9)고 했던가? 4차원의 사유체계인 '영(靈)철학(정도론 · 양미론)'을 탄생시킨 민족의 영산(靈山) 지리산은 예로부터 무수한 비밀을 간직하여 왔다. 고급한 존재는 다층적인 법이다. 다시 말해 고차원적 존재는 복잡하게 얽혀있다는 뜻이다. 지리산은 천마시풍형(天馬嘶風形)이요, 대붕비상형(大鵬飛翔形)이며, 방성우가형(放聲牛歌形)이요, 생기관문형(生氣關門形)으로서 하늘의 천기가 지상에서 가장 먼저 출입하는 신성한 산이다. 그래서 타의 추종을 불허하는 영감의 소유자이자 민족시인인 김지하는 이념갈등의 시원이자 빨치산의 주 무대였던 "지리산과 진주에서 남북통일을 위한 새 사상이 나와야 한다."고 설파했던 것이다. 먼 훗날 지구촌시대, 이 나라를 세계사의 중심에 세우게 될 것을 대비해 고려를 멸하고 이씨조선을 건국한 태조 이성계 조차도 남해 금산으로 내어 쫓은 산, 바로 그 산이 천하의 영산 지리산이다.

지금에야 전라남북도와 경상남도(영남)로 나뉘어져 있지만 120여 년 전 행정구역의 개편이 있기 이전의 지리산은 백제, 즉 호남의 땅이었다. 거창의 수승대(居昌 搜勝臺)는 오늘의 판문점과 같이 신라와 백제의 접경, 즉 국경이었는데, 신라로 가는 백제 사신들이 수심에 차서 송별하는 곳이어서 수송대(愁送臺: 퇴계(退溪) 이황(李滉)에 의해 수승대(搜勝臺))라 불렸다고 한다. 그렇다면 경남 진주와 산청 · 함양은 영호남의 교집합인 셈이다. 행정구역의 개편으로 영남으로 시집간 것과도 같다. 그러니까 경남의 서부지역은 호남이 친정인 셈이어서 영호남, 즉 동서통합의 시원이어야 하며 남북통일의 축이 되어야 한다는 것이었다.

지리산 기슭의 고즈넉한 곳에 자리한 신원재(神原齋)에서의 담론을 한마디 시쳇말로 표현한다면 신통방통(神通旁通)이라 해야 할 것이다. 참으로 그 내용이 방대하고 심오했으며 귀하고 신기한 시간이었다. "역사를 절대정신(絕對精神: Absoluter Geist)의 자기전개"라고 한 그의 명저『역사철학 강의』에서 주창한 독일의 관념철학자 G. W. F 헤겔과 오스발트 슈펭글러(Oswald Spengler)가『서구의 몰락』에서 각각 설파한 것과 같이 역사(歷史)가 막무가내로 아무렇게 흘러가는 것이 아니라 뚜렷한 방향성과 계절의 절기와도 같이 고유한 패턴이 있다는 것이었다. 그리고 우리의 인생도 무의미한 것이 아니라 창조목적을 위한 재창조의 목적이 있다는 것, 즉 신의 창조를 인간이 재창조하지 않으면 신(神)도 어떻게 할 수 없다는 놀랍고 숭고한 생(生)의 의미와 가치를 알게 되었다.

더군다나 절대정신은 창조목적을 위한 역사적 사명을 다른 나라가 아닌 우리의 한반도에 제시하여 그 중심으로서의 역사적인 책임을 엄숙하게 요구하고 있다는 것이었다. 따라서 의제의 핵심은 세계평화를 위한 이상사회의 구현이었다. 그러므로 창조목적의 완성을 의미하는 세계평화를 위해서는 남북의 평화통일이 선행되어야 하고 평화통일은 동서통합이 그 모델이 되어야 하며, 그렇게 하기 위해서는 개인과 개인, 단체와 단체의 원활한 소통이 되어야 하며, 소통을 위해 국가를 이루는 본질인 국민 개개인의 의식의 새로운 개조, 즉 2분법적 사고와 양비론적 중도를 뛰어넘는 기존의 낡은 가치관과 국가체제에 대한 패러다임의 대전환을 일으켜야 한다는 것이었다.

환경의 필요가 가치를 결정하는 법이듯이, 아무리 좋은 이론과 방법론이 있다고 할지라도 때가 되지 않으면 그 뜻을 성취하기가 어려운 법이다. 그런데 21세기 초엽을 맞이한 지금 지구촌과 이 나라는 절체절명의 위기에 놓여 있다. 2008년 미국발 금융의 위기는 사회주의 체제의 붕괴 이후 유일한 대안체제라고 자부해 왔던 자본주의 시장경제체제에 심각한 위기를 불러왔다. 이 위기는 전 세계의 체제가 새로운 시대정신을 요구하고 있다는 반증이 아니고 무엇이겠는가? 따라서 새로운 세상을 위해서는 구시대의 낡은 체제와 부패한 관습으로부터의 대탈출, 즉 패러다임의 대전환이 역사의 준엄한 요청이자 명령이다.

그러므로 새로운 세계를 위한 창조적 통합과 통일을 위한 '범국민새가치관운동'을 일으켜야 한다. 그리고 이것을 밑천 삼아 우리의 정치사를 새롭게 써야 한다. 그리고 이 모델을 롤 모델로 삼아 전 세계로 수출해 21세기의 글로벌체제를 새롭게 재편해야 한다. 머리글에서도 언급했듯이 정책에 의한 제도권(정치권)의 힘이 아닌 개인이나 일반단체는 국가를 변화시키고 움직이기에 역부족일 뿐만 아니라 존재감도 드러내기 쉽지 않다. 왜냐하면 국가는 개인과 단체의 조직을 월등히 넘어선 초월적 존재이기 때문이다.

그러니 신원재에서의 결의는 다양한 방법을 동원해 국민계몽운동을 펼쳐야 하며, 각종 시민단체와 함께 캠페인을 벌이고, SNS를 통해 대대적인 광고도 내고, 제2의 새마을운동 차원에서 '새가치관운동'도 전개해야 할 것이며, 대통령 직속의 범국민대통합운동 추진을 국무총리실 산하에서 준비하던 도중 성완종 게이트로 유보하게 된 민관합동운동을 부활시켜 새롭게 시작해야 하며, 새로운 정치의 중심에 서서 제4의 예비 정당과 손잡고 씽크탱크로서의 기능도 발휘하자는 것이었다.

지금 한반도와 대한민국의 정세가 풍전등화의 위기에 놓여있는 형국이다. 하루가 멀다 하지 않고 각종 사건들이 꼬리를 물고 일어나고 있으며 민심 또한 흉흉하다. 지난해 10재앙의 마지막인 메르스 사태가 끝나고 계속해서 벌어지고 있는 북한의 가공할 위협은 마치 성서의 '모세의 기적(남북의 평화통일을 위한 방법론을 제시할 것)'을 요구하는 듯하다. 지체할 시간이 없다. 아무런 조치도 없이 이런 상황을 계속해서 지켜만 본다면 남한만이 아니라 북한을 포함한 한반도에서의 대재앙을 초래해 공멸하게 될 것이라는 사실을 모든 국민들이 서둘러 인식해야 할 것이다. 따라서 한반도의 평화를 위해 먼저 독자 제현의 아낌없는 지지와 성원은 물론이요, 지도층의 각성을 촉구하며 편집후기에 갈음고자 한다.

주석1. 다음의 글은 A. 칼레츠키의 저서『자본주의 4.0』에서 새로운 경제학의 조건을 갈파한 내용입니다. 제가 제기한 '창조적 경제론'과 그 맥을 같이한다고 할 수 있을 겁니다. 다만 저자는 경제학을 말하면서 철학의 본질 문제는 언급하지 못하고 있어요. 물론 철학적 마인드로부터 멀리 있어서일 테지만 "경제의 위기는 철학의 부재"라고 한 것에서 보듯이 철학적 뒷받침이라는 것은 지극히 중요해요. 참고하세요.

『자본주의 4.0』 제3부 12장. 새 경제학을 향하여

자본주의의 발전을 위해 유용한 분석과 조언을 제공하려면 새로운 경제사상은 세 가지 조건을 충족시켜야 한다. 첫째, 시장경제는 균형상태의 정적인 시스템이 아니라 끊임없이 진화하는 시스템이라는 사실을 인식해야 한다. 경쟁시장 시스템의 가장 중요하고 가치 있는 특징은 사회적 · 정치적 · 기술적 변화에 대응해 변화하는 능력이다. 둘째 효율적인 정부와 역동적인 민간기업은 서로 배타적인 관계가 아니라 협력적인 관계이다. 자본주의가 성공적으로 작동하려면 강한 정부와 강한 시장이 모두 필요하다. 정부가 아무런 경제적 역할도 하지 않는 시장시스템을 창조하려는 꿈은 2008년 9월 15일에 끝났다. 새로운 경제학의 세 번째 특징은 위의 두 가지 특징의 원인이기도 하고 결과이기도 한데, 바로 인간 행위와 경제적 사건들이 원래 예측 불가능하다는 점에 초점을 맞춰야 한다는 것이다.

케인스, 슘페터, 프랭크 나이트가 도입한 예측 불가능성을 강조하는 것은 새 경제이론의 핵심 원리가 될 것이다. 이번 금융위기에서 생성된 새 경제에서는 모든 참가자들이 시장과 정부 모두 틀릴 수 있다는 점을 인식해야 한다. 미래가 불확실하며 미래가 인간의 행위와 기대 그리고 현실 간의 상호작용에 의존하는 세상에서는 합리적 기대라는 가정 아래 한 가지 정확한 경제작동 모델만 존재한다는 생각은 터무니없는 착각이다. 불확실한 세상에서는 시장의 결정과 정부의 결정 모두 시행착오를 거치며 갈지자 행보로 나아갈 것이다. 정부 정책은 경제 시스템이 변하는 여건에 적응하면서 계속 진화해 가야 한다. 요컨대 미래 경제는 민간부문과 공공부문이 모두 중요한 역할을 한다는 점에서 명백한 '혼합'경제가 될 것이다. 그리고 정부와 시장 간의 관계를 포함한 경제규칙들이 변화한다는 점에서 '적응'하는 경제가 될 것이다.

주석2.

앞에서 나는 국영기업이 부진한 성과를 내는 원인이라고 열거되는 이유들이(정도는 다르겠지만) 하나같이 소유권이 분산되어 있는 대규모 민간 기업에 대해서도 적용된다는 사실을 지적했다. 나는 또한 좋은 성과를 내는 공기업들이 많이 있다는 것을 확인할 수 있는 사례들도 제시했다. 그러나 아직 중요한 이야기가 남아있다. 경제이론적으로 볼 때도 공기업이 민간 기업보다 우월한 상황들이 존재하기 때문이다.

그중 한 가지 상황은 장기적으로는 성공 가능성이 있지만 위험도가 높은 것으로 판단되는 모험적인 사업에 민간 부문의 투자자들이 자금을 대지 않으려고 하는 경우이다. 자본시장은 자금의 빠른 회전력을 최대한 이용하기 위해 대개는 단기적인 수익을 향해 몰리는 특성이 있다. 회임 기간이 길고 위험한 대규모 사업을 선호하지 않는 것도 그래서이다. 자본시장이 이렇듯 지나치게 신중하여 실현가능성이 있는 사업에 자금을 대지 않을 경우, 즉 경제학자들이 말하는 '자본시장의 실패'가 발생할 때에는 국가가 설립한 국영기업이 그 일을 맡을 수 있다.

자본시장의 실패는 발전의 초기 단계, 즉 자본시장이 성숙하지 않아 시장의 보수성이 강할 때 더욱 두드러진다. 따라서 역사를 살펴보면 각국은 경제발전의 초기 단계에서 국영기업에 의존하는 경우가 많았다. 2장에서 논의한 바와 같이 18세기 프리드리히 대제(1740~1786) 치하의 프러시아는 직물(그중에서도 린넨), 금속, 무기, 도자기, 견직물, 그리고 제당 산업과 관련하여 수많은 '시범 공장'을 설립했다. 19세기 후반 메이지 시대의 일본도 프러시아를 모델로 해서 조선, 제철, 채광,(면직, 모직, 견직 같은) 직물, 군비 산업을 비롯한 많은 산업에서 국영시범공장을 설립했다. 일본 정부는 이들 기업이 자리를 잡자 곧 민영화했지만 일부 기업들, 그 중에서도 특히 조선업체는 민영화된 이후에도 막대한 보조금을 지원받았다. 한국의 제철 회사 포스코는 자본시장의 실패로 인해 설립된 국영기업의 현대적인, 그리고 보다 극적인 사례이다. 여기서 얻을 수 있는 보편적인 교훈은 명백하다. 흔히 생각하듯이 공기업은 자본주의의 폐지를 위해서가 아니라 자본주의적 발전의 시동을 걸기 위해 사용된 경우가 많다는 것이다.

국영기업은 '자연독점'이 있는 분야에도 설립될 수 있다. 자연독점은 기술적인 조건 때문에 공급자를 하나만 두어야 시장의 요구를 가장 효율적으로 충족시킬 수 있는 상황을 이르는데, 전기 · 수도 · 가스 · 철도 그리고 전화 같은 것이 자연독점의 사례라 할 수 있다. 역사를 살펴보면 선진국들은 이런 산업들의 경우에도 처음에는 수많은 소규모 생산자들이 경쟁하는 형태로 시작하였으나, 나중에는 대규모 지역 독점, 혹은 국가 독점 기업으로 합병되었다.(그리고 대부분 국유화되었다)

정부가 국영기업을 설립하는 세 번째 이유는 국민들 사이에서 형평성을 유지해야 하기 때문이다. 민간 기업들에게 맡겨 둘 경우 외진 지역에 사는 사람들은 우편 · 수도 · 교통 등의 서비스를 이용하기 어려워진다. 예컨대 스위스에서는 외딴 산간 지역의 주소지로 편지를 보내는 비용은 제네바의 주소지로 보내는 비용보다 훨씬 높다. 이윤에만 관심이 있는 기업이 우편 업무를 맡을 경우 이렇듯 산간지역으로 보내는 우편요금이 올라가게 되고, 그러면 그곳 주민들은 우편 서비스 이용 횟수를 줄이거나 아예 이용을 중단할 수밖에 없다. 따라서 정부는 모든 국민들이 마땅히 누려야 하는 핵심적인 서비스에 대해서는 손실을 감수하고라도 공기업을 세워 그 사업을 운영하겠다는 결정을 내릴 수 있다.

(국영화를 해야 하는 이유: 『나쁜 사마리아인들』 장하준 지음/이순희 옮김. 도서출판 부키)

주석3.

"경제학자 센퍼드 그로스먼(Sanford Grossman)과 조지프 스티글리츠(Joseph Stiglitz)가 1980년에 효율적 시장 가설이 작동하지 않음을 입증했다. 그 이후로도 수백 편의 연구가 효율적 시장 가설이 얼마나 비현실적인지 지적했다. 그중에 가장 영향력 있는 것으로 유진 파머 자신이 쓴 글도 있다. 효율적 시장 가설과는 달리 시장은 비합리적으로 움직일 수 있다. 즉 투자자들이 어떤 주식에 떼 지어 몰려서, 그 주식의 실제 가치와 상관없이 주식의 가치를 끌어올릴 수 있다는 것이다.

효율적 시장 가설이 틀렸다는 사실을 보여주는 수많은 경제학적 증거가 있는데도, 세계 각국의 정부가 이 이념을 받아들였다. 이 가설이 '편리한 거짓'이라는 것을 깨달은 사람이 그린스펀만은 아니었다. 트레이드들은 규제기관이 그 가설이 마치 진리인 듯이 전제하고 행동하도록 조장했고, 그 덕에 어마어마한 도박을 벌일 수 있었다. 한동안은 돈이 굴러들어왔다. '파이낸셜타임스(Financial Times)'는 1990년대 중반부터 '돈 쓰는 법(How to spend it)'이라는 제목이 붙은 부록 기사를 매월 내놓기 시작했다. 이런 도박으로 부유해진 금융계의 독자들이 쌓아놓은 돈을 쉽게 쓸 수 있도록 돕기로 마음먹은 모양이었다.

지난 10년간 벌어진 호황의 마술은 중산층의 마음도 움직였다. 중산층은 주거지에서 금융자산으로 둔갑한 주택을 통해 거품 속으로 빨려 들어가 금융 산업의 먹잇감이 되었다. 거품이 터지자, 은행은 살아남았지만 주택을 소유한 개인들은 그렇지 못했다. 그들은 은행만큼의 영향력을 발휘할 수 없었기 때문이다. 정부는 문제가 생길 경우 사태를 수습하기 위해 개입하겠다고 약속함으로써 금융 산업이 흥청망청 잔치를 벌이게끔 조장했고, 사태가 터지자 실제로 그렇게 했다.

(라즈 파텔 『경제학의 배신』에서)

주석4. 금융 위기 저금리 때문이 아니다

전 세계적으로 금융 위기가 자주 일어나게 된 건 1980년대 중후반부터입니다. 그런데 그 시기는 바로 금융 자본주의가 전 세계적으로 확산된 시기와 겹쳐요. 시장주의자들은 금융자본주의처럼 시장의 자유가 보장되는 시스템에서는 큰 사고가 일어날 수 없다고 맹신했습니다. —중략— 결국 세계 금융

위기는 시장경제 맹신이라는 문화적 분위기 속에서 금융자본주의라는 구조적 요인에 저금리정책까지 기세하면서 터진 사건이라고 봅니다.
더 범위를 넓히면 1990년대 초중반부터 각국의 금융 시장 규제 완화와 대외 개방의 흐름을 타고 월스트리트 금융 자본이 여기저기 돌아다니면서 거품을 만들어 냅니다. 그런데 그 거품이 꺼질 때마다 금융 위기가 터졌어요. 예컨대 1997년 말 우리나라와 동아시아에서 금융위기가 발생하자 월스트리트 금융자본이 대거 빠져나가 IT와 인터넷 기업으로 몰려갑니다. 그 결과 1999년을 전후하여 엄청난 IT 거품이 발생했다가 2000년 초에 붕괴해요. 그러자 이번에는 미국의 모기지 대출 시장으로 몰려간 거예요. 그린스펀은 2001년 IT 거품 붕괴의 충격을 막기 위해 금리를 낮췄는데 그게 결국 새로운 거품, 즉 부동산 버블을 만든 겁니다. 저는 이걸 '거품을 거품으로 돌려막기'라고 표현해요. 어처구니없는 금융 거품이 생겼다가 터졌는데, 그걸 제대로 처리하는 게 아니라 또 다른 금융 거품을 만들어 해결하니까요.

(『무엇을 선택할 것인가』장하준, 정승일, 이종태의 쾌도난마 한국경제 중에서/도서출판 부키)

주석5. 경세제민: 세사(世事)를 잘 다스려 도탄(塗炭)에 빠진 백성(百姓)을 구(求)함. 경국제세(經國濟世)라고도 함. 경제(經濟)는 이의 준말.

주석6. 지난번 배추 값 파동(유통구조의 복잡성이 가격의 75%를 차지함-서울시가 개입하여 배추 값을 안정시켰음)을 겪으면서 대통령께서도 유통구조의 혁신을 2번이나 강조했음. 롯데마트의 치킨 할인 판매에서 뿐만이 아니라 대형마트와 재래시장 간의 갈등, 혹세무민하는 각종 유통업체와 '다단계'의 난립은 새로운 '유통공유에 의한 유통공사' 창설의 필요성과 정보화 시대의 New Marketing에 있어서 '경영 질서'의 '창조적 재정비'가 시급함을 웅변하고 있다.

주석7. 최근 우리나라의 재벌들은 생산뿐만 아니라 유통업까지 진출하여 골목상권까지 무자비하게 장악했는데, 가격 결정에 있어서도 소비자의 의사가 반영되지 않은 상태에서 생산자와 유통업자들에 의해 일방적으로 가격결정(롯데마트 치킨 사건)이 이루어져 그 피해는 고스란히 영세 상인이 지게 된다. 뿐만 아니라 재벌들에 의한 유통의 횡포는 무분별한 다단계(약 90만 명)가 만연하는 온상을 부채질하고 있다.

주석8. 『거래의 7가지 함정』 이경만, 21세기 북스
1) 전속거래의 유혹, 2) 핵심기술의 유출, 3) 핵심인재의 이탈, 4) 단가인하의 함정, 5) 거래담당라인의 교체, 6) 대기업의 중소기업 영역 진출(사자가 달려든다), 7) 1원 입찰로 사업 가로채기(좀비기업이 설치는 함정)

주석9. 천부경(天符經)의 핵심이자 상징이라 할 수 있는 원·방·각(ㅇ·ㅁ·△)은 울림소리(유성음-ㄴㄹㅁㅇ), 즉 공명음(共鳴音, Sonorant)과 닮아서 소(牛) 울음소리를 뜻하는 움(움무), 암(암마), 엄(엄마), 옴, 아

멘(에이 멘) 등과 같이 진리인 생명을 뜻하는 소리이다. 남사고 선생의 『격암유록』에 우성촌(牛聲村)이라는 대목이 나오는데 우성촌은 바로 진리의 탄생지를 일컫는다고 하겠다. 김지하 시인은 "천부경의 현대적 재창조가 필요하다."라고 했는데 현대적 재창조란? 경전 형식의 학문적 체계화의 다른 이름이다. 경전(經典)은 상징성을 갖지만 학문(學文)은 실체성을 갖는다. 따라서 과거의 모든 경전, 즉 4대 경전까지 포함하여 21세기에 맞는 모든 경전의 학문화는 과학화된 시대정신의 산물이다.

'영(靈)철학'은 천부경의 핵심이요, 상징체계인 '원·방·각(○·□·△)'의 방법론을 넘어 '각·방·원(△·□·○)'으로까지 그 범위와 방법론을 확장하여 정치와 경제 분야에 적용하여, 상징적 진리체계로서의 천부경을 과학화, 현대화했으며, 또한 누구나 쉽게 이해할 수 있게 구체적으로 체계화했다. 그리고 '원·방·각(○·□·△)'이 아버지(부: 天)에 의한 정자, 즉 씨를 뜻하는 창조적 개념이라면 '각·방·원(△·□·○'은 어머니(모: 地)에 의한 태아, 즉 밭을 뜻하는 재창조적 개념이다. 그리고 창조와 재창조에 의해 탄생한 모든 존재가 목적 없는 막연한 진화가 아니라 완성을 향하여 성장(진화)한다는 목적적 메커니즘, 즉 창조와 재창조에 의해 탄생하여 단계별 성장을 거쳐 완성에 이르러 동종(同種)을 발전적으로 창조하고 소멸하게 된다는 고차원적 이론을 창도했다.

다음의 내용은 국가개조에 대한 본질적인 문제를 축약한 자료로서 매우 중요한 것 같아서 부록으로 싣는다. 좋은 참고자료가 되었으면 하는 바람이다.

국가개조론

다음의 글은 지난 2014년 10월 1일에 (사)국민통합 조동회 회장의 주최로 국회의원회관 제3 세미나실에서 행한 행사 자료이다. 이 자리에 한화갑 전 새천년민주당 대표와 권오을 전 새누리당 의원의 기조발언과 이현청 전 상지대학교 총장님과 이 책의 답변자인 필자가 발제를 했었는데, 본 내용은 창조적 통합과 통일을 위한 국가개조의 새 가치관과 정책의 핵심이 될 수 있을 것 같아서 수정 없이 그대로 싣는다. 이현청 총장님의 글은 3부 통합의 장에 따로 언급되겠기에 여기서는 생략하기로 한다.

국가대개조(국민통합 · 남북통일 · 세계평화)는 새 가치관에 의한 의식개조&제도의 대혁신으로!

이분법(좌/우, 보/진)과 양비론은 이념의 바이러스! 정도론과 양미론인 영철학으로 창조적 통합과 통일을 이뤄야!

양극화 해결과 창조경제는 생산의 50% 공영성 회복과 유통의 50% 공영화(마트공사)로 소비주권 회복과 기부문화(의무구매기부제)를 확립해야!

일시: 2014년 10월 1일 수요일 PM 2시

장소: 국회의원회관 제3 세미나실

주최: (사)국민통합 블루오션정책연구소

들어가는 글

21세기 인류 역사의 완성기를 맞이하여 세계사는 한반도의 남북통일에 그 초점이 맞춰져 있기에 그 어떤 나라보다 대한민국은 미래 역사의 중심 국가로서의 사명을 감당해야 한다. 박근혜 대통령의 '독일 드레스덴 선언'이 "생각의 차이를 극복할 수 있는 새 가치관의 필요성"을 설파했지만 "창조적 통일(창조적 공생 · 공존국가)"에 대한 구체적인 대안을 제시하지 않음으로 인해 북한의 오해(흡수통일)를 불러들이고, 세월호의 참사가 주인정신의 부재에서 기인된 것임을 그 누구도 부정할 수 없기에 국면의 대전환을 위한 근원적인 방법론을 제시하고자 한다. 첫째, 주인정신을 갖기 위한 "새 가치관 운동", 둘째, 양극화 해결을 위한 공생경제인 "생산과 유통(마트)의 50% 공영제", 셋째, 사회주의와 자본주의 장점을 결합한 "창조적 통일"을 창도할 것을 천명한다.

국민통합 · 국가개조 · 창조적 중립(정도)통일은 모든 부분, 즉 총체적인 것에 대한 대개혁이다. 국가개조운동의 성공조건은 그것이 정신적이든 물질적이든 플러스를 유발할 때 성립된다. 따라서 국가개조의 동참자에 대한 정신적, 물질적인 인센티브가 주어질 수 있는 큰 방법론을 제시해야한다. 기득권은 침묵할 수밖에 없으며 운동의 주체인 일반국민은 경제력의 부족으로 마음만 있을 뿐 활동할 수가 없다.(새마을운동 성공의 근본 요인이 주민들의 생활에 직접적인

이득을 주었기 때문임을 인식해야 함. – 길을 넓히고 지붕을 개량했으며, 4H운동을 병행하는 등 –)

국가개조의 핵심인 국민통합과 남북통일은 불가분의 관계에 있다. 국가개조를 위해서는 제도의 완성과 이념의 통합이 요구 된다. 그러므로 국가개조를 위해서는 새 가치관 창출과 기존의 국가제도를 대전환시킬 수 있는 "국가 재창조" 수준의 총체적 패러다임의 대전환이 아니면 안 된다.

지금 우리는 북한의 위협과 세월호 참사로 야기된 국정의 대혼란으로 심각한 위기에 놓여 있다. 그러나 위기는 기회이다. 발상을 대전환해 오히려 두 혼란이 제공하는 국가적 비상사태를 잘 활용하게 된다면 우리의 미래는 머지않아 새로운 희망으로 다가오게 될 것이다. 세월호 참사는 우리에게 이기심과 무능력에 의한 무책임, 즉 방종과 종(從)의 근성을 여실히 보여주었다. '국가대개조'는 새 시대를 위한 역사의 엄숙한 요청이다.

〈국가개조론〉

제목: 범국민 화합을 위한 의식 개조 및 공생경제&창조적 중립(정도)통일을 중심으로!

정책 제안 1. 의식의 개조를 위한 새 가치관 운동

정신적 혁신: 새 가치관 운동(이분법적 사고와 양비론을 넘어선 정도론 · 양미론 사상운동)

21세기는 "지식을 넘어 영성의 시대"이다. 지식의 산물인 '이분법적 사고(보수/진보, 좌파/우파) & 양비론(兩非論)'은 사고의 '차이'를 인정하지 않는 이념의 바이러스요, 사유의 자폐증이다. 따라서 4차원의 지성적 가치인 상 · 중 · 하에 의한 '정도론 · 양미론(正道論 · 兩未論: 공생주의)' 사상을 창도(영철학)하여 모든 편향적인 이념과 저급한 종교의 굴레로부터 대탈출해야 한다. 다시 말해 모든 국민들의 개과천선(改過遷善)을 단행해 '주인정신'을 갖는 '의식의 대개조', 즉 완전하지 못한 종교적, 철학적 사유의 천박과 속박으로부터 자유로워져야 이 땅의 진정한 주인이 될 수 있을 것이다. 따라서 새로운 사상인 '정도론 · 양미론(영(靈)철학)'의 '공생(共生: Symbiosis)사상으로 좌 · 우/보 · 진(이분법)/중도(양비론적 중도)'를 뛰어넘어야 한다.

기존의 사회문화와 제도는 저급한 2분법적 사고와 양비론적 사유의 낡은 이념에 의해 이루어진 정책들이 대부분이다. 따라서 새로운 사상인 '정도론 · 양미론'이라는 '이념의 백신'이 있어야 새로운 문화와 정책 그리고 창조적 제도와 정책을 창출할 수 있다. 그러므로 '국가대개조'를 위해서는 철학에 기반한 정책운동과 함께 새 가치관에 의한 국민의식 개혁운동을 병행해야 한다.

민관합동 새 정신운동기구 창설로 새 가치관 교육(새마을운동처럼: 개과천선운동)으로 주인정신 갖기 범국민 새 정신운동을 시행해야 한다. – 외적 환경은 정부가 마련하고, 내적 실천은 민간이 주도해야 함(장소와 기본 예산은 정부에서 준비하고 모든 민간단체의 장들이 자력으로 모이게 유도한 후 운동의 중심에 세워 범국민정신교육을 실시해야 함) –

정책 제안 2. '생필품Mart공사'를 창설(전국, 전 세계로 진출(윤리경영)해야 함)

경제적 혁신: 공생경제는 유통혁신(마트의 50% 준 공영화제도 구축)

자본주의체제에 있어서 국민들의 자발적 운동을 유도할 수 있는 유일한 방법은 삐뚤어진 이념을 바로잡는 일과 경제적 혜택을 주는 일이다. 따라서 새 가치관 운동과 역할분담경제론을 통해 대기업은 해외 중심으로, 중소기업은 내수를 중심한 경제 체제로 재편해 자본주의 시장경제에 의한 지나친 능력 위주의 경쟁구조를 대혁신해야 한다.

우리나라가 낳은 세계적인 젊은 경제학자로서 2003년 뮈르달상(신고전학파 경제학에 대한 대안을 제시하는 경제학자에게 주는 상)과 2005년 레온티예프 상(경제학의 지평을 넓힌 경제학자에게 주는 상)을 수상한 장하준 교수는 그의 저서 『그들이 말하지 않는 23가지』에서 다음과 같이 주창했다.

"지금 우리의 당면 과제는 세계 경제를 완전히 새롭게 재건하는 것이다. 윈스턴 처칠의 민주주의에 대해 한 말을 빌려 자본주의에 관한 내 생각을 정리하자면, '자본주의는 나쁜 경제 시스템이다. 문제는 다른 모든 시스템이 더 나쁘다는 것이지만.' 내가 이 책에서 문제 삼는 것은 자유 시장 자본주의이지 모든 종류의 자본주의가 아니다. 인간의 합리성은 어디까지나 한계가 있다는 인식 위에서 새로운 경제 시스템을 구축해야 한다. 우리 인간의 나쁜 면보다 좋은 면을 발휘하게 하는 경제시스템을 만들어야 한다. 금융부문과 실물 부문이 더 적절하게 균형을 이루도록 노력해야 한다. 더 크고 더 적극적인 정부가 필요하다……!"

생산(기업) 중심의 창조경제는 선진 경제를 위한 필수불가결한 방법론이기는 하지만 그 성과가 단기성이 아니라 장기성을 갖게 되며, 그 혜택도 다수가 아니라 소수에게 집중된다는 것이다. 다시 말해 유통(마트)처럼 불특정 다수인 소비자들의 이익을 위해서가 아니라 특정의 소수, 즉 생산자를 위한 경제적 성장을 의미하기 때문이다. 그러니까 낙수효과의 가설은 이미 그 신뢰를 잃었다는 뜻이다. 따라서 공생경제의 핵심(Key)은 우선 유통구조(마트의 50% 준공영화 – 마트공사 창설)의 대혁신에 있다.(지금 선진국과 현 정부에서 논의되고 있는 창조경제는 ICT기술을 활용한 혁신과 융합 차원의 생산 중심 개념이다. 세월호 참사 이후 '여객선의 준공영제' 논의가 공론화되고 있음은 공생경제(유통혁신)의 필요성이 공론화됨을 의미한다)

- 유통혁신은 '새로운 시장 플랫폼(레일 · 도로망 확충)'의 조성으로써 생산과 분배, 즉 '성장과 복지'를 동시에 플러스시킬 수 있으며, 특히 생산 환경인 벤처기업 창업을 파격적으로 확충해 일자리를 획기적으로 늘릴 수 있다.(생필품 50% '준공영화'는 중소기업 제품 생산량 50%의 마케팅을 보장해주는 시스템으로서 대기업 중심의 유통업체(SSM)에 입점하기조차 힘들어 도산하는 일을 막을 수 있음. 또한 이것은 진정한 지방분권을 위한 제도적 근본정책이 될 것임)

- 유통혁신(창조적 마케팅: 기부 후불제)은 ICT의 융합에 의한 "생산 중심의 창조경제"와 함께 투 트랙(Two track)으로 시행해야 효과를 극대화시킬 수 있는 개념으로서 창조경제+, 즉 '유통 중심의 창조경제'이다.
- 유통혁신(50% 준공영화로 전통시장을 초현대화/종합쇼핑몰–직거래 중개소

로 개편)은 모든 분야의 생산의 적정선을 보장해 줌으로써 기업의 활성화는 물론이요, 곡물 자급률이 22.6% 수준에 머물러 미국계 식량회사 카길 등 4대 곡물 다국적 기업의 놀이터(60%를 장악함)가 되어있는 심각한 식량주권의 위기를 되찾을 수 있을 것이다. 또한 농·수·축산·제약 및 중소기업과 골목상권을 실질적으로 보호하고, FTA 협정문과 유통산업발전법의 상충을 해결할 수 있게 되며, 물가를 안정시켜 소비자의 소비주권을 확보하게 되어 진정한 '창조경제'를 성공시키게 될 유일한 방법론이 될 것이다.

- 유통혁신을 위해 '생필품마트공사를 창설'하여 '재래시장을 현대화'하고, 필수 생필품 50% 수매제를 실시하여 직거래 중심의 윤리경영을 실시하면 소비의 활성화로 인해 경제의 한 축을 흔들게 되어 중소기업부를 만드는 것보다도 더 효과적일 것이다.
- 또한 유통혁신으로 '글로벌 소비자협동조합(사회적 협동조합)'을 조성해 마케팅의 세계화(전 세계에 Happiness-Mart 설립)는 물론이요, 자체 내에 세계 '최저금리'의 협동금융창구를 설립하여 창업 기금의 적절한 보조도 할 수 있을 것이다.(재원 마련은 정부예산과 해외동포 자금과 외국인 투자를 유치해야 함. 필자는 경남은행 민영화를 위한 재일동포자금 3천억 유치를 성공시켜 봤음. 우선 큰 예산이 필요치 않는 '비영리에 의한 ONM(Online Network Marking)'으로 생필품의 직거래를 이끌어내면 국민들의 대대적인 호응(1천만 회원)이 예상됨과 동시에 경제적 인센티브가 주어지기 때문에 새정치운동인 생활정치가 가능하게 될 것임)

그뿐만이 아니다. 유통혁신은 남북의 체제통일을 위해서 피할 수 없는, 아니 반드시 시행하지 않으면 안 되는 큰 정책적 방법론이다. 왜냐하면 38선은 전면 국유화냐 전면 사유화냐에 대한 이데올로기의 철책이기 때문이다! 그리고 이것은 소유의 양극화 해결을 위한 구체적인 방법론이며 세계경제위기까지 해결할 수 있는『자본주의 4.0』의 '혼합경제'를 넘어 공생경제를 위한 근본 대안이 될 것이다. 경제의 위기는 '철학의 부재'임을 경제의 책임자들부터 다시 학습해야 한다.

- 중소기업은 내수 중심의 역할을 맡고, 대기업은 해외수출 중심 기업으로 전환시켜야 할 것이다.

- SSM과 대형마트의 관계자 500만 가족이 유통법 개정 문제로 길거리로 나올 수밖에 없었다. '유통산업 발전법(유통법)'은 본래 재래시장을 보호하기 위해 제정되었지만 FTA협정문과는 정면으로 상충된다. 따라서 그 근본 해법은 '전통시장의 초현대화'이며, 그렇게 되면 '유통법'은 폐지해도 된다. '대형마트 허가제나 규제'는 근본 대안이 될 수 없다. 그리고 '전통시장 시설 현대화'는 새누리당의 공약이었다. 새누리당이 실행하지 못하고 있는 정책의 실천을 위해서도 '마트의 50% 준 공영화'는 이뤄야 한다.

정책 제안 3. 국가체제의 혁신

제도적 혁신: 사회주의와 자본주의의 장점을 결합한 창조적 중립(정도)통일

사회주의 체제의 몰락 이후, 2008년 미국발 금융위기는 양대 사회제도의 불완전성을 만천하에 증명했다. 따라서 정부와 시장의 균형 있는 경제정책의 필요성이 제기되고 있기에 '패러다임의 대전환'에 의한 '창조적 공생경제제도'의 창출이 시급히 요청된다. 따라서 한반도의 통일이 '흡수통일'이 아닌 '창조적 중립(정도)통일', 즉 양 체제의 장점을 결합한 공존주의 공생경제로의 새로운 패러다임으로 귀결되어야 함은 주지의 사실이다.

생산은 '창조적 이윤 추구성'을 갖고, 유통은 '재창조적 공평성(나눔)'을 갖는다. 따라서 계획경제의 단점은 생산의 국유화이고, 장점은 유통의 공유화이다. 그러나 시장경제의 장점은 생산의 사유화이고, 단점은 유통의 지나친 사유화이다. 따라서 양 제도의 장단점을 보완한, 즉 생산과 유통의 각각 50% 공영화와 50% 사유제도로의 전환은 제도의 완전성을 위한 필수불가결한 요소이다.

출간후기

일류 선진국으로 도약하는 대한민국과 함께 행복한 에너지가 샘솟으시기를 기원드립니다!

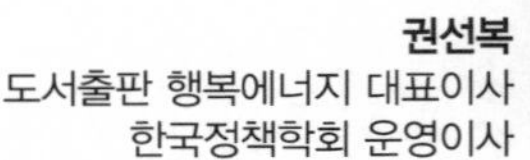
권선복
도서출판 행복에너지 대표이사
한국정책학회 운영이사

현재 대한민국은 대내외적으로 큰 위기에 직면했습니다. 외부적으로 불안정한 세계경제와 북핵 위협이, 내부적으로는 경기 침체와 국정혼란이 국가의 앞날에 커다란 먹구름을 드리우고 있습니다. 호랑이에게 물려 가도 정신만 차리면 산다고 했습니다. 비록 나라는 위기에 처해 있지만 국민 개개인이 자신의 일에 최선을 다하고 서로 도와 가며 힘을 합치기만 한다면 대한민국은 얼마든지 일류 선진국으로의 도약이 가능합니다. 한강의 기적으로 전 세계를 놀라게 했던 한민족의 저력을 다시 한번 보여줄 때입니다. 또한 곳곳에서 나라 발전을 위해 열정을 쏟는 전문가들이 있다는 사실에 마음 한구석이 든든합니다.

책 『창조적 통합 통일대담』과 『영靈철학』은 박근령 육영재단 전 이사장님과 부산대학교 박대영 교수님 그리고 사회 분야 권위자이신 (사)국민통합 블루오션정책연구소 권추호 소장님이 뜻과 힘을 모아 나라의 미래를 행복으로 이끌 방안을 담아낸 책입니다. 『창조적 통합 통일대담』은 국정혼란과 북핵위협의 근본해법을 제시함은 물론, 가장 성공적인 남북통일 시나리오와 국민대통합을 위한 실질적 방안을 심도 있는 연구로 풀어나갑니다. 『영靈철학』은 동·서양의 사상을 하나로 묶은 한국철학으로서, 신본적 인본의 철학이자 '제4의 이념'인 '인격(人格)철학(창조적 재창조의 성장론)'을 제시하고 있습니다. 나라의 미래와 국민의 행복을 위해, 자신들의 모든 연구성과와 열정을 책에 담아 주신 저자들께 큰 응원의 박수를 보냅니다.

우리는 개인으로서 이 세상을 살아가지만, 국가라는 한 배에 탄 것만은 틀림없는 사실입니다. 위기에 처한 국가를 위해 어떠한 삶을 살아갈지 노력하다 보면 어느덧 일류 선진국의 국민으로서 행복한 삶을 살아가는 자신을 발견하게 될 것입니다. 그렇듯 이 책을 읽는 모든 분들의 삶에 행복과 긍정의 에너지가 팡팡팡 샘솟으시기를 기원드립니다.